Entwicklung und Management von Informationssystemen und intelligenter Datenauswertung

Herausgeber:
Prof. Dr. Paul Alpar, Philipps-Universität Marburg
Prof. Dr. Ulrich Hasenkamp, Philipps-Universität Marburg

Steffen Keßler

Anpassung von Open-Source-Software in Anwenderunternehmen

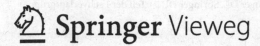

Steffen Keßler
Philipps-Universität Marburg
Deutschland

Dissertation Philipps-Universität Marburg, 2012

ISBN 978-3-658-01954-9   ISBN 978-3-658-01955-6 (eBook)
DOI 10.1007/978-3-658-01955-6

Die Deutsche Nationalbibliothek verzeichnet diese Publikation in der Deutschen Natio-
nalbibliografie; detaillierte bibliografische Daten sind im Internet über http://dnb.d-nb.de
abrufbar.

Springer Vieweg
© Springer Fachmedien Wiesbaden 2013

Springer Vieweg ist eine Marke von Springer DE. Springer DE ist Teil der Fachverlagsgruppe
Springer Science+Business Media.
www.springer-vieweg.de

Geleitwort

Open-Source-Software (OSS) wird heute von fast allen privaten Nutzern, Unternehmungen und öffentlichen Organisationen genutzt. Die vielen Nutzer und Organisationen setzen die Software ein, weil sie meistens kostenlos genutzt werden darf. Die Software besitzt jedoch eine andere wichtige Eigenschaft, die namensstiftend ist, den offenen Quellcode. Damit kann jeder Nutzer OSS nach Belieben, unter gegebenen Lizenzbedingungen, auf seine eigenen Bedürfnisse zuschneiden bzw. anpassen.

Während die meisten privaten Nutzer nicht über die Kenntnisse verfügen, um die Eigenschaft des offenen Quellcodes auszunutzen, sind diese Fähigkeiten in technisch orientierten und großen Unternehmungen durchaus zu finden. Dennoch verändern auch Unternehmungen OSS relativ selten. Es stellt sich einerseits die Frage, woran das liegt. Andererseits stellt sich die Frage, wie dieser Prozess gesteuert wird, wenn es zu OSS-Veränderungen kommt.

Der Autor geht den genannten Fragen nach und entwickelt ein Prozessmodell für die Anpassung von OSS. Methodisch bedient er sich dabei der Aktionsforschung. Die Arbeit stellt die besonderen Anforderungen an das Konfigurations- und Änderungsmanagement heraus und strukturiert die möglichen Zustandsübergänge der Software-Quelltexte.

Zusätzlich untersucht der Autor gängige Steuerungsmodelle für das Management von Softwareentwicklung und -einsatz auf Erweiterbarkeit im Hinblick auf OSS-Anpassungen. Für diesen Zweck zieht er vier verschiedene populäre Ansätze heran, die vom strategischen und managementorientierten Ansatz COBIT bis zum prozess- und softwareorientierten Standard ISO/IEC 15504 reichen.

Das entwickelte Prozessmodell kann das Management von OSS-Anpassung effektiv unterstützen und damit die Komplexität, die aus der Anpassung resultiert, beherrschbar machen. Die Untersuchung von Best-Practice-Frameworks hinsichtlich der für die Anpassung von OSS notwendigen Unterstützung zeigt Möglichkeiten auf, wie mit den Frameworks die Anpassung von OSS weiter unterstützt und damit vorangetrieben werden kann.

Paul Alpar

Vorwort

Mit der umfangreichen Anpassung von Open Source Software (OSS) kam ich erstmalig im Rahmen eines von mir parallel zu meiner Diplomarbeit gestarteten Webprojekts in Berührung. Die Verfügbarkeit des Quelltextes ermöglichte es, an der Weiterentwicklung der OSS durch das OSS-Projekt zu partizipieren, aber zusätzlich spezifische Funktionen zeitnah selbst entwickeln zu können.

Wenngleich OSS durch die Wissenschaft interdisziplinär erforscht wird, ist festzuhalten, dass die aus einer Anpassung von OSS in Anwenderunternehmen resultierenden Implikationen bisher noch nicht in ausreichendem Maße gewürdigt worden sind. Es lag daher nahe, diese im Rahmen der vorliegenden Arbeit zu untersuchen.

Für die Unterstützung einer solchen vergleichsweise praxisnahen Untersuchung und die wertvollen Hinweise, wie eine solche Arbeit trotz der Praxisnähe auch wissenschaftlich anspruchsvoll zu gestalten ist, möchte ich mich bei meinem Doktorvater Prof. Dr. Paul Alpar herzlich bedanken.

Weiterhin möchte ich mich bei Herrn Prof. Dr. Ulrich Hasenkamp bedanken, der trotz vielfältiger Aufgaben und Verpflichtungen ohne Zögern die Übernahme des Zweitgutachtens zusagte, sowie bei Herrn Prof. Dr. Michael Stephan für die Übernahme des Prüfungsvorsitzes.

Mein Dank gebührt zudem Dr. Patrick Noll, Dr. Jonas Rommelspacher und Ivonne Kröschel für die Diskussionen und Anregungen während der Erstellung dieser Arbeit sowie die gute Zusammenarbeit während der gemeinsamen Arbeit am Institut für Wirtschaftsinformatik.

Mein größter Dank gebührt meinen Eltern und meinem Bruder Torsten für ihre umfangreiche Unterstützung während meiner gesamten Studienzeit sowie meiner Freundin Maria für das Verständnis, das sie für die erhebliche von mir in diese Arbeit investierte Zeit aufgebracht hat.

Steffen Keßler

Inhaltsverzeichnis

Abkürzungsverzeichnis

ACQ	Acquisition Process Group
AI	Acquire and Implement
AMD	Amendment
API	Application Programming Interface
BMBF	Bundesministerium für Bildung und Forschung
BP	Base Practice
BS	British Standard
BSD	Berkeley Software Distribution
CAR	Causal Analysis and Resolution
CCTA	Central Computer & Telecommunications Agency
CI	Configuration Item
CM	Configuration Management
CMM	Capability Maturity Model
CMMI	Capability Maturity Model Integrated
CMMI-Dev	CMMI for Development
CMS	Content-Management-System
CSI	Continual Service Improvement
CVS	Concurrent Version System
COBIT	Control Objectives for Information and Related Technology
COTS	Commercial-Of-The-Shelf
DAR	Decision Analysis and Resolution
DBMS	Datenbankmanagementsystem
DIN	Deutsches Institut für Normung
DS	Deliver and Support
E-Type	Evolutionary Type

ENG	Engineering Process Group
FSF	Free Software Foundation
GNU	Gnu's Not UNIX
GPL	General Public License
GPL v2	GPL Version 2
GPL v3	GPL Version 3
HTML	Hypertext Markup Language
IEC	International Electrotechnical Commission
IEEE	Institute of Electrical and Electronics Engineers
IPM	Integrated Project Management
IRC	Internet Relay Chat
IS	Informationssystem
ISACA	Information Systems Audit and Control Association
ISO	International Organization for Standardization
IT	Informationstechnologie (Information Technology)
ITIL	IT Infrastructure Library
ITIL v3	ITIL Version 3
LAMP	Linux, Apache, MySQL, PHP
LGPL	Lesser General Public License
MA	Measurement and Analysis
MAN	Management Process Group
ME	Monitor and Evaluate
NASA	National Aeronautics and Space Administration
OGC	Office of Government Commerce
OMG	Object Management Group
OPE	Operation Process Group
OS	Open Source

OSI	Open Source Initiative
OSS	Open-Source-Software
PAM	Prozessassessmentmodell
PatG	Patentgesetz
PHP	PHP: Hypertext Preprocessor
PI	Product Integration
PIM	Process Improvement Group
PMC	Project Monitoring and Control
PNG	Portable Network Graphics
PO	Plan and Organise
PP	Project Planning
PPQM	Process and Product Quality Assurance
RC	Release Candidate
PR	Preview Release
PRM	Prozessreferenzmodell
QPM	Quantitative Project Management
RD	Requirements Development
REQM	Requirements Management
REU	Reuse Process Group
RFC	Request for Change
RIN	Resource and Infrastructure
RSKM	Risk Management
RSS	Really Simple Syndication bzw. Rich Site Summary
SAM	Supplier Agreement Management
SCAMPI	Standard CMMI Appraisal Method for Process Improvement
SEI	Software Engineering Institute
SG	Specific Goal

SLA	Service Level Agreement
SLOC	Source Lines of Code
SN	Social News
SO	Service Operation
SP	Specific Process
SPICE	Software Process Improvement and Capability Determination
SPL	Supply Process Group
SSW	Standardsoftware
ST	Service Transition
SUP	Support Process Group
SVN	Apache Subversion
TCO	Total Cost of Ownership
TS	Technical Solution
UML	Unified Modeling Language
VAL	Validation
VER	Verification
WP	Work Product
XP	Extreme Programming
XT	Extreme Tailoring

Abbildungsverzeichnis

Tabellenverzeichnis

1. Einleitung

1.1 Problemstellung

"OSS [Open Source Software] is „buy" without having to spend anything and „build" without having to develop anything – it's hard to imagine a better deal".[1]

Die Entscheidung „Make or buy" stellt sich, seit von Softwarefirmen Software für viele Anwendungsbereiche zur Verfügung gestellt wird. Softwarelösungen, die als Open-Source-Software (OSS) zur Verfügung stehen, erweitern diese Entscheidung um eine Option. OSS ist oftmals kostenfrei verfügbar und bietet mit der Anpassbarkeit des Quelltextes, die OSS von proprietärer Software[2] abgrenzt, eine Flexibilität, die üblicherweise nur über eine Individualentwicklung umsetzbar wäre. In vielen Anwendungsbereichen stehen Alternativen zu proprietärer Software als OSS zur Verfügung, die eine üblicherweise kostenfreie Grundlage für ein Anwendungssystem bilden können.

Die Forschung im Bereich der Entwicklung von OSS ist interdisziplinär[3] und fokussiert oft auf den verteilten Entwicklungsprozess von OSS. OSS wird von vielen Einzelpersonen und einer Vielzahl von Organisationen entwickelt, was beispielsweise hinsichtlich der Zusammenarbeit und Motivation untersucht worden ist.[4] Dies ist nachvollziehbar, da es vor dem Hintergrund der Komplexität eines OSS-Projektes wichtig ist zu wissen, wie das Projekt organisiert ist, wie sich dessen Organisation im Zeitverlauf entwickelt sowie wer welche Aufgabe übernimmt und warum.

Da es für Unternehmen, die eine bestimmte OSS einführen wollen, nicht nur interessant ist, wie das OSS-Projekt organisiert ist, sondern auch von welcher Qualität die OSS ist, wurden zudem verschiedene Qualitätsbewertungsmethoden für OSS-

---

[1] Norris (2004), S. 9.

[2] Vgl. Alpar et al. (2011), S. 377. In dieser Arbeit wird zwecks Abgrenzung von üblicherweise kostenpflichtiger Software, bei der ein Quelltextzugriff nur für den Hersteller besteht, zu OSS der Begriff proprietäre Software genutzt. Teupen (2007) weist darauf hin, dass dieser Terminus dahingehend irreführend ist, dass auch bei OSS ein Urheberrecht besteht und mittels dessen OSS Einschränkungen auferlegt werden können, vgl. Teupen (2007), S. 57. Da dieser Begriff jedoch regelmäßig in der Literatur genutzt wird, wird auch hier im Folgenden von proprietärer Software gesprochen. Es sei angemerkt, dass Standardsoftware (SSW) in dieser Arbeit stets als proprietäre Software angesehen wird; es wird daher auf die explizite Bezeichnung als proprietäre SSW verzichtet.

[3] Vgl. Krogh und Spaeth (2007). Im Artikel werden fünf Charakteristika von OSS angeführt, die OSS zu einem interessanten Forschungsobjekt für verschiedene Fachrichtungen machen: Der Einfluss von OSS auf Wirtschaft und Gesellschaft, die theoretische Dimension hinsichtlich bestehender Theorien in verschiedenen Fachgebieten, die Transparenz von OSS, die Reflexivität der OSS-Gemeinschaft und die Nähe des OSS-Innovationsprozesses zur Wissenschaft. Vgl. auch Fitzgerald und Ågerfalk (2005).

[4] Vgl. bspw. Krogh und Spaeth (2007), S. 237f., Schofield und Cooper (2008).

Projekte vorgeschlagen, um den Entscheidungsprozess zwischen verschiedenen OSS sowie zwischen OSS und proprietärer Software zu unterstützen (bspw. Navicas wie auch CapGeminis „Open Source Maturity Model" und das „Business Readiness Rating").[5]

Der an die Auswahl der Software anschließende Prozess der Anpassung von OSS, der oft bereits mit der Einführung der OSS im Unternehmen beginnt, hat in der Forschung bis jetzt keine vergleichbare Aufmerksamkeit erhalten.

Im Wesentlichen kann die Einführung von OSS im Unternehmen mit der Einführung von Standardsoftware (SSW) verglichen werden. Abgegrenzt werden müssen OSS und SSW dabei von Individualentwicklungen im Bereich der Software. Diese werden, basierend auf den in der Anforderungsanalyse ermittelten Anforderungen, maßgeschneidert entwickelt. OSS wie auch SSW hingegen erfordern üblicherweise Anpassungen, um den Anforderungen der einführenden Organisation zu genügen.

Möchte ein Anwenderunternehmen Änderungen vornehmen, die über die durch Konfiguration und Parametrisierung gegebenen Möglichkeiten hinausgehen, sind dem bei proprietärer Software klare Grenzen gesetzt. Da der Quelltext proprietärer Software üblicherweise nur dem Hersteller zur Verfügung steht, sind Anpassungen durch Anwenderunternehmen auf die Nutzung von Programmierschnittstellen (Application Programming Interfaces, APIs), die vom Hersteller zur Verfügung gestellt werden, beschränkt. Diese Programmierschnittstellen können auch bei OSS zur Verfügung stehen; im Gegensatz dazu erlaubt es die Verfügbarkeit des Quelltextes der OSS jedoch jedem innerhalb oder außerhalb einer Firma, jeden Aspekt der OSS zu modifizieren.[6]

Wenngleich verschiedene Autoren aus der Anpassbarkeit von OSS potenziell entstehende Probleme im Kontext der Nutzung von OSS-Komponenten ansprechen[7], steht nach Wissen des Autors keine Untersuchung von OSS zur Verfügung, die eine genaue Betrachtung des Anpassungsprozesses von OSS in Anwenderunternehmen durchführt. Im Gegensatz zu den Bereichen Softwareentwicklung sowie Einführung von SSW stehen folglich Unternehmen keine Richtlinien zur Verfü-

---

[5]   Vgl. Navica (o. J.), Duijnhouwer und Widdows (2003), Aberdour (2007).

[6]   Es sei angemerkt, dass verschiedene Softwareanbieter gegen Entgelt unternehmensspezifische Anpassung ihrer SSW durchführen. Ein Beispiel hierfür ist SAP, siehe [http://www.sap.com/ services-and-support/custom-application-development/custom-development.epx]. Die Anpassung von SSW ist jedoch nicht Gegenstand der Arbeit und wird daher im Folgenden nicht weiter betrachtet. Der Begriff der Anpassung umfasst im Kontext dieser Arbeit insbesondere alle Anpassungen, die Nutzen aus der Kenntnis des Quelltextes einer OSS ziehen. Dies umfasst das Hinzufügen neuer Funktionen, die Modifikation bestehender Funktionen sowie Fehlerbehebungen. Eine Darstellung der grundsätzlichen Anpassungsoptionen von Software erfolgt in Abschnitt 5.1.

[7]   Vgl. Ebert und Ruffin (2004), Spinnelis und Szyperski (2004).

gung, denen sie folgen können. Für die Unternehmen ist es daher schwierig, die benötigten Aufwände und die Projektkosten zu ermitteln.

Das Fehlen von Untersuchungen im Bereich der Anpassung in Unternehmen mag vor dem Hintergrund umfangreicher Forschungsergebnisse hinsichtlich anderer Aspekte von OSS zuerst überraschen; die hohe Zahl der Untersuchungen im Bereich OSS ist jedoch insbesondere auf die Öffentlichkeit des Entwicklungsprozesses zurückzuführen. Eine Untersuchung der Anpassung von OSS in Unternehmen, die eventuell keine aktive Rolle in der OSS-Community spielen, stellt sich für den Forscher im Gegensatz dazu problematisch dar. Daten über interne Anpassungen sind üblicherweise nicht öffentlich verfügbar. Diese Daten von verschiedenen Unternehmen zu sammeln ist ebenfalls schwierig, da Projekte oftmals unter Geheimhaltung durchgeführt werden und erhebliche Zeit benötigt wird, um den Entwicklungsprozess der OSS im Unternehmen zu beobachten.

1.2 Motivation

Die Nutzung von OSS erscheint für Unternehmen sehr interessant. Die möglichen positiven Effekte reichen von der Einsparung von Lizenzkosten bis zur Verkürzung der Zeit bis zur Produkteinführung (Time-to-market). Während jedoch die Nutzung von Open-Source-Software oder -Komponenten als Entwicklungsgrundlage oder Bestandteil von Entwicklungen in der Praxis vieler Softwareunternehmen bereits seit Jahren üblich ist[8] und Einsparmöglichkeiten durch einen Einsatz von OSS bereits umfangreich diskutiert worden sind, fehlt eine Untersuchung der Anpassung von OSS in Anwenderunternehmen.

Mittels einer Untersuchung von Fallstudien, die den Einsatz von OSS in Unternehmen darstellen[9], kann belegt werden, dass Unternehmen nicht nur ein theoretisches Interesse haben, Quelltextanpassungen von OSS durchzuführen, sondern dass diese tatsächlich durchgeführt werden. Empirische Studien zur Auswahl von OSS in Unternehmen belegen ein Interesse für die Anpassung des Quelltextes, das im Bereich der Nichtinfrastruktursoftware stärker ausgeprägt ist.[10]

Eine umfangreiche Behandlung des Bereichs der System- und Softwareentwicklung ist u. a. durch Fach- und Lehrbücher der Wirtschaftsinformatik gegeben. Die Behandlung dieses Bereiches in der Wirtschaftsinformatik ist zusätzlich zu einer Behandlung relevanter SSW angebracht, da auch weiterhin Individualentwicklungen von Software in Unternehmen eingesetzt werden. Einige Autoren verweisen zudem darauf, dass Systementwicklungsprojekte ab einer gewissen Komplexität

---

[8] Vgl. bspw. Spinnelis und Szyperski (2004).
[9] Siehe Abschnitt 2.4.4.
[10] Vgl. bspw. Wichmann (2002) und Ven und Verelst (2008).

Charaktereigenschaften von SSW-Einführungs- und Eigenentwicklungsprojekten haben.[11]

Eine unternehmensinterne Anpassung des Quelltextes von OSS kann vielfältige Konsequenzen nach sich ziehen, findet jedoch bisher keine ausreichende Beachtung. Dennoch sollte auch diese Thematik eine Bearbeitung im Bereich der wissenschaftlichen Disziplin der Wirtschaftsinformatik erfahren. So steht inzwischen auch betriebswirtschaftliche Software wie beispielweise Customer-Relationship-Management-Software und Enterprise-Resource-Planning-Software als OSS zur Verfügung,[12] deren Offenheit im Kontext dieser Anwendungen als Vorteil angesehen werden kann.[13] Die unternehmensinterne Anpassbarkeit von OSS kann folglich, ebenso wie bspw. die Möglichkeit der Einsparung von Kosten, einen Entscheidungsgrund für die Nutzung von OSS darstellen.

1.3   Forschungsziel und Vorgehensweise

Die vorliegende Arbeit adressiert eines der erklärten Ziele der Wirtschaftsinformatik, die „Erzielung eines realwissenschaftlichen Verständnisses von Einsatz, Akzeptanz, Management und Beherrschbarkeit von IS"[14]. Ein besseres Verständnis des Prozesses der Anpassung von OSS in Unternehmen kann dazu beitragen, für Unternehmen solche Anpassungen besser handhabbar zu machen.

Ziel der vorliegenden Arbeit ist es daher, die Betrachtung des Softwarebetriebs hinsichtlich der möglichen Anpassung einer OSS in einem Anwenderunternehmen zu erweitern. Zu der Anpassung der Software kann es hierbei direkt vor oder auch während der Nutzung im Anwenderunternehmen kommen.

Die an die Darstellung des Bereichs OSS anschließende Betrachtung der Bereiche Softwareentwicklung, -wartung und -evolution verfolgt das Ziel, bereits basierend auf den relevanten theoretischen Grundlagen die Möglichkeit aus einer Anpassung von OSS resultierender Probleme herauszuarbeiten. Ebenso wird durch die Darstellung dieser Bereiche aufgezeigt, dass sich OSS u. a. hinsichtlich des Entwicklungsprozesses erheblich von proprietärer Software unterscheidet.

Aufgrund des Mangels an relevanter Forschung im Bereich der Anpassung von OSS in Anwenderunternehmen und der Schwierigkeit, ausreichend detaillierte Daten mittels einer Umfrage zu erheben, musste als Grundlage der Arbeit ein Weg gefunden werden, Daten über den Anpassungsprozess von OSS in Unternehmen zu gewinnen. Hierzu wurde die Nutzung und Anpassung eines OSS-Projektes in einem Unternehmen über mehrere Iterationen mittels des im folgenden Abschnitt

---

[11] Vgl. bspw. Alpar et al. (2011), S. 283.
[12] Beispielsweise mit der Enterprise-Resource-Planning-Lösung ADempiere, [http://www.adempiere.com].
[13] Vgl. Dreiling et al. (2005).
[14] Schoder et al. (2011), o. S.

dargestellten qualitativen Forschungsansatzes der Aktionsforschung verfolgt. Das Forschungsziel besteht hier primär darin, Unterschiede zwischen der Anpassung und Nutzung von OSS und SSW festzustellen.

Aufgrund eines geringeren Interesses an einer Anpassung von Infrastruktursoftware[15], wie bspw. Datenbank- oder Betriebssystemsoftware, war es sinnvoll, als Gegenstand der Untersuchung eine OSS auszuwählen, die keine Infrastruktursoftware darstellt. Der Fokus der Arbeit wird in Abbildung 1 anhand der Klassifikation von Software dargestellt.

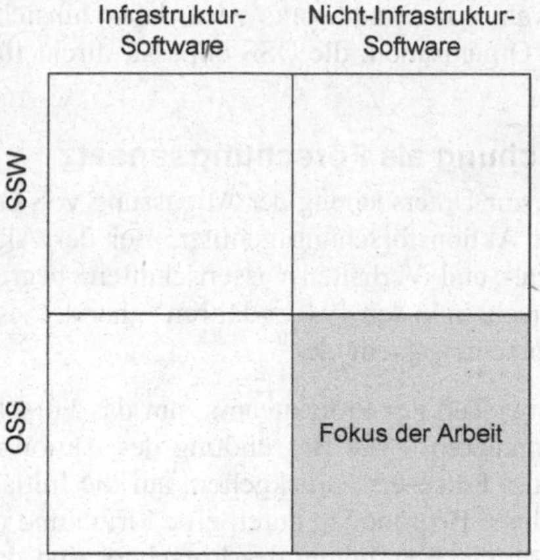

	Infrastruktur-Software	Nicht-Infrastruktur-Software
SSW		
OSS		Fokus der Arbeit

Abbildung 1: Klassifikation von Software nach Herkunft und Einsatzbereich

Die Darstellung der Untersuchung zeigt auf, dass es während der unternehmensinternen Anpassung zu einer gleichzeitigen Weiterentwicklung durch das OSS-Projekt kommt. Jedes Release[16] des OSS-Projektes kann somit eine Vielzahl von Auswirkungen auf intern durchgeführte Anpassungen haben. Die Untersuchung des Praxisprojektes bestätigt nicht nur das basierend auf der theoretischen Betrachtung bereits erwartete Auftreten von Problemen, sondern zeigt einzelne dieser Probleme detailliert auf.

Basierend auf der Erforschung des Praxisprojektes wird ein grobgranulares Prozessmodell der Anpassung von OSS in einem Anwenderunternehmen induziert.

---

[15] Vgl. Abschnitt 1.2.
[16] Ein Release bezeichnet den lauffähigen Status einer Software, der von den Entwicklern zur Verfügung gestellt wird und oft Fehlerbehebungen wie auch neue Funktionen beinhaltet.

Dieses nutzt den generischen Systemevolutionsprozess[17] als Grundlage. Das Prozessmodell bildet den Rahmen für eine strukturierte Darstellung von Besonderheiten, die im Rahmen von Systembetrieb und -wartung bei einer Anpassung von OSS auftreten können und für die Ableitung von besonderen Anforderungen an das Konfigurations- und Änderungsmanagement.

Aufgrund des Auftretens von Besonderheiten bei einer unternehmensinternen Anpassung von OSS wird klar, dass eine Organisation, die OSS nutzt und anpasst, den Anpassungsprozess sorgsam steuern muss, um Software von hoher Qualität zu erhalten und Fehler zu vermeiden. Eine potenzielle Unterstützung hierbei können Best-Practice-Frameworks darstellen, die (auch) den Bereich des Softwarebetriebs umfassen. Eine Auswahl von Frameworks wird daher hinsichtlich ihrer Eignung untersucht, von einer Organisation, die OSS anpasst, direkt für diesen Zweck genutzt zu werden.

1.4   Aktionsforschung als Forschungsansatz

Als Forschungsansatz zur Untersuchung der Anpassung von OSS in Unternehmen wird in dieser Arbeit Aktionsforschung genutzt. Bei der Aktionsforschung, mit Wurzeln in den Sozial- und Verhaltenswissenschaften, begründet von Kurt Lewin[18] und anderen Forschern in den 1940er-Jahren[19], handelt es sich um eine qualitative, partizipative Forschungsmethode.[20]

Der Forscher wird dabei Teil des Projektteams, um das Forschungsobjekt im notwendigen Detail zu studieren.[21] Die Begründung des Aktionsforschungsprojektes kann auf eine Suche des Forschers zurückgehen, auf die Initiative einer Firma sowie die gemeinschaftliche Begründung durch eine Firma und den Forscher.[22] Umfang und Ausgestaltung der Beteiligung des Forschers sind dabei nicht festgelegt und können im Zeitverlauf variieren.[23] Mittels Aktionsforschung partizipiert und kritisiert der Forscher in dem Prozess und beeinflusst diesen folglich. Als ein Resultat verbessert Aktionsforschung die Praxis[24] und ist in der Lage, neues Wissen zu entdecken.

Abzugrenzen ist die Aktionsforschung von der Durchführung einer Fallstudie. Wie bei der Aktionsforschung wird bei einer Fallstudie nicht, wie beispielsweise bei einem Laborexperiment, eine nur sehr begrenzte Zahl von Faktoren in die Beobachtung einbezogen. Die Datensammlung einer Fallstudie wie auch die Aktions-

---

[17]   Siehe Abbildung 6 auf S. 54.
[18]   Vgl. bspw. Lewin (1946).
[19]   Vgl. Peters und Robinson (1984), Baskerville (1997), S. 29, Kock (2007).
[20]   Vgl. Avison et al. (1999), de Villiers (2005).
[21]   Vgl. Baskerville (1997), S. 26.
[22]   Vgl. Avison et al. (2007), S. 27f.
[23]   Vgl. Melrose (2001), S. 161f.
[24]   Vgl. Zuber-Skerritt (1993), S. 46.

forschung bezieht vielmehr verschiedene Datenquellen ein und verlangt eine genaue Planung.[25] Im Gegensatz zur Aktionsforschung besteht bei einer Fallstudie jedoch keine Möglichkeit der Einflussnahme des Forschers auf die relevanten Verhaltensweisen.[26]

Ebenso abzugrenzen von der Aktionsforschung sind Beratungsdienstleistungen. Diese folgen weder dem experimentellen Ablauf der Aktionsforschung noch sind sie in gleichem Maße objektiv wie Fallstudien. Vielmehr besteht bei Beratungsdienstleistungen eine starke Abhängigkeit vom Auftraggeber, die zudem in der Regel kein experimentelles Vorgehen zulässt. Von Beratern wird erwartet, externes Wissen in das Projekt einzubringen, das zu einer möglichst schnellen und erfolgreichen Lösung führt.[27] Die Ergebnisse eines Beratungsprojektes sind dabei oft als verordnend *(prescriptive)*[28] anzusehen, was im Bereich der Forschung nicht gewünscht ist. Der Forscher soll eben nicht als jemand auftreten, der endgültige Lösungen anbieten kann, sondern als gleichgestellter Mitarbeiter und Untersucher.[29] Das Vorgehen eines Beratungsprojektes folgt aufgrund des Ziels schneller, erfolgreicher Lösungen üblicherweise dem Ablauf *Projekt starten, Analysieren, Handeln* und *Projekt beenden* (*Engage, Analyze, Action, Disengage*).[30]

Der Prozess der Aktionsforschung hingegen kann als zyklisches Modell dargestellt werden, das Informationssammlung, die Erarbeitung von Handlungsempfehlungen und Handeln umfasst.[31] Als „Essenz" der Aktionsforschung wird die in Abbildung 2 auf der folgenden Seite dargestellte Abfolge von *Diagnostic Stage* und *Therapeutic Stage* angesehen.[32]

---

[25] Vgl. Yin (2003), S. 13f.
[26] Vgl. Ibid., S. 7f., Baskerville (1997), S. 28f., Yin (2003), S. 7.
[27] Vgl. Baskerville (1997), S. 33f.
[28] Vgl. Tsang (1997), S. 79f.
[29] Vgl. Warmington (1980), S. 36, zitiert in Baskerville (1997), S. 39.
[30] Vgl. Baskerville (1997), S. 31. Ein veröffentlichtes Ergebnis eines Beratungsprojektes stellt daher kein Ergebnis der Aktionsforschung dar, sondern eine partizipative Fallstudie, die weder dem wissenschaftlichen Anspruch an die Objektivität der oben dargestellten Fallstudie, noch dem Anspruch einer Aktionsforschung entspricht. Vgl. Baskerville (1997), S. 41.
[31] Vgl. Moser (1977), S. 12, Baskerville (1997), S. 25.
[32] Vgl. Baskerville (2007), S. 314.

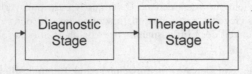

Abbildung 2: Zyklischer Ablauf von Diagnostic Stage und Therapeutic Stage als
Essenz der Aktionsforschung[33]

In der Literatur erfolgt häufig eine Darstellung des Aktionsforschungsprozesses
mit einer höheren Anzahl an Phasen. Frühe Arbeiten wie bspw. von Lewin nutzen
dabei bis zu sechs Phasen.[34] Neuere Veröffentlichungen reduzieren dies oftmals
auf einen Prozess, der vier Phasen umfasst, wie in Abbildung 3 anhand der Aufteilung von Zuber-Skerritt (1993) gezeigt.

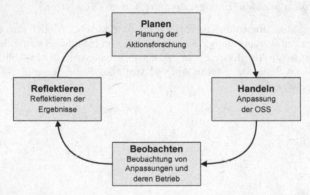

Abbildung 3: Prozess der Aktionsforschung nach Zuber-Skerritt (1993)[35]

Es ist möglich, in den ersten Iterationen die Durchführung der folgenden Zyklen zu
planen; diese können den Fokus der Untersuchung, falls nötig, in begrenztem Umfang verschieben. Die hierdurch geringfügig angepasste Sicht trägt dazu bei, das
Verständnis des Forschers für das Problem und so die Gründlichkeit der Untersu-

---

[33] Ibid., S. 314.
[34] Vgl. Baskerville und Wood-Harper (1996), S. 237.
[35] Eigene Darstellung in Anlehnung an Zuber-Skerritt (1993), Abb. 1 auf S. 47.

chung zu erhöhen.[36] Wichtig ist es, im Rahmen einer Reflexion die durchgeführten Maßnahmen auf Erfolg zu prüfen; die Reflexion kann dabei zu neuen Forschungsansätzen für zukünftige Iterationen führen. Die Durchführung weiterer Iterationen ist jedoch nicht grundsätzlich von Erfolg oder Misserfolg abhängig.[37]

Während hinsichtlich der Definition der Aktionsforschung als kooperative, den Forscher in das Projekt einbeziehende Forschungsmethode Konsens herrscht[38], gibt es eine Vielzahl von Ansätzen hinsichtlich der konkreten Umsetzung der Aktionsforschung. Der Fokus ist dabei unterschiedlich und kann beispielsweise auf dem Lernaspekt liegen (bspw. Action Learning) oder die Zusammenarbeit zwischen Forscher und Praktiker hervorheben (bspw. Participatory Action Research und Cooperative Inquiry).[39]

1.4.1 Einsatz in der Wirtschaftsinformatik

Aufgrund der Interdisziplinarität der Wirtschaftsinformatik kommt in dieser eine Vielzahl von Forschungsmethoden zum Einsatz, abhängig von Forschungsfokus und Anwendungsbereich.[40] Die Aktionsforschung ist dabei als interpretative Forschungsmethode akzeptiert[41] und wird vielfältig eingesetzt[42]. Aktionsforschung als qualitative Forschung in der Wirtschaftsinformatik wird oft in neuen Problembereichen eingesetzt, wenn empirische Daten nicht, oder nur in kleinen Stichprobengrößen, verfügbar sind.

Das Interesse an der Aktionsforschung im Bereich der Wirtschaftsinformatik belegen u. a. Sonderausgaben der Journals Information, Technology and People in 2001[43] sowie MIS Quarterly in 2004[44]. Simonsen (2009) führt die dennoch vergleichsweise geringe Anzahl an Veröffentlichungen in wissenschaftlichen Publikationen, die Aktionsforschung nutzen, darauf zurück, dass die Ergebnisse der Aktionsforschung oftmals stark auf Praktiker als Interessengruppe ausgerichtet sind.[45]

Verschiedene Autoren, wie bspw. Burstein und Gregor[46], fokussieren bei der Nutzung der Aktionsforschung im Bereich der Wirtschaftsinformatik auf Aspekte, die Themen der Sozialwissenschaften aufgreifen. Auch in deutschen Beiträgen finden

---

[36]	Vgl. Melrose (2001), S. 166f.
[37]	Vgl. Baskerville (1997), S. 27.
[38]	Vgl. Parker (2004), S. 171.
[39]	Vgl. Ibid., S.171.
[40]	Vgl. Burstein und Gregor (1999).
[41]	Vgl. Baskerville und Myers (2009), S. 659.
[42]	Vgl. Baskerville (1999), de Villiers (2005).
[43]	Vgl. Information Technology & People (2001).
[44]	Vgl. MIS Quarterly (2004). Auch neuere Beiträge greifen auf die Aktionsforschung als Forschungsmethode zurück, so bspw. Kohler et al. (2011).
[45]	Vgl. Simonsen (2009).
[46]	Vgl. Burstein und Gregor (1999).

sich entsprechende Darstellungen des Einsatzes der Aktionsforschung. So stellen bspw. Mambrey und Oppermann[47] in ihrem Herausgeberwerk eine Übersicht über Möglichkeiten der Einbeziehung von Betroffenen in die Systementwicklung (partizipative Systementwicklung) dar; verschiedene Beiträge legen eine aktive Teilnahme von Wissenschaftlern in diesem Prozess dar.

Die genannten Beiträge nehmen Bezug auf die Ursprünge der Aktionsforschung, die Verhaltenswissenschaften, und diskutieren die Anwendung der Ergebnisse in diesem Kontext. Dies umfasst bspw. bei Fricke die Frage des Verwendungszusammenhangs der Ergebnisse sozialwissenschaftlicher Forschung[48], die im Fall der partizipativen Systementwicklung zu dieser Zeit eine starke Abhängigkeit von politischen Entscheidungen im Unternehmen haben. Die Entwicklung und Erprobung von Umsetzungsstrategien wird im Rahmen dieser Forschung hervorgehoben; folglich ist ein mehrfaches Durchlaufen der Untersuchung unabdingbar, um die Auswirkungen dieser Umsetzungsstrategien überprüfen und ggf. anpassen zu können.

Jedoch wird die Aktionsforschung auch zur Untersuchung von Fragestellungen genutzt, die nicht in den Bereich der Sozial- und Verhaltenswissenschaften fallen. So wird bspw. von Baskerville und Wood-Harper schon früh die Anwendbarkeit im Bereich der Systementwicklungsmethoden hervorgehoben.[49] Auch im Kontext der OSS finden sich verschiedene Untersuchungen mittels Aktionsforschung.

Lungo[50] untersuchte im Jahr 2006 unterschiedliche Herangehensweisen an die Nutzung von OSS mittels Aktionsforschung. Hierbei wurde in einem Projekt im Gesundheitssektor bestehende OSS genutzt und Verbesserungen der OSS mittels Beitragender aus der OSS-Community umgesetzt. Ein alternativer Weg der Herangehensweise an das Thema OSS wird im gleichen Paper beschrieben; in einem Projekt im Bildungssektor wurde eine Software komplett neu mittels des OSS-Entwicklungsansatzes erstellt. Mittels Aktionsforschung wird der Bereich der Softwareentwicklung untersucht; der Fokus liegt hier jedoch im Gegensatz zur vorliegenden Arbeit darauf, Abweichungen der Projekte von den Definitionen freier Software der Free Software Foundation (FSF) bzw. Open-Source-Software der Open Source Initiative (OSI) herauszuarbeiten.[51]

Wenngleich darauf hingewiesen wird, dass aufgrund der speziellen Anforderungen im öffentlichen Bereich Anpassungen an der OSS vorgenommen werden müssen, die mangels Kenntnis der Spezifika nicht durch das OSS-Projekt umgesetzt wer-

---

[47] Vgl. Mambrey und Oppermann (1983).
[48] Vgl. Fricke (1983), S. 100ff.
[49] Vgl. Baskerville und Wood-Harper (1996), S. 240.
[50] Vgl. Lungo (2006).
[51] Siehe hierzu Abschnitt 2.1.1.

den können, fehlt die Darstellung des Entwicklungsverlaufes.[52] Folglich sind z. B. Rückschlüsse auf die aus der gleichzeitigen Anpassung im Unternehmen und im OSS-Projekt resultierenden Implikationen nicht möglich.

Auch die Entwicklung einer kooperativen Lernumgebung wurde im Rahmen eines Aktionsforschungsprojektes[53] betrachtet. Da diese Umgebung jedoch eine Eigenentwicklung darstellt, die als OSS zur Verfügung gestellt wurde, fehlt eine Betrachtung von Wechselwirkungen mit einem externen OSS-Projekt.

Abzugrenzen ist die Nutzung von Aktionsforschung in der vorliegenden Arbeit von einer Nutzung der Forschungsmethode Design Science. Zentrales Element von Design Science ist ein Artefakt, das zur Behandlung eines Problems der realen Welt genutzt wird.[54] Wenngleich auch im Rahmen dieser Arbeit mit der angepassten OSS ein Artefakt erstellt worden ist, war das Ziel, durch die Begleitung der Nutzung und Anpassung der untersuchten OSS eine möglichst umfangreiche Datensammlung zu ermöglichen. Dies konnte gut durch den zyklischen Ablauf der Aktionsforschung sowie die Möglichkeit der Einbeziehung und Einflussnahme des Forschers umgesetzt werden.

1.4.2 Relevanz und wissenschaftliche Strenge

Der Praxisbezug der Aktionsforschung kann als der Nähe zur und Nützlichkeit für die Praxis zuträglich angesehen werden.[55] Das Hauptinteresse einer qualitativen Untersuchung liegt im Gegensatz zum positivistischen Ansatz der Aufstellung und dem Testen von Hypothesen[56] in einer induktiven Untersuchung eines Phänomens[57].

Die Aktionsforschung steht dabei im Spannungsfeld zwischen Relevanz und wissenschaftlicher Strenge. Verschiedene Autoren verweisen darauf, dass die klassische Forschung über wissenschaftliche Strenge, oftmals jedoch nicht über eine ausreichende Praxisrelevanz verfügt.[58] Bei der Informationssammlung sollten daher die Kriterien Transparenz, Stimmigkeit sowie Einfluss des Forschers berück-

---

[52] Vgl. Lungo (2006).
[53] Eine Darstellung der Plattform erfolgt in Mangler und Derntl (2004); das Aktionsforschungsprojekt wird in Motschnig-Pitrik et al. (2004) dargestellt.
[54] Vgl. Lee (2007), S. 44. In diesem Artikel wird ein Framework entwickelt, das Aspekte von Aktionsforschung und Design Science kombiniert. Die Entwicklung eines Artefaktes wurde in dieser Arbeit jedoch nicht als Ziel angesehen, weshalb auf eine weitere Evaluation dieses Ansatzes verzichtet wurde.
[55] Vgl. Thomas und Tymon (1982), S. 345f., Baskerville und Wood-Harper (1996), S. 239.
[56] Vgl. Checkland und Holwell (1998), S. 12.
[57] Vgl. Parker (2004), S. 173.
[58] Vgl. bspw. Lee (2007), S. 44f.

sichtigt werden.[59] Das beobachtete Phänomen soll zudem klar definiert sein, was eine Analogie zur empirischen Forschung darstellt.[60]

Um auf Forschungsergebnissen und Erfahrungen anderer Personen aufbauen zu können, sollte der Prozess der Aktionsforschung ein Literaturreview des Forschungsbereiches beinhalten[61]; es ist möglich, dieses Review nicht nur vor Forschungsbeginn, sondern auch im Prozess der Aktionsforschung durchzuführen.[62] Diese Möglichkeit resultiert aus der „zyklischen" Vorgehensweise, die eine Verschiebung des Forschungsfokus während des Durchlaufens der Zyklen erlaubt. Das Literaturreview hilft in diesem Prozess, die richtigen Fragen zu stellen, die mittels der Studie zu Antworten führen sollen.[63]

1.5 Aufbau der Arbeit

Im Anschluss an das einführende erste Kapitel erfolgt im *zweiten Kapitel* der Arbeit eine Darstellung des Bereichs OSS. Dies umfasst neben den Grundlagen und dem Entwicklungsansatz von OSS zudem Fragestellungen, die insbesondere bei einer Anpassung von OSS in Unternehmen Relevanz besitzen, wie bspw. rechtliche Fragen.

Das *dritte Kapitel* umfasst eine Übersicht über die Entwicklung proprietärer Software sowie die Weiterentwicklung von Software im Laufe des Systembetriebs, in der Literatur oftmals mit Software Maintenance bzw. Softwarewartung bezeichnet. Die Darstellung der Entwicklung proprietärer Software erfolgt anhand ausgewählter Beispiele, die anschaulich das deutlich von einer OSS-Entwicklung abweichende Vorgehen aufzeigen. Ebenfalls im Rahmen des dritten Kapitels erfolgt eine Darstellung des Bereichs der Softwareevolution. Diese gibt einen Überblick über die wissenschaftliche Untersuchung der Evolution proprietärer Software sowie der Evolution von OSS. Der Aspekt der Evolution von OSS ist im Kontext der vorliegender Arbeit von erheblicher Relevanz, da die parallele Weiterentwicklung der OSS im Unternehmen und im OSS-Projekt zu zahlreichen Konflikten führen kann.

Im *vierten Kapitel* erfolgt die Darstellung der Untersuchung eines Praxisprojektes mittels Aktionsforschung. Es erfolgt dabei eine detaillierte Betrachtung des Projekts. Diese umfasst u. a. das Vorgehen bei der Übernahme neuer externer Releases in den internen Entwicklungszweig sowie im Projektverlauf aufgetretene Probleme. Ausgewählte Probleme, wie bspw. eine nicht erfolgte Übernahme von exter-

---

[59] Vgl. Moser (1977), S. 18.
[60] Vgl. Melrose (2001), S. 168.
[61] Vgl. Ibid., S. 172.
[62] Vgl. Ibid., S. 172.
[63] Vgl. Yin (2003), S. 9.

nem Quelltext in das offizielle Release des OSS-Projektes[64], werden abschließend detailliert dargestellt.

Das *fünfte Kapitel* nutzt die Ergebnisse des vierten Kapitels. Basierend auf diesen wird ein grobgranulares Prozessmodell für die Anpassung von OSS in Anwenderunternehmen induziert. Dessen Phasen werden die bei einer Anpassung von OSS auftretenden Besonderheiten zugeordnet und im Anschluss daraus resultierende besondere Anforderungen an das Konfigurations- und Änderungsmanagement dargestellt. Weiterhin wird mit der Einreichung von Quelltext an ein OSS-Projekt ein Aspekt umfangreich behandelt, der bspw. Auswirkungen auf den Umfang der Überführung neuer Releases des OSS-Projekts in den unternehmensinternen Entwicklungszweig haben kann.

Im *sechsten Kapitel* werden, basierend auf den bei einer unternehmensinternen Anpassung möglichen Besonderheiten, vier Best-Practice-Modelle hinsichtlich ihrer Unterstützung dieser Besonderheiten untersucht. Dies umfasst Vorschläge, die aufzeigen, wie die Modelle basierend auf bestehenden Inhalten die Anpassung von OSS besser unterstützen könnten.

Die Arbeit schließt im *siebten Kapitel* mit einer Zusammenfassung sowie einem Ausblick.

---

[64] Als offizielle Releases der OSS werden in dieser Arbeit alle durch das OSS-Projekt im Hauptentwicklungszweig zur Verfügung gestellten sog. „stabilen" Releases der OSS angesehen. Ein OSS-Projekt kann weitere Releases anbieten, die u. U. nicht Bestandteil des Hauptentwicklungszweiges sind. Vgl. Ye et al. (2005), S. 68f.

2. Open-Source-Software (OSS)

2.1 Grundlagen

2.1.1 Historische Entwicklung

Die Weitergabe von Software in Quelltextform geht auf die Hackerkultur der 1960er-Jahre[65] zurück. Die Entwicklung von Software wurde insbesondere an Universitäten und im militärischen Bereich durchgeführt. Erst später wurde es aufgrund des Wandels hin zu einem kommerziellen Softwaremarkt[66] die Regel, den Quelltext als Geschäftsgeheimnis anzusehen und nur Binärcode herauszugeben, der vom Nutzer nicht modifiziert werden kann.[67]

Als Gegenpol dieser Kommerzialisierung von Software ist der Begriff Freie Software entstanden, der auf Richard Stallman zurückgeht. Dieser gründete in 1985 die FSF[68] und betonte bei seiner Definition von Software mit frei verfügbarem Quelltext die Freiheit der Software, was durch die Free Software Foundation (FSF) mittels der Free Software Definition[69] kommuniziert wird. Die Freiheit der Software umfasst gemäß dieser nicht nur die Verfügbarkeit des Quelltextes, sondern bspw. auch das Recht diesen zu verbessern und diese Verbesserungen zu veröffentlichen. Die FSF ist zudem der Ursprung der populären OSS-Lizenz GNU GPL.[70] Eine alternative Definition von OSS liefert die 1998 gegründete Open Source Initiative (OSI)[71] mit der Open Source Definition[72]. Diese nutzt den Begriff Open-Source-Software und hebt so die Verfügbarkeit des Quelltextes hervor; die Inhalte der Free Software Definition und der Open Source Definition sind jedoch sehr ähnlich.

Die erste OSS, die im Sinne Freier Software nach Definition der FSF stand, wurde von Richard Stallmann mit der Softwareentwicklungsumgebung GNU zur Verfü-

---

[65] Vgl. Boehm (2006), S. 19, Raymond (2001), S. 4-7.

[66] Dreiling et al. (2005), S. 3 sowie Mundhenke (2007), S. 50f. führen als Auslöser die Beendigung der Bündelung von Software und Hardware durch IBM an, die durch ein Kartellrechtsverfahren des US-Justizministeriums erzwungen wurde.

[67] Der Quelltext wird in diesem Fall vor der Herausgabe in Objektcode umgewandelt. Im Fall von Software, deren Code interpretiert wird, werden Hilfsprogramme genutzt, die den Code verschlüsseln. Siehe für die Programmiersprache PHP bspw. [http://www.sourceguardian.com].

[68] Vgl. [http://www.fsf.org], Free Software Foundation (2010).

[69] Vgl. Ibid.

[70] Vgl. Brügge et al. (2004), S.10. GNU ist ein rekursives Akronym und steht für GNU's Not UNIX, vgl. [http://www.gnu.org/home.en.html]. GPL steht für General Public License, vgl. [http://www.gnu.org/ licenses/licenses.en.html].

[71] Vgl. [http://www.opensource.org/about].

[72] Vgl. Open Source Initiative (2010). Die Nutzung des Begriffs *Open Source* sollte dabei auch einem besseren Marketing der Ideen freier Software dienen, vgl. Goldman und Gabriel (2005), S. 31.

gung gestellt.[73] Das GNU-Projekt zielte darauf ab, ein alternatives und freies Betriebssystem zu erstellen. Wenngleich eine Vielzahl auch heute noch gebräuchli-
cher Softwarewerkzeuge durch das Projekt erstellt worden ist, so ist bis heute das
geplante Betriebssystem GNU/Hurd nicht für einen produktiven Einsatz geeignet.[74]

Bekanntheit hat OSS insbesondere durch GNU/Linux erlangt, ein Betriebssystem-
projekt, das von Linus Torvalds ins Leben gerufen worden ist und dem viele, über
die ganze Welt verteilte, Entwickler beigetreten sind.[75] Der von Torvalds entwickelte Linux-Kernel wurde dabei mit den durch das von Richard Stallmann initiier-
te GNU-Projekt zur Verfügung gestellten Programmen zu einem vollständigen
Betriebssystem, GNU/Linux genannt, zusammengeführt.[76] GNU/Linux war zu An-
fang insbesondere unter technikaffinen Personen bekannt, ist aber inzwischen auch
in Distributionsform erhältlich. Distributionen führen das Betriebssystem mit weiterer OSS und zum Teil auch proprietärer Software zusammen und beinhalten üblicherweise eine Paketverwaltung, um die Installation zu erleichtern; sie erfordern
daher keine umfassenden Computerkenntnisse und fördern folglich die Verbreitung von OSS auch in weniger technikaffinen Nutzergruppen.

2.1.2 Nutzung

Die Nutzung von GNU/Linux hat mit der Durchdringung des Internets zugenom-
men, was u. a. auf die Verbreitung der Software mittels des Internets, die schon
früh integrierten umfangreichen Netzwerkfunktionen sowie für GNU/Linux verfügbare Software für Internetdienste zurückzuführen ist. Neben dem Nameserver
Bind[77] und dem Mailserver Sendmail[78] ist hier insbesondere der Apache Webserver[79] zu nennen. Dieser wird oft in Zusammenspiel mit GNU/Linux, der Programmiersprache PHP und dem unter dualer Lizenz[80] stehenden Datenbankmanage-
mentsystem (DBMS) MySQL eingesetzt; eine Umgebung, die auch unter der Ab-
kürzung LAMP (Linux, Apache, MySQL, PHP) bekannt ist.

Während GNU/Linux wie auch Apache allgemeine Kernfunktionen anbieten, erlangt OSS zunehmend auch im Bereich spezieller Anwendungen Bekanntheit, beispielsweise im Bereich der Business Intelligence mit der Pentaho BI Suite[81] und

---

[73] Vgl. Alpar et al. (2011), S. 377.
[74] Vgl. [http://www.gnu.org/s/hurd/hurd.html].
[75] Vgl. Raymond (2001). Eine Abhandlung aus Sicht Torvalds' liegt mit Torvalds und Diamond
    (2001) vor.
[76] Vgl. Brügge et al. (2004), S. 33 f.
[77] Siehe [http://www.isc.org/software/bind].
[78] Siehe [http://www.sendmail.org].
[79] Siehe [http://httpd.apache.org].
[80] Siehe Abschnitt 2.3.1.
[81] Siehe [http://www.pentaho.com].

dem Eclipse BIRT (Business Intelligence and Reporting Tool)-Projekt[82]. Selbst Enterprise-Resource-Planning-Systeme sind inzwischen als OSS verfügbar (bspw. SQL Ledger[83] und ADempiere[84]). Die Freiheit der OSS kann bei diesen Anwendungen einen Vorteil gegenüber der nur eingeschränkt offenen Architektur von proprietären Enterprise-Systemen darstellen.[85] Es ist anzumerken, dass OSS oftmals nicht ausschließlich für GNU/Linux verfügbar ist, sondern zunehmend auch für proprietäre Betriebssysteme wie Microsoft Windows.

Neben OSS, die eine Neuentwicklung darstellt, gibt es Beispiele, bei denen vormals proprietäre Software durch ein Unternehmen als OSS freigegeben worden ist. Bekannte Beispiele hierfür sind Mozilla (basierend auf dem von Netscape zur Verfügung gestellten Quelltext), Eclipse (Bereitstellung durch IBM)[86] sowie Open Office (basierend auf Star Office von Sun)[87].

Wenngleich OSS nicht unbedingt kostenfrei verfügbar sein muss, ist dies oft der Fall.[88] Aus diesem Grund ist OSS sehr relevant für Unternehmen, die ihre Lizenzkosten senken wollen.[89] Tatsächlich scheint Kostenreduzierung einer der Hauptgründe für die Einführung von OSS zu sein, wenngleich eine Vielzahl weiterer Stärken von OSS für deren Einsatz sprechen kann.[90] Beispiele sind ein geringerer Lock-In-Effekt und eine reduzierte Abhängigkeit von einem Entwickler, was auch die Zukunftssicherheit der Software erhöht.[91] Die Sicherheit von OSS profitiert

---

[82] Siehe [http://www.eclipse.org/birt/phoenix].

[83] Siehe [http://www.sql-ledger.org].

[84] Siehe [http://adempiere.com]. ADempiere ist als Abspaltung (Fork) aus dem OSS-Enterprise-Resource-Planning-Projekt Compiere hervorgegangen. Zum Begriff Fork siehe Abschnitt 2.2.5.

[85] Vgl. Dreiling et al. (2005).

[86] Die Unterstützung des OpenSolaris-Projektes ([http://hub.opensolaris.org/bin/view/Main/]) nach der Übernahme von Sun Microsystems durch Oracle soll jedoch in Zukunft reduziert werden, vgl. Benz (2010).

[87] Ein Framework zur Beurteilung der Chancen einer proprietären Software im Fall der Freigabe als OSS insbesondere in Hinblick auf die Gewinnung von neuen Entwicklern schlagen Kilamo et al. (2010) vor.

[88] Bei OSS, die den Vorgaben der Open Source Definition bzw. der Free Software Definition entspricht, kann bspw. ein Entgelt für die Bereitstellung der Software berechnet werden. Ist dieses gezahlt, kann die Distribution beliebig oft kostenfrei kopiert werden.

[89] Eine Vielzahl von Veröffentlichungen betont dabei die Wichtigkeit der Betrachtung der Total Cost of Ownership (TCO), da eine ausschließliche Betrachtung der Lizenzkosten beispielsweise höhere Kosten für Nutzerschulungen nicht berücksichtigt. Eine Vielzahl von TCO-Betrachtungen vergleichen die Kosten proprietärer Software und OSS; eine eindeutige Tendenz ist dabei nicht festzustellen. Ein Vergleich verschiedener TCO-Berechnungen stellt Brügge et al. (2004) auf den S. 115-124 dar.

[90] Vgl. bspw. Dedrick und West (2004). Gemäß einer aktuelleren Umfrage der Unternehmensberatung Accenture sehen viele Unternehmen die hohe Qualität von OSS inzwischen als ein wichtigeres Kriterium an, vgl. Accenture (2010).

[91] Vgl. Alpar et al. (2011), S. 378f.

zudem durch die Offenheit des Quelltextes, da es allen Beteiligten offen steht, Sicherheitslücken zu finden und zu beheben. Die Vorteile von OSS haben nicht nur zu einem vermehrten Einsatz von OSS in Unternehmen geführt; auch öffentliche Verwaltungen nutzen auf einer großen Zahl von Rechnern OSS. Der Umfang ist dabei unterschiedlich und muss nicht zwangsläufig auch einen Umstieg auf das Betriebssystem GNU/Linux beinhalten. Exemplarisch sei hier die Migration von ca. 15000 Arbeitsplatzrechnern der Stadt München zu einer OSS-basierten Lösung im Rahmen des LIMUX-Projekts[92] erwähnt.[93] Neben der Nutzung von OSS im öffentlichen Bereich erfährt diese auch Unterstützung von politischer Ebene. So verfolgt die Bundesregierung bereits seit einiger Zeit das Ziel, die Abhängigkeit von einzelnen Softwareanbietern zu reduzieren und auf offene Standards zu setzen.[94]

2.1.3 Geschäftsmodelle

Aufgrund der meist kostenfreien Verfügbarkeit von OSS kann die Erhebung von Lizenzkosten, wie bei proprietärer Software die Regel, kein sinnvolles Geschäftsmodell für OSS sein. Aufgrund dessen ist eine ganze Reihe von weiteren Geschäftsmodellen entstanden, die im OSS-Bereich angewandt werden. Neben einer aufgrund der Verfügbarkeit als Download nicht mehr als besonders relevant anzusehenden physischen Distribution von Software umfasst dies u. a. die folgenden Bereiche und Tätigkeiten:

- Softwareintegration:

  Hierbei sind insbesondere die Hersteller von Distributionen gemeint. Neben Distributionen, die ein breites Publikum ansprechen, sind Distributionen wie Red Hat Enterprise Linux zu nennen, die gezielt Unternehmen ansprechen und zusammen mit Supportverträgen angeboten werden.

- Hardwareintegration:

  Eine Hardwareintegration meint das Angebot einer Kombination von Hardware mit einer darauf abgestimmten Software. Ein Beispiel hierfür ist das Hardware-Angebot von IBM, das u. a. GNU/Linux als Betriebssystem enthält.

- Support:

  Neben den bereits zuvor erwähnten Distributoren bieten u. a. Beratungsunternehmen Support an. In diesen Bereich fällt zudem der Support von OSS-

---

[92] Siehe [http://www.muenchen.de/limux].
[93] Eine Übersicht über weitere Umstellungsprojekte sowie über Studien von Migrationen zu OSS bietet u. a. Ven et al. (2008), S. 194-199.
[94] Vgl. bspw. Marquardt (2004), S. 58ff. Die aktuelle Regierungskoalition von CDU/CSU und FDP erwähnt OSS explizit im Koalitionsvertrag, spricht dabei jedoch lediglich von einer Prüfung der Unterstützung von Open-Source-Lösungen. Vgl. CDU (2009), S. 102.

Projekten bspw. durch Mediatoren wie SourceForge.net[95]. Der Begriff Mediator bezeichnet hier Websites, die als Mittler zwischen den Entwicklern und Nutzern von OSS agieren. Sie stellen den Entwicklern hierzu Hilfsmittel wie bspw. Versionsverwaltungssysteme und Wikis sowie Speicherplatz meist kostenfrei zur Verfügung.

- Publikationen:

Dies umfasst Veröffentlichungen zu Themen und konkreten Produkten des OSS-Bereichs.

- Auftragsentwicklung:

Auftragsentwicklungen werden für viele populäre OSS-Produkte angeboten.[96] Sie ermöglichen bspw., dringende Erweiterungen einer OSS zu realisieren. Eine Weitergabe des Quelltextes an das OSS-Projekt kann u. U. dazu führen, dass die Erweiterung Teil des offiziellen Release der OSS wird.

- Erzeugen kommerziellen Mehrwertes:

Beispiele hierfür sind das Bereitstellen einer Entwicklungsumgebung für eine freie OSS im Embedded-Bereich sowie die Bereitstellung einer Serverkonsole für einen OSS-Server.[97]

- Duallizenzierung:

Eine solche Lizenzierung wird beispielsweise bei dem DBMS MySQL[98] umgesetzt, um die Möglichkeit zu eröffnen, das DBMS unter einer weniger restriktiven Lizenz zu nutzen.[99]

- Kommerzielle Verbesserung von OSS:

Dies ist mit einer Auftragsentwicklung zu vergleichen. Ziel ist hier aber explizit die Verbesserung der ursprünglichen OSS.

---

[95] Vgl. hierzu Saleck (2005), S. 79.

[96] So u. a. auch für das in Abschnitt 4.1 dargestellte Pligg Content-Management-System, bspw. unter [https://www.odesk.com/groups/pligg?vt_cmp=pligg].

[97] Vgl. Golden (2005), S. 34.

[98] Vgl. [http://www.mysql.com/about/legal/licensing/oem/#4], Brügge et al. (2004), S. 49f. und 112f. Bezüglich MySQL ist anzumerken, dass das Copyright für Entwicklungsbeiträge Dritter, um in das offizielle Release aufgenommen werden zu können, auf die Firma MySQL AB übertragen werden muss.

[99] Siehe hierzu auch Abschnitt 2.3.1.

- Spezialisierte Produkte:

Dies bezieht sich beispielsweise auf die Umsetzung einer Firewall-Appliance[100], bei der GNU/Linux für die Nutzung als Bestandteil einer Hardwarelösung angepasst wird.[101]

Neben der Umsetzung dieser Geschäftsmodelle im Kontext bestehender OSS-Projekte kann für Unternehmen zudem ein Anreiz bestehen, selbst ein OSS-Projekt zu starten.[102]

2.2 Entwicklung von OSS

2.2.1 OSS-Projekte und -Communitys

Der Start eines OSS-Projekts erfolgt „klassisch" aufgrund des Bedarfs eines einzelnen Entwicklers („scratching a developer's personal itch"[103]), der bei der OSS-Community um Mithilfe bei der Entwicklung wirbt.[104] Wenngleich dies nicht in allen Fällen gegeben ist, steht doch oft keine Gewinnerzielungsabsicht hinter der Gründung. Die Entwicklung von OSS wird in OSS-Projekten durchgeführt, die aus einer oftmals weltweit verteilten Entwicklungsgemeinschaft bestehen. Diese Entwicklungsgemeinschaften werden auch als OS(S)-Communitys bezeichnet.[105] Sie setzen sich üblicherweise aus freiwilligen Mitarbeitern zusammen, die in ihrer Freizeit an den OSS-Projekten mitarbeiten.

Es sollte bereits bei der Gründung des OSS-Projekts hinterfragt werden, ob sich eine ausreichende Anzahl von Benutzern und Entwicklern finden wird.[106] Während die offiziellen Releases von den Hauptentwicklern zur Verfügung gestellt werden, können Anpassungen zwischen Releases von den Hauptentwicklern oder jeder anderen Person zur Verfügung gestellt werden. Die Bereitstellung der Anpassungen ist dabei abhängig von Nutzung und Lizenz nicht immer verpflichtend; folglich können auch Anpassungen in Organisationen durchgeführt werden, die nicht für die Öffentlichkeit verfügbar gemacht werden.

---

[100] Vgl. Karels (2003), S. 50ff.
[101] Vgl. Golden (2005), S. 35.
[102] Vgl. Koch (2003), S. 57, sowie die Darstellung zur Quelle Goldman und Gabriel (2005) in Abschnitt 5.1.
[103] Vgl. Raymond (2001), S. 23.
[104] Vgl. Fitzgerald und Ågerfalk (2005). Dies wird als Hinweis auf eine Einstufung von OSS-Projekten in den Bereich des Kollektivismus verstanden. Dennoch finden sich insbesondere im Bereich der individuellen Motivation der Entwickler Hinweise auf einen individualistischen Charakter von OSS-Projekten.
[105] Vgl. Brügge et al. (2004), S. 79.
[106] Vgl. Koch (2003), S. 57.

Das OSS-Entwicklungsmodell weist hinsichtlich des Stellenwertes des Codes, der kurzen Entwicklungszyklen, der intrinsischen Motivation der Beteiligten und der Bereitschaft, Software als ein sich ständig änderndes Produkt anzusehen, Parallelen zur Entwicklung mit agilen Methoden auf.[107] Aufgrund der Erfolge von Softwareentwicklungen mittels des OSS-Entwicklungsmodells gibt es Versuche, Aspekte des OSS-Entwicklungsmodells auch in die Entwicklung proprietärer Software einzubringen.[108]

2.2.2 Teilnehmer an OSS-Projekten

Für OSS-Projekte ist es kritisch, eine ausreichende Anzahl an Benutzern und Entwicklern zu gewinnen.[109] In der Anfangszeit von OSS waren daher insbesondere Projekte erfolgreich, bei denen die Nutzer der OSS zugleich über Programmierkenntnisse verfügten, da folglich ein hoher Anteil möglicher Personen vorhanden war, die zur Weiterentwicklung beitragen konnten.[110]

Die Motivation für Personen, die an einem OSS-Projekt teilnehmen, ist dabei oftmals rein intrinsisch. Sie kann aus der Reputation durch die Teilnahme und dem Spaß am Programmieren entstehen; insbesondere für private Entwickler entsteht oftmals ein Nutzen aus der Beschäftigung mit der Software selbst, dem Lernen und Weiterentwickeln sowie einer durch die Beteiligung entstehenden Sozialwertsteigerung. Besteht ein eigener Bedarf an der Software, so kann durch die eigenen Beiträge und die offene Lizenzierung eine Verbesserung der Marktchancen entstehen.[111]

Neben nicht-professionellen Programmierern sind an OSS-Projekten oftmals Personen beteiligt, die auch beruflich Software entwickeln. Hierbei ist zu unterscheiden in professionelle Programmierer, die in ihrer Freizeit an einem OSS-Projekt mitarbeiten, der Einbeziehung von professionellen Programmierern als bezahlte Mitarbeiter in OSS-Projekten[112] und der Freistellung von Mitarbeiten durch Unternehmen, die an der Weiterentwicklung einer bestimmten OSS interessiert sind[113]. OSS-Projekte können bezahlte und freigestellte Programmierer einsetzen und ggf. gezielt für Aufgaben einsetzen, die für Freiwillige weniger attraktiv sind[114], wie bspw. das Durchführen von Tests, die Erstellung der Dokumentation sowie die

---

[107] Vgl. Strahringer Ibid., S. 14.
[108] Vgl. bspw. Schneidewind et al. (2002), Lussier (2004) sowie Martin und Hoffman (2007). Dieses Vorgehen wird z. T. als *inner source* bezeichnet, vgl. Fitzgerald (2011), S. 28.
[109] Vgl. Koch (2003), S. 57.
[110] Vgl. Brügge et al. (2004), S. 58.
[111] Vgl. Ibid., S. 58-60 und S. 100, Teupen (2007), S. 60-64.
[112] Vgl. Berdou (2006).
[113] Verschiedene Firmen unterstützen OSS-Projekte nicht (nur) mit finanziellen Mitteln, sondern mittels der Unterstützung durch Programmierer, wie beispielsweise IBM dies im Fall von Linux praktiziert.
[114] Vgl. Michlmayr et al. (2008), S. 2f.

Fehlerbehebung.[115] Für Unternehmen kann die Einstellung bzw. Freistellung von zentralen Beteiligten eines OSS-Projektes zur Vollzeit-Mitarbeit im OSS-Projekt auch deshalb sinnvoll sein, da diese Personen sehr umfangreich im Projekt mitarbeiten können und zugleich, im Idealfall im Sinne des Unternehmens, die langfristige Entwicklung des OSS-Projekts überwachen können.[116] Professionelle Programmierer wiederum können durch die freiwillige Teilnahme an OSS-Projekten versuchen, ihre Aussichten auf interessante Jobangebote zu verbessern.[117] Die weitgehende Autonomie der Teilnehmer von OSS-Communitys, das in diesen Communitys vorzufindende „kreative Chaos", die reichhaltige Verfügbarkeit von Informationen bezüglich des Projektes und dessen Aufgaben sowie die vielfältigen Qualifikationen der Teilnehmer werden als wichtige Stimuli für eine offene Innovation (*open innovation*) angesehen.[118]

2.2.3 Organisation von OSS-Projekten

Die Organisation von OSS-Entwicklungsprojekten weicht deutlich von der Organisation der Entwicklung proprietärer Software ab. Raymond (2001) hat in diesem Zusammenhang den Vergleich der Kathedrale und des Basars geprägt, der die feste Struktur der proprietären Softwareentwicklung mit dem Bau einer Kathedrale und die für neue Entwickler offene Struktur der OSS als den Ablauf auf einem Basar darstellt.[119]

Die Organisation von OSS-Projekten kann sehr unterschiedlich gestaltet sein. Wenngleich manche Projekte nach wie vor von wichtigen, zentralen Personen kontrolliert werden (die zum Teil als einzige das Recht haben, neuen Quelltext zu dem Projektcode hinzuzufügen[120]), so ist eine dezentrale Kontrolle üblich. Die Projekte können Strukturen wie bspw. Konsortien herausbilden, die für die Koordination zuständig sind; unabhängig davon ist die Steuerung üblicherweise weniger zentral als die der traditionellen Softwareentwicklung.[121]

Beteiligte an OSS-Projekten können dabei verschiedene Rollen einnehmen. So unterteilen bspw. Holck und Jørgensen (2004) anhand der Beispiele Mozilla und FreeBSD in *Top-Level Management*, *Release Management*, *Module Owners*, *Reviewers*, *Committers* und *Contributors*.[122] Alternativ kann eine Einteilung der Be-

---

[115] Vgl. German (2004), S. 205.

[116] Vgl. Berdou (2006), S. 205f.

[117] Vgl. Fitzgerald und Ågerfalk (2005). Eine umfangreiche Untersuchung von Motivation und Anreizen in OSS-Projekten findet sich in Mundhenke (2007), S. 69-89.

[118] Vgl. Fitzgerald (2011), S. 27.

[119] „The cathedral and the bazaar" ist zugleich der Titel seines Werkes, das aus einer Aufsatzsammlung hervorgegangen ist. Vgl. Raymond (2001).

[120] Vgl. Koch (2003), S. 58. Koch stellt dies als Organisationsform „Owner/Maintainer" dar, die er als einfachste Organisationsform eines OSS-Projektes bezeichnet.

[121] Vgl. Karels (2003), S. 48, Michlmayr et al. (2008), S. 4.

[122] Vgl. Holck und Jørgensen (2004).

teiligten gemäß des Umfangs der Beteiligung im Projekt erfolgen; bspw. in *passiver Benutzer*, *aktiver Benutzer*, *peripherer Entwickler*, *Mit-Entwickler*, *Kern-Entwickler* und *Projektleiter*.[123]

Bei den Kern-Entwicklern handelt es sich um eine vergleichsweise kleine Gruppe von Personen, die in erheblichem Umfang an der Entwicklung des Programmcodes beteiligt sind.[124] Der Übergang von einem „peripheren Entwickler" in Richtung der Kerngruppe der Entwickler kann für einen Einzelnen folglich sehr aufwändig sein.[125] Eine Untersuchung des Apache-Webserver-Projekts hat beispielsweise ergeben, dass 91 % aller Änderungsanfragen von lediglich 10 % aller Beitragenden gestellt werden.[126] Die Verweilzeit der Beteiligten in diesen zentralen Positionen im OSS-Projekt ist vergleichsweise lang; für den Fall der GNU/Linux-Distribution Debian wurde dies von Michlmayr et al. (2008) untersucht; etwas weniger als die Hälfte der Personen, die aus OSS installationsbereite Debian-Pakete erstellten, waren nach über sieben Jahren noch aktiv.[127]

Der Projektleiter oder eine bzw. mehrere Personen, die der obersten Ebene des Projektes direkt zugeordnet sind, sind zudem für das Releasemanagement der OSS zuständig. Dies kann die Steuerung der Veröffentlichung von OSS im Sinne eines Projektmanagements darstellen, was auch das Setzen der Deadlines für Releases umfasst.[128] Die Aufteilung in ein Gruppe von Hauptentwicklern und eine größere Zahl weiterer Entwickler, die dieser Gruppe nicht angehören, wird als einer der Gründe für das Fehlen der Ineffizienz großer Teams bei der OSS-Entwicklung angesehen.[129]

2.2.4 Koordination in OSS-Projekten

Wenngleich somit die Stabilität hinsichtlich zentraler Personen oftmals gegeben ist, erscheint die Entwicklung von OSS im Vergleich zu der Entwicklung proprietärer Software insbesondere vor dem Hintergrund der geografisch verteilten Entwickler unter dezentraler Führung vergleichsweise unkoordiniert. Um den verteilten Entwicklungsprozess von OSS handhabbar zu machen, müssen verschiedene Bedingungen gegeben sein, die die Koordination unterstützen sowie für eine anhal-

---

[123] Vgl. Koch (2003), S. 58. Es herrscht keine einheitliche Benennung oder Wahl der Granularität; so unterteilen bspw. Ye et al. (2005) in *Project Leader, Core Member, Active Developer, Peripheral Developer, Bug Reporter, Reader* und *Passive User*.
[124] Vgl. Koch (2003), S. 60.
[125] Vgl. Krogh und Spaeth (2007), S. 240.
[126] Vgl. Asundi (2005).
[127] Vgl. Michlmayr et al. (2008), S. 20.
[128] Vgl. Holck und Jørgensen (2004), S. 11-15, die als Beispiele die großen OSS-Projekte Mozilla und FreeBSD nennen. Das Setzen von Deadlines wird von verschiedenen Autoren jedoch als untypisch für ein OSS-Projekt angeführt, vgl. exemplarisch Hang et al. (2005), S. 225. Eine Untersuchung des Release Managements dreier OSS-Projekte liegt mit Erenkrantz (2003) vor.
[129] Vgl. Strahringer (2003), S. 13.

tende Motivation der Entwickler sorgen. Brügge et al. (2004) nennen folgende die Koordination von OSS unterstützende Bedingungen: [130]

- „Eindeutige Schnittstellen zwischen den Programmteilen,
- klare Regeln für die Übermittlung von Programmcode,
- Innovation und Weiterentwicklung durch inkrementelle Schritte,
- hohe Transparenz,
- weltweite Vernetzung und Kommunikation zu günstigen Preisen,
- „natürlich" anerkannter Projektleiter und Antiforking-Norm,
- niedrige Eintrittsbarrieren und großer Entwicklerpool sowie
- ausreichende Ressourcen".

Die Koordination wird in OSS-Projekten in hohem Maße technisch unterstützt, um einen möglichst geringen Koordinationsaufwand zu erzeugen, aber dennoch eine redundante Durchführung von Arbeiten weitestgehend zu vermeiden.

Die Dokumentation von Änderungen in OSS-Projekten wird daher üblicherweise mittels verschiedener Softwarewerkzeuge durchgeführt, die Arbeiten automatisieren und als Teil der Koordinationswerkzeuge in OSS-Projekten anzusehen sind.[131] Sie helfen, die Zusammenarbeit einer großen Anzahl von Entwicklern ohne zusätzlichen manuellen Aufwand sicht- und nachvollziehbar zu machen.

Viele OSS-Projekte nutzen Versionskontrollsysteme (bspw. Concurrent Version System, CVS[132] und Apache Subversion, SVN[133]), um Änderungen am Quelltext festzuhalten. Obwohl diese Systeme auch von Entwicklern proprietärer Software genutzt werden, sind sie vor dem Hintergrund der üblicherweise geografisch verteilten Entwicklung von OSS als Werkzeug für diese Projekte besonders geeignet.[134] Versionskontrollsysteme unterstützen Projekte mit einer großen Zahl von Entwicklern, die berechtigt sind, Änderungen in das Versionskontrollsystem einzubringen (sogenanntes „commit"). Während das Mitlesen in Versionskontrollsystemen oftmals für alle Personen freigegeben ist, wird die Vergabe der Rechte zum Einreichen von Quelltext üblicherweise reglementiert. Wenngleich aufgrund der Versionskontrolle Änderungen vergleichsweise leicht rückgängig zu machen sind, wird oft nur einer kleinen Gruppe von Personen ein *Commit*-Recht gewährt. Nicht berechtigte Benutzer müssen in diesem Fall Quelltext über einen berechtigten Be-

---

[130] In einem Fall gekürzte Überschriften aus Brügge et al. (2004), S. 55-58.

[131] Vgl. Joode et al. (2008), S. 104f. Aufgrund der üblicherweise freien Verfügbarkeit der enthaltenen Daten werden Inhalte dieser Koordinationswerkzeuge auch wissenschaftlich ausgewertet. Eine Übersicht über Tools, die helfen, die genannten Koordinationswerkzeuge als Datenquellen wissenschaftlich auszuwerten findet sich bspw. in Robles et al. (2009).

[132] Siehe [http://www.nongnu.org/cvs].

[133] Siehe [http://subversion.apache.org].

[134] Vgl. Jansen und Brinkkemper (2006).

nutzer einreichen, der somit als Kontrollinstanz dient.[135] Die Versionskontrollsysteme unterstützen ein durchgängiges Konfigurationsmanagement; dieses ist unabdingbar, da allen Entwicklern stets die aktuelle Codebasis zur Verfügung stehen soll.[136]

Fehlerberichterstattungssysteme wie bspw. Bugzilla[137] werden überwiegend dazu genutzt, Fehlermeldungen an das OSS-Projekt einzureichen und ihren Status bzw. den Verlauf der Behebung zu dokumentieren. Es ist dabei wichtig, möglichst viele und genaue Informationen wie bspw. die Fehlermeldung (falls vorhanden) sowie die Konfiguration der Software anzugeben.[138] In manchen OSS-Projekten nutzen Anwender und Entwickler die Fehlerberichterstattungssysteme, um alle Arten von Quelltextänderungen, inklusive Updates und manchmal auch neuen Funktionen, zusätzlich zu Bugfixes einzureichen.[139] Diese Praxis kann ein Ergebnis der Abneigung dagegen sein, separate Systeme für die Dokumentation von Verbesserungen und Fehlern einzusetzen, wie auch das Resultat einer bestimmten Sicht auf Bugs. Eine solche Sicht gibt Raymond wieder: „When your development mode is rapidly interactive, development and enhancement may become special cases of debugging – fixing 'bugs of omission' in the original capabilities or concept of the software"[140].

Als Werkzeug zur Diskussion und indirekten Dokumentation von Quelltextänderungen werden in OSS-Projekten oft Mailinglisten und Diskussionsforen[141] genutzt. Manche Projekte bieten dabei mehrere Mailinglisten an, die an verschiedene Interessengruppen, wie beispielsweise Anwender und Programmierer, gerichtet sein können.[142]

2.2.5 Entwicklungsprozess

Der Entwicklungsprozess von OSS weist erhebliche Unterschiede zu der traditionellen Systementwicklung[143] auf; einige Parallelen finden sich im Vergleich mit der agilen Systementwicklung. Die Unterschiede zu der traditionellen wie auch agilen Systementwicklung umfassen bereits vorgestellte Aspekte wie eine oft

---

[135] Vgl. Joode et al. (2008), S. 105f.
[136] Vgl. Dürr und Weske (2004), S. 79.
[137] Siehe [http://www.bugzilla.org].
[138] Vgl. Joode et al. (2008), S. 108.
[139] Vgl. Koru und Tian (2004); Michlmayr et al. (2005); Holck und Jørgensen (2004), S. 7f.
[140] Raymond (2001), S. 42.
[141] Vgl. Dürr und Weske (2004), S. 81.
[142] Vgl. Joode et al. (2008), S. 107f. Die automatisierte Versorgung von Projektbeteiligten mit Informationen per E-Mail hat den Vorteil, dass diese nicht selbst aktiv werden und bspw. eine Website besuchen müssen. Die Verfügbarkeit von Mailinglisten ist daher, insbesondere bei großen OSS-Projekten, als sehr wichtig anzusehen. Vgl. auch Goldman und Gabriel (2005), S. 8f.
[143] Die traditionelle Systementwicklung wird in Abschnitt 3.1.1 dargestellt.

weltweit verteilte Entwicklung, die einen besonderen Schwerpunkt auf die Koordination legen. Weitere Unterschiede sind die im Folgenden dargestellte Releasepolitik, die Nutzung eines Peer-Review zur Qualitätssicherung sowie die Gefahr einer Zersplitterung der Entwicklung in konkurrierende Projekte.

Im Gegensatz insbesondere zur traditionellen Systementwicklung muss für OSS zu Projektbeginn nicht unbedingt eine Anforderungsspezifikation bestehen, ebenso ist oft kein klares Systemdesign vorhanden.[144] Die meisten OSS-Projekte sind vielmehr in einem fortwährenden Fluss und folgen dem „release early and often"-Ansatz[145], auch, da sie nicht durch Businesspraktiken oder -strategien eingeschränkt sind, wie dies bei SSW der Fall ist. Die Entwicklung von OSS ist evolutionär, die kurzen Zykluszeiten während der Entwicklung werden auch als Mikrospiralen bezeichnet.[146] Obwohl die mehrfache Entwicklung von Programmteilen aufgrund der im vorigen Abschnitt dargestellten Koordinationsmechanismen effektiv verhindert wird, so kann es dennoch zu einer solchen Situation kommen. In diesem Fall wird dies jedoch nicht als überflüssig angesehen; stattdessen führt dies zu Ansätzen, von denen sich im Zeitverlauf oft der bessere durchsetzen wird.[147]

Neue Releases durch das OSS-Projekt können neue Funktionen wie auch Bugfixes beinhalten. Die Beiträge kommen dabei üblicherweise von einer hohen Anzahl von Personen, wenngleich wenige Personen einen sehr hohen Anteil an der Weiterentwicklung haben.

Die Überprüfung neuer Codeteile erfolgt üblicherweise über ein verteiltes Peer Review. Sind eine ausreichende Anzahl von Entwicklern und Testern an der Entwicklung beteiligt, wird die Fehlerfindung und -behebung als unproblematisch angesehen: „Given enough eyeballs, all bugs are shallow"[148]; eine Aussage, die in Kontrast zu der Aussage „Adding manpower to a late software product makes it later" von Brooks zu stehen scheint.[149] Die schnelle und regelmäßige Freigabe von Releases, die Korrekturen beinhalten, kann als eine Art Belohnung für die Personen dienen, die den Fehler gemeldet bzw. behoben haben.[150]

Die Releases werden, wie auch bei proprietärer Software üblich, durch Versionsnummern gekennzeichnet.[151] Im Unterschied zu proprietärer Software hat bei OSS

---

[144] Vgl. Koch (2003), S. 59.
[145] Vgl. Golden (2005), S. 19f.
[146] Vgl. Koch (2003), S. 56.
[147] Vgl. Fitzgerald und Ågerfalk (2005), S. 2.
[148] Raymond (2001), S. 30.
[149] Vgl. Fitzgerald und Ågerfalk (2005)
[150] Vgl. Strahringer (2003), S. 13; Koch (2003), S. 56.
[151] Diese haben üblicherweise das Format n.m, wobei n die Release-Nummer und m die Unterversion bzw. den Level kennzeichnet. Eine Erhöhung der Release-Nummer kennzeichnet dabei eine größere Änderung, während eine Erhöhung der Unterversion bei kleineren Änderungen durchgeführt wird. Vgl. Henrich (2002), S. 409f.

das erste offizielle Release i. d. R. nicht die Versionsnummer 1.0; vielmehr steht OSS in der Regel bereits in einem frühen Stadium zur Verfügung, das mittels der Releasenummer Null (0) gekennzeichnet wird. Mittels des Zusatzes *Beta* kann betont werden, dass es sich um Software handelt, die für einen Einsatz auf Produktivsystemen noch nicht geeignet ist.[152]

Verschiedene OSS-Projekte stellen neben der Hauptversion zusätzlich Versionen zur Verfügung, die nur für Entwickler vorgesehen sind und bspw. den aktuellen Stand der Entwicklung oder alternative Entwicklungszweige darstellen.[153] Dies kann so weit gehen, dass für ein Projekt mehrere Codezweige parallel, üblicherweise von unterschiedlichen zuständigen Personen, gepflegt werden. Ein gutes Beispiel hierfür ist der Linux-Kernel[154]. Versionen, die von der Hauptversion abweichen, werden üblicherweise durch ein an die Versionsnummer angehängtes Suffix gekennzeichnet.

Während es sich hier um eine gewollte Aufteilung innerhalb eines OSS-Projektes handelt, ist die Aufteilung der OSS-Softwareentwicklung in getrennte Projekte, sodass auf eine Version einer Software zwei Nachfolgeversionen folgen, unerwünscht. Im Bereich der OSS hat sich für die Aufteilung eines OSS-Projektes in zwei Projekte der Begriff Fork[155] etabliert. Diese Forks werden im Bereich der OSS als kontraproduktiv angesehen, da u. a. ein Wettbewerb um die Ressourcen wie Programmierer entsteht.[156] Dennoch kommt es aufgrund von unterschiedlichen Ausrichtungen zu Projekten, die als Forks angesehen werden können; als Beispiel können die auf der ursprünglichen BSD-Distribution basierenden Distributionen FreeBSD, OpenBSD und NetBSD[157] sowie die Office-Pakete OpenOffice.org und LibreOffice[158] genannt werden.

---

[152] Beta-Versionen werden auch von Anbietern proprietärer Software genutzt, um Software vor der Veröffentlichung der Kaufversion von „echten" Nutzern testen zu lassen. Diese wird jedoch üblicherweise nur einem kleinen, möglichst repräsentativen Nutzerkreis zur Verfügung gestellt. Vgl. auch Brügge et al. (2004), S. 66 sowie Dumke (2003), S. 103. Mittels des Zusatzes *Alpha* wird auf einen Vor-*Beta*-Status hingewiesen, in dem die Software als Ganzes getestet wird (Integrationstest), vgl. Dumke (2003), S. 103. In Ausnahmefällen folgt die Nummerierung nicht der zuvor dargestellten Abfolge, sondern wird an Marketingaspekten ausgerichtet, weil z. B. ein konkurrierender Anbieter ein vergleichbares Produkt anbietet, das bereits eine erheblich höhere Versionsnummer erreicht hat.

[153] Vgl. Karels (2003), S. 49.

[154] Siehe [http://www.kernel.org].

[155] Vgl. Abschnitt 2.1.

[156] Vgl. Raymond (2001), S. 72f.; Koch (2003), S. 57; Krogh und Spaeth (2007), S. 240.

[157] Siehe [http://www.freebsd.org], [http://www.openbsd.org] und [http://www.netbsd.org]. Vgl. auch Spinnelis und Szyperski (2004), S. 31f.

[158] Siehe [http://www.openoffice.org] und [http://www.libreoffice.org].

2.3 Rechtliche Fragen

Die Darstellung der rechtlichen Fragen im Bereich von OSS ist in dieser Arbeit auf zentrale Punkte beschränkt. Dies umfasst wichtige im Bereich OSS genutzte Lizenzen und ihre Besonderheiten, patentrechtliche Fragestellungen sowie die Diskussion der Haftungsfrage. Da es beispielsweise weder ein international einheitliches Urheberrecht noch ein Gemeinschaftsurheberrecht der Europäischen Union gibt[159], erfolgt weitestgehend eine Beschränkung auf die Darstellung der rechtlichen Situation in Deutschland. Aufgrund der in vielen Punkten noch nicht abschließend geklärten Rechtslage sei für Detailfragen auf die Behandlung des Themas im Bereich der Rechtsinformatik verwiesen.

2.3.1 Urheberrecht

Wenngleich sich Computersoftware keinem klassischen Schutzrecht des Immaterialgüterrechts eindeutig zuordnen lässt, so steht sie dennoch mittels des Urheberrechts unter dem Schutz vor unberechtigter Verwendung.[160] Das Urheberrecht für Software ist seit 1993 durch die im Urheberrecht neu eingeführten §§69a-69g des Urheberrechtsgesetzes (UrhG) geregelt.[161] Der urheberrechtliche Schutz ist dabei, bspw. im Gegensatz zu dem patentrechtlichen Schutz, nicht von einer Anmeldung des Schutzes abhängig; die Software muss lediglich der insbesondere in §69a Abs. 3 UrhG gestellten Anforderung einer „eigenen geistigen Schöpfung ihres Urhebers" genügen.[162] Der Schutz bezieht sich dabei nicht nur auf ein ausführbares Programm, sondern auch auf den Quelltext.[163]

Die Urheberrechte einer Software liegen gemäß §7 UrhG bei der natürlichen Person, die das Programm realisiert hat. Im Fall der bei OSS üblicherweise gegebenen Erstellung von Software durch mehrere Personen wird die Urheberschaft an einer durch ein Projektteam erstellten Software allen Projektbeteiligten, jeweils als Miturheber, zugesprochen.[164] Eine vollständige Übertragung des Urheberrechtes auf eine andere Person kann im Gegensatz zum amerikanischen Copyright beim deut-

---

[159] Vgl. Teupen (2007), S. 120f. Zur rechtlichen Einordnung in das internationale Urheberrecht vgl. Ibid., S. 120-150.

[160] Vgl. Balzert (2008), S. 313.

[161] Vgl. Teupen (2007), S. 118; Balzert (2008), S. 314.

[162] Vgl. Teupen (2007), S. 118; Balzert (2008), S. 314f. Webseiten sind nur dann schutzfähig, wenn sie ablauffähige bzw. interpretierbare Anweisungen bspw. in der Programmiersprache PHP enthalten, vgl. Balzert (2008), S. 317.

[163] Vgl. Teupen (2007), S. 119; §69a Abs. II UrhG.

[164] Vgl. §8 UrhG. Alternativ wäre eine Werkverbindung i. S. des §9 UrhG möglich, wenn die von den einzelnen Programmierern erstellten Programme bzw. Programmteile gesondert verwertbar sind. Es entsteht in diesem Fall keine Gesamthandsgemeinschaft wie im Fall des §7 UrhG. Vgl. hierzu ausführlich Ibid., S. 151-165.

schen Urheberrecht aufgrund des persönlichkeitsrechtlichen Bezuges nicht erfolgen; es erfolgt stattdessen eine Einräumung der Nutzungsrechte.[165]

So steht im Fall der Erstellung von Software im Auftrag dem Ersteller das Urheberrecht zu, jedoch gehen dem Auftraggeber gemäß §69b UrhG die vermögensrechtlichen Befugnisse[166] an der Software zu. Soweit vertraglich nicht abweichend geregelt, steht dem Ersteller der Software hierfür keine gesonderte Vergütung zu. Ist der vorgenannte Fall nicht gegeben, erfolgt eine Übertragung von Nutzungsrechten üblicherweise durch Lizenzverträge, die die Reichweite der Rechteübertragung zwischen den Beteiligten regeln. Im Fall von OSS werden üblicherweise drei Nutzungsrechte vom Urheber auf den Nutzer übertragen, das Vervielfältigungsrecht, das Recht zur Bearbeitung sowie das Verbreitungsrecht.[167]

Handelt es sich um eine OSS, die aus dem ausländischen Rechtsraum stammt, so ist das deutsche UrhG in den Fällen relevant, in denen sich die Frage nach dem urheberrechtlichen Schutz der OSS für den deutschen Rechtsraum stellt. Dies ist beispielsweise der Fall, wenn der amerikanische Rechteinhaber einen in Deutschland wohnhaften Lizenznehmer wegen eines Verstoßes gegen das Urheberrecht in Anspruch nehmen will. Es ist hingegen nicht möglich, dass Urheber oder Leistungsschutzberechtigte mit Sitz im Ausland in Deutschland um Schutz nachsuchen und sich dabei auf das ausländische Urheberrecht berufen.[168]

Ziel des Urheberrechts ist es insbesondere, einen Ausgleich zwischen den Interessen des Urhebers, den Verwertern des Werkes wie bspw. Lizenznehmern sowie der Allgemeinheit zu schaffen und dabei u. a. eine angemessene Vergütung für den Urheber des Werks sichern.[169] Das deutsche Urheberrecht sieht jedoch vor, „unentgeltlich ein einfaches Nutzungsrecht für jedermann"[170] einzuräumen; was oftmals mit „Linux-Klausel" des Urheberrechts bezeichnet wird.[171]

Hinsichtlich des Urheberschutzes liegt im Fall von OSS die Besonderheit vor, dass viele OSS-Lizenzbedingungen insbesondere auch dazu genutzt werden, die Freiheit der Software rechtsverbindlich festzuschreiben. Für die Festschreibung der Freiheit von OSS ist, in Anlehnung an das Wort Copyright, die Bezeichnung *Copyleft* gebräuchlich. Das Copyleft bezeichnet dabei eine Methode, mittels der Lizenzbedingungen festzuschreiben, dass Modifikationen und Änderungen einer

---

[165] Vgl. Balzert (2008), S. 325; Teupen (2007), S. 56.
[166] Die Darstellung der Nutzungsrechte erfolgt in §69c UrhG.
[167] So zum Beispiel in der GPL v3: „(...) offer you this License giving you legal permission to copy, distribute and/or modify it", vgl. Free Software Foundation (2007), o.S. Umfangreich in Teupen (2007), S. 174-192.
[168] Vgl. Teupen (2007), S. 123f.
[169] Vgl. Ibid., S. 53-55.
[170] §32 Abs. 3 UrhG.
[171] Vgl. Hoffmann et al. (2009), S. 128.

OSS wieder unter der Ausgangslizenz zur Verfügung gestellt werden müssen. Dies soll verhindern, dass die Freie Software eines Dritten wieder in ein kommerzielles Projekt umgewandelt wird.[172] Es handelt sich somit bei dem Copyleft nicht um einen Verzicht auf die Urheberrechte, vielmehr werden diese gezielt eingesetzt, um die Freiheit der Software festzuschreiben.[173] Als eine OSS-Lizenz ist eine Lizenz erst dann anzusehen, wenn durch sie die mittels der Definitionen von Freier Software der FSF bzw. der Open Source Definition der OSI gesetzten Anforderungen umgesetzt werden.[174] FSF wie auch OSI bieten an, dies für die jeweilige Definition zu überprüfen und anerkannte Lizenzen auf ihren Websites zu veröffentlichen.[175]

Die Lizenz, unter der eine OSS lizenziert ist, kann für ein Unternehmen von hoher Wichtigkeit hinsichtlich der Auswahl der Software, ihrer Anwendungsbereiche und dem Umfang von Anpassungen sein. Insbesondere durch die im Rahmen des Copyleft festgeschriebene Weitergabe angepassten Quelltextes und der Vererbung der OSS-Lizenz auf diesen können Probleme entstehen. Ist eine Organisation daran interessiert, strategische Vorteile durch individuelle Anpassungen der OSS zu erlangen, wird sie ggf. nur OSS in die Auswahl nehmen, deren Lizenz es erlaubt, eigene Anpassungen proprietär zu halten. Wenngleich dieses Verhalten konträr zu den Absichten vieler OSS-Entwickler ist[176], wird es von einer Reihe von OSS-Lizenzen, wie beispielsweise der Berkeley-Software-Distribution-Lizenz (BSD-Lizenz), gestattet. Aufgrund des unterschiedlich stark ausgeprägten Copyleft-Effektes sowie einer Vielzahl vorhandener Lizenzen kann es für Unternehmen angebracht sein, im Fall der Anpassung von OSS die Rechtsabteilung mit der Überprüfung der Lizenzbedingungen wie auch mit deren fortlaufender Einhaltung zu betrauen. Einen zu prüfenden Fall kann hier beispielsweise die Veröffentlichung von angepasstem Quelltext GPL-lizenzierter Software darstellen.[177]

Tabelle 1 auf der folgenden Seite stellt die zehn am häufigsten genutzten Lizenzen auf dem, laut eigenen Angaben größten, OSS-Mediator SourceForge.net dar.[178]

Die Verteilung spiegelt hierbei die Wichtigkeit der von der FSF erstellten GNU GPL wieder, die einen starken Copyleft-Effekt beinhaltet. Neben der GNU Lesser

---

[172] Vgl. Teupen (2007), S. 56f.
[173] Vgl. Ibid., S. 56f.
[174] Vgl. Ibid., S. 57.
[175] Siehe [http://www.fsf.org/licensing] und [http://www.opensource.org/licenses].
[176] Vgl. Raymond (2001), S. 67ff.
[177] Vgl. Hubbard (2004), S. 30.
[178] Zur Auswertung wurden Daten des SourceForge Research Data Archive (SRDA, Hrsg. Greg Madey, [http://srda.cse.nd.edu/]) genutzt. Die genutzte Datenquelle sf0212 hat den Stand Februar 2012 und enthält 178648 Projekte, für die eine Lizenz angegeben ist. Zugriff vom 01.04.2012. Vgl. zu Mediatoren auch die Abschnitte 2.1.3 und 3.2.3.

General Public License (LGPL)[179], die eine insbesondere hinsichtlich des Copylefts abgeschwächte Form der GNU GPL darstellt, ist aufgrund ihrer stark von der GNU GPL abweichenden Ausrichtung die BSD-Lizenz hervorzuheben.

Lizenz	Anzahl Projekte
GNU General Public License	119313
GNU Library or Lesser General Public License	16513
BSD License	10972
Apache License V2.0	3784
Public Domain	3784
MIT License	3661
Academic Free License	2282
Artistic License	1892
Apache Software License	1730
Open Software License	1429

Tabelle 1: Die 10 am häufigsten genutzten Lizenzen auf SourceForge.net (Stand Februar 2012).

Die GNU GPL wurde von der FSF erstellt und stellt, auch aufgrund der starken Nutzung, die wohl wichtigste OSS-Lizenz dar. Zu Bekanntheit gelangt ist insbesondere die GNU GPL Version 2 (GPL v2), die weiten Teilen von GNU/Linux zugrunde liegt. Inzwischen liegt die Version 3 der GNU GPL (GPL v3) vor, die die GPL v2 jedoch nicht komplett ablöst. Vielmehr stellen beide Lizenzen weiterhin Lizenzmöglichkeiten für OSS dar. Die GPL v3 berücksichtigt u. a. technische Neuerungen wie das Digital Rights Management sowie Application Service Providing besser und rückt stärker von Formulierungen ab, die an das US-amerikanische Copyright angelehnt sind. Viele Projekte nutzen jedoch auch weiterhin die GPL v2.[180]

Beide Versionen der GPL-Lizenz schränken Anpassungen für die interne Nutzung nicht ein; Anpassungen, die an Dritte weitergegeben werden, hingegen deutlich.[181] Anpassungen der Software müssen ebenfalls unter der GPL lizenziert sein, wenn diese an Dritte weitergegeben werden.[182] Im Fall eines sog. starken Copyleft-Effektes ist es zudem nicht erlaubt, unter der GPL lizenzierten Programmcode mit

---

[179] Die GNU Lesser General Public License war zuvor mit GNU Library General Public License bezeichnet, vgl. [http://www.gnu.org/licenses/old-licenses/old-licenses.html].
[180] Vgl. Oberhem (2008), S. 33f.
[181] Vgl. Karels (2003), S. 48f.
[182] Vgl. Teupen (2007), S. 167.

proprietärer Software zu verbinden und dann als proprietäre Software zu vertreiben.[183] Auch bei einem dynamischen Einbinden von unter der GNU GPL lizenzierten OSS-Bibliotheken wird hierbei die einbindende Software „infiziert", d. h. sie müsste unter der GNU GPL lizenziert werden und würde somit zu freier Software. Man spricht in diesem Kontext auch vom „viralen Effekt" der GNU GPL.[184] Die Einhaltung der GPL wurde in Deutschland bereits mehrfach gerichtlich durchgesetzt.[185] Es ist folglich davon auszugehen, dass diese trotz ihres amerikanischen Ursprungs auch zur Durchsetzung urheberrechtlicher Ansprüche im Sinne des deutschen Rechts geeignet ist.

Die auf SourceForge.net am zweithäufigsten genutzte Lizenz, die GNU LPGL, stellt eine hinsichtlich des Copyleft-Effektes abgeschwächte Variante der GNU GPL dar. Sie erlaubt im Gegensatz zur GNU GPL, OSS mit proprietärer Software zu verbinden. Modifikationen unter der GNU LPGL müssen nur dann veröffentlicht werden, wenn Änderungen am OSS-Code durchgeführt werden.[186]

Die an dritter Stelle stehende BSD-Lizenz weicht deutlich von den vorgenannten Lizenzen ab. Sie umfasst keinen Copyleft-Effekt, es besteht somit keine Vorschrift hinsichtlich der Lizenz geänderter Versionen. Es ist folglich auch möglich, unter ihr lizenzierten Code mit proprietärer Software zu verbinden und im Anschluss als proprietäre Software zu vertreiben[187] oder eine OSS als Ganzes in eine proprietäre Software umzuwandeln[188]. Der BSD-Lizenztyp behält den Urheberrechtsanspruch bei, dem Code werden ein Hinweis auf den Autor sowie ein Haftungsausschluss beigefügt.[189] Ein bekanntes Beispiel für ein kommerzielles Produkt, das auf BSD-Code aufsetzt, ist das Betriebssystem Mac OS X, das in Teilen auf FreeBSD[190] basiert.[191]

Verschiedene von der OSI anerkannte OSS-Lizenzen basieren auf einer der vorgenannten Lizenzen, räumen aber den Firmen, die diese Lizenzen nutzen, besondere Rechte ein. Beispiele hierfür sind die Mozilla Public License, die PHP License[192] und die Apache License der Apache Software Foundation; letztere bspw. räumt der Marke Apache besonderen Schutz ein[193].

---

[183] Vgl. Brügge et al. (2004), S. 22.
[184] Vgl. Michaelson (2004), S. 46.
[185] Vgl. Hoffmann et al. (2009), S. 128.
[186] Vgl. Hang et al. (2005), S. 224.
[187] Vgl. Brügge et al. (2004), S. 22.
[188] Vgl. Teupen (2007), S. 167.
[189] Vgl. Karels (2003), S. 49.
[190] Siehe [http://www.freebsd.org].
[191] Vgl. Hubbard (2004), S. 26; Michaelson (2004), S. 42.
[192] Siehe umfangreicher Saleck (2005), S. 67-71.
[193] Vgl. Hubbard (2004), S. 26f.

Verschiedene OSS-Projekte bieten die Möglichkeit an, gegen Zahlung eines Geldbetrages den Quelltext unter einer weniger restriktiven Lizenz nutzen zu können,
was u. a. von der National Aeronautics and Space Administration (NASA) im Fall
einer missionskritischen Software ausgenutzt worden ist, bei der der Quelltext unter Verschluss bleiben sollte.[194] Dies kann als duale Lizenzierung ein Geschäftsmodell für OSS-Projekte darstellen.[195] Bei einer dualen Lizenzierung steht die OSS
unter einer OSS-Lizenz wie bspw. der GNU GPL, oftmals als Community Edition
bezeichnet, kostenfrei zur Verfügung. Als zweite Option ist die OSS gegen Zahlung eines Geldbetrages in einer weniger restriktiven Lizenz verfügbar, was zum
Teil weitere Leistungen wie bspw. Support beinhaltet.[196] Von einer solchen dualen
Lizenz zu trennen ist eine sogenannte „dual use-license", deren Lizenzbedingungen verschiedene Regelungen für unterschiedliche Anwender beinhalten, und so
bspw. den Einsatz einer OSS oder Teilen daraus für kommerzielle Softwareunternehmen uninteressant machen kann.[197]

Die von Microsoft als Shared Source[198] bezeichnete Möglichkeit der Einsichtnahme in den Quelltext verschiedener Programme durch ausgewählte Personen oder
Unternehmen ist von den OSS-Lizenzmodellen abzugrenzen, da hier i. d. R. keine
Anpassung der Software durch die Einsicht nehmenden Personen oder Unternehmen gestattet ist.[199] Vielmehr geht es hier um die Möglichkeit der Einsichtnahme
in den Quelltext, um Dritten die Überprüfung bspw. hinsichtlich integrierter
„Hintertüren" in Softwareprodukten zu geben.

2.3.2 Patentrecht

Im Gegensatz zum Urheberrecht erfordert das Patentrecht das Vorhandensein einer
neuen technischen Erkenntnis.[200] Zudem entsteht der patentrechtliche Schutz nicht
automatisch, vielmehr ist die Beantragung des Patentschutzes und letztlich die Patenterteilung Voraussetzung zur Geltendmachung patentrechtlicher Ansprüche.

Die Patentierbarkeit von Computerprogrammen an sich ist in Deutschland durch
den §1 Abs. 3 des Patentgesetzes (PatG) ausgeschlossen; es ist jedoch zu beachten,
dass der Begriff des Computerprogramms eng auszulegen ist. Es ist insbesondere
im Bereich der Embedded Software möglich, Patente anzumelden, da das Programm hier im Rahmen eines Systems zur Lösung eines technischen Problems

---

[194] Vgl. Norris (2004), S. 4.
[195] Vgl. Abschnitt 2.1.3.
[196] Vgl. bspw. das unter dualer Lizenz stehende MySQL, [http://www.mysql.com] und Perl
[http://www.perl.org/].
[197] Vgl. Hubbard (2004), S. 28.
[198] Vgl. hierzu die Website der Microsoft Shared Source Initiative, [http://www.microsoft
.com/en-us/sharedsource/default.aspx].
[199] Vgl. Brügge et al. (2004), S. 67.
[200] Vgl. §4 PatG.

beiträgt.[201] Die Patentierbarkeit von Software ist zudem international nicht einheitlich geregelt; so ist in den USA eine Patentierbarkeit von Software in weiteren Grenzen möglich als in Deutschland.

Eine Patentierung von Software ist im Bereich der OSS als nicht hilfreich anzusehen, da eine Patentierbarkeit aufgrund des offenen Entwicklungsprozesses und der geforderten Neuheit als Voraussetzung der Patenterteilung i. d. R. nicht gegeben sein wird. Es ist jedoch für Personen oder Organisationen, die über Softwarepatente verfügen, aufgrund der Offenheit von OSS vergleichsweise einfach, diese gegen OSS einzusetzen.[202] Ein Beispiel hierfür stellt das Vorgehen des Unternehmens Oracle gegen Google dar; Google wird dabei u. a. vorgeworfen, mit seinem Handy-Betriebssystem Android in Zusammenhang mit der ursprünglich von Sun Microsystems[203] entwickelten Programmiersprache Java stehende Patente zu verletzen.[204] Es ist daher wichtig, weitere Entwicklungen hinsichtlich der Patentierung von Software zu beobachten, wenn OSS eingesetzt werden soll bzw. bereits wird.

2.3.3 Vertrags- und Haftungsrecht

Wenngleich schon die in Abschnitt 2.3.1 besprochenen Lizenzverträge in den Bereich des Vertragsrechts fallen, soll hier das Vertragsrecht insbesondere hinsichtlich seiner Relevanz für den Bereich der Haftung und Schadensersatzansprüche von OSS-Erstellern und -Nutzern betrachtet werden.

Die Entstehung von Ansprüchen ist dabei stark von der Ausgestaltung der Vertragsgrundlage abhängig.[205] Bei der dauerhaften Überlassung von SSW wird ein Kaufvertrag geschlossen, somit findet hier der §433 Abs. 2 des Bürgerlichen Gesetzbuches (BGB) Anwendung. Für Individualsoftware ist es umstritten, ob ebenso ein Kaufvertrag oder aber ein Werkvertrag geschlossen wird. In letzterem Fall findet §633 BGB Anwendung; beide verlangen, das Produkt bzw. Werk frei von Sach- und Rechtsmängeln zu liefern.[206] Ist dies nicht erfüllt, so entsteht ein Gewährleistungsanspruch, der, sollten keine abweichenden Regelungen vereinbart sein, ebenfalls aus dem BGB abgeleitet werden kann. Hierbei sind insbesondere die §§459ff. BGB, zu Sachmängeln §434 BGB[207] und zu Rechtsmängeln §435 BGB relevant.[208]

[201] Vgl. Balzert (2008), S. 331f.
[202] Vgl. Brügge et al. (2004), S. 145f.
[203] Sun Microsystems wurde im Jahr 2010 durch Oracle übernommen.
[204] Vgl. bspw. Kuri (2010). Die FSF hat bereits zuvor auf die aus der fehlenden Offenheit von Java („Die Java-Falle") entstehende Problematik hingewiesen, vgl. [http://www.gnu.org/philosophy/java-trap.de.html].
[205] Vgl. Balzert (2008), S. 334.
[206] Vgl. Ibid., S. 337f.
[207] Vgl. Stahlknecht und Hasenkamp (2005), S. 499.
[208] Vgl. Balzert (2008), S. 337.

Das zugrunde liegende Vertragsverhältnis für den Fall von OSS ist jedoch strittig; wenngleich in Abrede gestellt werden könnte, dass überhaupt die Absicht eines Vertragsschlusses vorliegt, so erscheint es sinnvoll, von einem Schenkungsvertrag auszugehen. Dies begrenzt die Haftung des OSS-Projektes, d. h. des Schenkenden, auf die Fälle des Vorsatzes und der groben Fahrlässigkeit.[209] Auch schließen viele OSS-Lizenzen die Haftung weitestgehend aus (wie bspw. die GNU GPL v3: „[...] the GPL clearly explains that there is no warranty for this free software."[210]). Die Gültigkeit eines solch pauschalen Haftungsausschlusses in Deutschland ist jedoch fraglich.[211]

Im Bereich proprietärer Software werden Gewährleistungsansprüche gegen den Anbieter bzw. Ersteller der Software geltend gemacht. Gewährleistungsansprüche können durch Allgemeine Geschäftsbedingungen (AGB) oder spezifische Vertragsbedingungen in begrenztem Umfang abgeändert werden.[212]

Wenngleich im Bereich der OSS oftmals kein Kauf der Software stattfindet, der einen Gewährleistungsanspruch nach dem BGB begründen würde, ist die Betrachtung des Bereichs Haftung dennoch sinnvoll, da verschiedene Anbieter Serviceleistungen für OSS entgeltlich anbieten. In diesem Fall stellt sich zuerst die Frage, wer als Anbieter bzw. Ersteller der Software anzusehen ist und wer für die Serviceleistung verantwortlich ist, da Gewährleistungsrechte nur gegen einen Vertragspartner geltend gemacht werden können.[213] Ein solcher kann mit einem OSS-Distributor vorhanden sein. Hierbei ist dann zu prüfen, ob aufgrund der ursprünglichen Schenkung durch den Programmautor sowie der durch diesen erfolgten Lizenzvergabe, wie bei dem Verkauf von SSW eines Herstellers durch einen Verkäufer der Fall[214], Gewährleistungsansprüche gegen den Distributor möglich sind.[215]

2.4   OSS in Unternehmen

2.4.1 Einordnung von OSS

Für Unternehmen kann OSS unter Vernachlässigung der Beachtung von Qualitätsansprüchen als SSW angesehen werden.[216] Bei SSW handelt es sich um eine Refe-

---

[209] Vgl. §§521, 523f. BGB. Siehe auch Hoffmann et al. (2009), S. 141.

[210] [http://www.gnu.org/licenses/gpl.html].

[211] Vgl. Balzert (2008), S. 339, Ebert und Ruffin (2004), S. 29. Zur Einschränkung der Möglichkeit des Haftungsausschlusses vgl. bspw. Hoffmann et al. (2009), S. 140-145.

[212] Vgl. Balzert (2008), S. 347-349.

[213] Vgl. Ibid., S. 343.

[214] Vgl. Ibid., S. 349.

[215] Als besonders kritisch ist hierbei der zuvor erwähnte problematische Haftungsausschluss in verschiedenen OSS-Lizenzen anzusehen. Hoffmann et al. (2009), S. 145 empfehlen daher für kommerzielle Anbieter von OSS eine Vertragsgestaltung, die gesetzeskonforme Regelungen zu Gewährleistung und Haftung enthält.

[216] Vgl. Stahlknecht und Hasenkamp (2005), S. 295f.

renzlösung, im Gegensatz zu Individualsoftware, die durch internes oder externes Personal (oder eine Kombination von beiden) unmittelbar und anforderungsspezifisch für eine bestimmte Anwendung entwickelt worden ist.[217] Der Entwickler von Individualsoftware setzt somit die Spezifikation des Auftraggebers um.[218]

SSW ist Individualsoftware in den meisten Fällen vorzuziehen; Ausnahmen stellen Softwarelösungen für Problemstellungen mit geringer Nachfrage dar sowie Lösungen, von denen Wettbewerbsvorteile zu erwarten sind.[219] Gegenüber einer Individualentwicklung können durch den Einsatz von SSW Kostenersparnisse realisiert werden.[220] Aufgrund der sofortigen Verfügbarkeit verringert sich die Zeit bis zur Nutzung[221] und Risiken während der Entwicklung der Software entfallen weitgehend. Bei der Integration von SSW in die Informationssystem-Landschaft des Unternehmens hingegen muss die SSW an dessen Anforderungen angepasst werden.[222] Während im Fall von SSW Anpassungen auf solche beschränkt sind, die mittels der durch den Hersteller zur Verfügung gestellten Programmierschnittstelle (API) realisiert werden können, steht es bei OSS jedem frei, den Quelltext anzupassen. Diese Flexibilität bietet große Vorteile, führt jedoch auch zu einer höheren zu bewältigenden Komplexität.

Grundsätzlich sollte auch bei der Einführung von OSS in Unternehmen auf eine detaillierte Ist-Analyse wie auch auf ein detailliertes Sollkonzept nicht verzichtet werden.[223] Im Rahmen des Sollkonzepts wird die Anforderungsanalyse durchgeführt, in deren Rahmen die Anforderungen erhoben und dargestellt werden.[224] Hieran schließt der Auswahlprozess an. Bei der Auswahl der Software stellen durch die IT-Abteilung vorgegebene Rahmenbedingungen wie eingesetzte Betriebssysteme und Softwareentwicklungswerkzeuge technische Anforderungen dar.[225]

Es ist zu beachten, dass im Gegensatz zu SSW bei OSS die Entscheidung der Einführung von neuen Funktionen nicht in gleichem Maße von den Kundenwünschen abhängt. Vielmehr kann die Entscheidung, welche Funktionen in der OSS umgesetzt werden, beispielsweise von den Vorlieben der Entwickler, die die meiste Zeit in das Projekt investieren, abhängen.[226] Da bei OSS zudem i. d. R. kein Hersteller verfügbar ist, der Support leistet, können die Mailinglisten des OSS-Projektes, von diesem oder von Dritten zur Verfügung gestellte Supportforen und Newsgroups,

---

[217] Vgl. Ibid., S. 213; Alpar et al. (2011), S. 283.
[218] Vgl. Sommerville (2007a), S. 33.
[219] Vgl. Stahlknecht und Hasenkamp (2005), S. 295.
[220] Vgl. Alpar et al. (2011), S. 284.
[221] Vgl. Stahlknecht und Hasenkamp (2005), S. 296.
[222] Vgl. Ibid., S. 213; Alpar et al. (2011), S. 284f.
[223] Vgl. Stahlknecht und Hasenkamp (2005), S. 227.
[224] Vgl. Ibid., S. 246.
[225] Vgl. Ibid., S. 246.
[226] Vgl. Karels (2003), S. 48.

sowie Internet-Relay-Chat-(IRC-)Systeme genutzt werden. Anzumerken ist dabei, dass für diese Supportquellen üblicherweise keine Service Level Agreements (SLAs) gelten. Support, der SLAs bietet, wird für manche OSS kostenpflichtig von verschiedenen OSS-Projekten, Distributoren[227] sowie von Dienstleistern wie bspw. Beratungsunternehmen angeboten. Wenngleich aufgrund der Anpassbarkeit auch eine interne Problembehebung grundsätzlich möglich ist, so kann ein externer Supportpartner helfen, die Zusammenarbeit mit dem entsprechenden OSS-Projekt optimal zu gestalten.[228] Ein Beispiel stellen Distributoren dar, welche mit den OSS-Projekten zusammenarbeiten und so helfen können, Änderungswünschen gegenüber dem OSS-Projekt Gewicht zu verleihen.[229]

Die Entwicklung von OSS erfolgt üblicherweise, wie in Abschnitt 2.2.5 dargestellt, als iterative Entwicklung mit einer hohen Anzahl an Releases. Dies steht im Kontrast zur proprietären Software, bei der die auf eine fertige Version der Produkte folgende nächste Version oftmals als neues Produkt dargestellt wird.[230] Während also bei proprietärer Software die laufende Entwicklung oftmals als eine Aufeinanderfolge von Produktentwicklungen und nicht als durchgängige Weiterentwicklung eines Produktes dargestellt wird, so sind bei OSS i. d. R. eine hohe Anzahl sukzessiver Verbesserungen zu erwarten.

2.4.2 Einsatzgründe für OSS

Neben den bereits weiter oben beschriebenen Eigenschaften von OSS wie hoher Sicherheit und geringer Kosten[231] beeinflussen weitere Kriterien den Einsatz. So sehen Kwan und West die Einstellung hinsichtlich OSS und Standards als Einflussgröße auf die Softwareeinsatzpolitik an, neben dem Firmen- und Industriekontext.[232] Empirisch bestätigt wird dies für den Bereich der Open-Source-Server-Software von Ven und Verelst (2008). Wie Ven und Verelst weisen auch Morgan und Finnegan (2007) darauf hin, dass sogenannte „boundary spanners" als Brückenbauer in Unternehmen die Adoption von OSS unterstützen können. Sie weisen zusätzlich auf die Wichtigkeit der Unterstützung einer OSS-Einführung durch das Topmanagement hin, erwähnen jedoch zugleich, dass dieses insbesondere an Kostenersparnissen durch OSS interessiert ist.[233] Die Akzeptanz der OSS kann zudem

---

[227] Wie beispielsweise im Fall der Linux-Distribution Red Hat Enterprise Linux, bei der Support je nach Wahl des Pakets in unterschiedlichem Umfang für jeweils ein Jahr enthalten ist, siehe [https://www.redhat.com/apps/store/server].

[228] Vgl. Saleck (2005), S. 76f. und 79. Für verschiedene große OSS-Projekte bieten verbundene Unternehmen kostenpflichtige Supportleistungen an, wie bspw. die Sendmail Inc. für das Produkt Sendmail. Neben der Website des OSS-Projektes unter [http://www.sendmail.org] steht mit [http://www.sendmail.com] eine separate Website der Sendmail Inc. zur Verfügung.

[229] Vgl. Ebert und Ruffin (2004), S. 33.

[230] Vgl. Sommerville (2007a), S. 37.

[231] Vgl. Abschnitt 2.1.2.

[232] Vgl. Kwan und West (2005), S. 1ff., insbesondere Abb. 2 „Model for open source adoption".

[233] Vgl. Morgan und Finnegan (2007), Ven und Verelst (2008).

davon abhängen, wie „sichtbar" diese (insbesondere für nicht-technische Mitarbeiter) ist. So verweisen Morgan und Finnegan (2007) wie auch Fitzgerald (2008) darauf, dass für Anwender nicht direkt sichtbare Infrastruktursoftware wie ein Mailserver weniger problematisch ist, als Software wie Officepakete, bei denen für die Anwender ein direkter Vergleich mit proprietärer Software möglich ist.[234]

2.4.3 Bewertung der Qualität von OSS

Analog zu SSW[235] kann auch für OSS eine hohe Nachfrage als Hinweis auf eine vorhandene Mindestqualität angesehen werden. Wenngleich eine hohe Nachfrage im Fall von OSS zudem positive Implikationen auf die Größe der Entwicklergemeinschaft haben kann[236], so ist oftmals eine genauere Beurteilung der Softwarequalität erforderlich. Zur Ermittlung der Softwarequalität sind eine Vielzahl von Standards und Normen entstanden, die sich auf die Qualität von Software und ihres Entwicklungsprozesses beziehen. Insbesondere bei kritischen Systemen ist ein Qualitätsmanagement unabdingbar[237], im Rahmen dessen fachliche wie auch generelle Qualitätsmerkmale wie die unmittelbare und zukünftige Gebrauchsfähigkeit überprüft werden sollten.[238] Im Folgenden werden anhand der Unterscheidung in produktbezogene und prozessbezogene Qualität[239] spezifische Ansätze für OSS dargestellt.

Die produktbezogene Qualität von OSS kann unter Vernachlässigung der Spezifika des Entwicklungsprozesses analog zur Bewertung der produktbezogenen Qualität proprietärer Software ermittelt werden. Exemplarisch sei hier die Normenreihe ISO/IEC 25000ff. zur Qualitätsbewertung von Anwendungssoftware genannt. Diese legt Qualitätsanforderungen fest, die zur Bewertung von Software genutzt werden können.[240]

Verschiedene Anbieter haben Kriterienkataloge entwickelt, die Spezifika von OSS in unterschiedlichem Umfang berücksichtigen und so die Softwarequalität von OSS operationalisierbar machen sollen. Diese Kriterienkataloge kombinieren oftmals Elemente von Kriterienkatalogen zur Bewertung proprietärer Software (wie bspw. die Bewertung von Performance und Bedienbarkeit) mit Erweiterungen, die u. a. die Qualität des OSS-Projektes bewerten. Mehrere Vorschläge für solche Kriterienkataloge stammen aus dem Bereich der Wirtschaft, wie das Open Source Maturity Model von Capgemini[241] sowie das Open Source Maturity Model von Navi-

---

[234] Wie beispielsweise bei Microsoft Office und OpenOffice. Vgl. hierzu die Untersuchung zweier Softwareeinführungsprojekte in Fitzgerald (2008).
[235] Vgl. für SSW Stahlknecht und Hasenkamp (2005), S. 297.
[236] Vgl. Alpar et al. (2011), S. 379.
[237] Vgl. Sommerville (2007a), S. 501-506.
[238] Vgl. Alpar et al. (2011), S. 335f.
[239] Vgl. bspw. Sommerville (2007a), S. 692f.
[240] Vgl. Suryn et al. (2003).
[241] Vgl. Duijnhouwer und Widdows (2003).

ca[242]. Wenngleich Petrinja et al. (2010) für zwei OSS-Produkte zeigen, dass ausgewählte Methoden zur Bewertung der Reife von OSS vergleichbare Ergebnisse erbringen[243], so ist die Bewertung bei einer Gewichtung von Einflussfaktoren durch die Nutzer als subjektiv anzusehen[244]. Stol und Babar (2010) haben im Rahmen ihrer Untersuchung 20 Evaluationsmethoden, -frameworks und -ansätze identifizieren können; sie zeigen, dass es sich nicht durchgängig um Methoden handelt und die überwiegende Zahl den Ursprung im Bereich der Wissenschaft hat.[245]

Als ein Produktqualitätsmerkmal, das insbesondere kleine OSS-Projekte oft vernachlässigen, sei hier die Güte und Vollständigkeit der Dokumentation von OSS herausgestellt. Neben den bei SSW üblichen Benutzungs-, Installations- und Systemhandbüchern sollten Entwicklungsdokumente im engeren Sinne enthalten sein.[246] Letztere sind insbesondere im Fall von OSS wichtig, da die Anpassung der Software umfassend möglich ist und durch eine möglichst umfassende Dokumentation der Entwicklung vereinfacht werden kann. Die Wartbarkeit eines Programms nimmt mit der Qualität der Dokumentation zu; die Dokumentation sollte zudem möglichst eine sogenannte Inlinedokumentation, d. h. eine Kommentierung des Quelltextes beinhalten.[247] Der Quelltext kann in diesem Fall als die detaillierteste Dokumentation einer Software angesehen werden. Eine umfangreiche Dokumentation ist oft nur bei großen OSS-Projekten üblich. Erreicht ein OSS-Projekt eine ausreichende Größe, finden sich eventuell Freiwillige, die die Dokumentation erstellen. Sollte dies nicht der Fall sein, so muss die Dokumentation von den Entwicklern erledigt werden.[248] Ist dies nicht der Fall, können nicht nur potenzielle Nutzer, sondern auch potenzielle Mitentwickler abgeschreckt werden.[249]

Da die unternehmensinterne Anpassung von OSS auf einem Release des OSS-Projektes aufbaut, sollte zudem eine umfassende Änderungshistorie vom OSS-Projekt zur Verfügung gestellt werden. Dies kann auch für Unternehmen relevant sein, die den Quelltext von OSS nicht anpassen. Ein Beispiel hierfür stellt eine Änderung des APIs dar, was eine Anpassung von eigenem Code an dieses neue API erforderlich machen kann. Die Verfügbarkeit von APIs kann, insbesondere, wenn die Anpassung des Quelltextes der OSS im Unternehmen nicht gewünscht ist, selbst ein Kriterium für die Qualitätsbewertung von OSS darstellen.

---

[242] Vgl. Navica (o. J.).

[243] Vgl. Petrinja et al. (2010).

[244] Vgl. Bianco et al. Ibid.

[245] Vgl. Stol und Babar Ibid., S. 390f.

[246] Vgl. Alpar et al. (2011), S. 304f., Henrich (2002), S. 404-409.

[247] Vgl. Stahlknecht und Hasenkamp (2005), S. 283.

[248] Evtl. ist auch eine Erstellung durch Personen möglich, die von Unternehmen für die Unterstützung der OSS abgestellt sind. Vgl. hierzu Abschnitt 2.2.2.

[249] Vgl. Morrison (2008), S. 274f.

Exemplarisch für die Bewertung der prozessbezogenen Qualität sei hier die Normenreihe DIN EN ISO 9000ff. genannt, die Qualitätssicherungsmaßnahmen als Bestandteil eines umfassenden Qualitätsmanagementsystems ansieht und zugleich die Grundlage für eine Prozesszertifizierung des Softwareentwicklungsprozesses bildet.[250]

Bei dem zuvor dargestellten, nicht zentral gesteuerten Entwicklungsprozesses von OSS ist es meist nicht möglich, den Entwicklungsprozess mit den vor dem Hintergrund der Entwicklung proprietärer Software erstellten Prozessstandards zu zertifizieren. Aufgrund des offenen Entwicklungsprozesses ist es jedoch möglich, Kriterien in die Qualitätsbeurteilung von OSS einzubeziehen, die bei proprietärer Software nicht zur Verfügung stehen. Dies umfasst bspw. projektbezogene Daten auf Plattformen wie SourceForge.net in Form von Projektdaten und -statistiken, mittels derer u. a. die Aktivität der Entwickler bezogen auf die Anzahl der Änderungen sowie die Verweilzeit der Projektleiter als Kriterien ermittelt werden können.[251] Weiterhin kann die Beteiligung an Supportforen und Mailinglisten untersucht werden, um die Aktivität der Community des OSS-Projektes zu beurteilen.

Tawileh et al. (2008) schlagen einen OSS-spezifischen, nutzerzentrierten Ansatz vor, der durch die Einbeziehung der Nutzer eine höhere Prozessqualität der OSS-Entwicklung zu erreichen versucht.[252]

2.4.4 Anpassung von OSS

Eine Anpassung von OSS in Unternehmen führt dazu, dass ein interner Entwicklungszweig der OSS in einem Unternehmen entsteht. Der Fall der Entstehung interner Entwicklungszweige bedarf besonderer Beachtung, da interne und externe Entwicklungszweige oftmals nicht ohne weiteres wieder zusammengeführt werden können und so die Entwicklung möglicherweise nicht konsistent fortgeführt wird.[253] Dies kann insbesondere vor dem Hintergrund der in Abschnitt 2.2.5 dargestellten hohen Anzahl an Releases durch das OSS-Projekt kritisch sein.

Nichtsdestotrotz haben Unternehmen in verschiedenen Befragungen wie auch in verschiedenen Fallstudien ihr Interesse aufgezeigt, die Vorteile der Anpassbarkeit des OSS-Quelltextes nutzen zu wollen. Wie diese Studien zeigen, sind OSS-Nutzer jedoch zurückhaltend, den Quelltext von OSS im Infrastrukturbereich zu modifizieren[254], beispielsweise den Quelltext der Betriebssysteme GNU/Linux und FreeBSD. Wichmann (2002) zeigt ein vergleichsweise höheres Interesse an der Anpassung von Nicht-Infrastruktur-OSS auf. Diese Zurückhaltung könnte auf die

---

[250] Vgl. Stahlknecht und Hasenkamp (2005), S. 213 und S. 315f.
[251] Vgl. Hubbard (2004), S. 28.
[252] Vgl. Tawileh et al. (2008).
[253] Vgl. Henrich (2002), S. 410.
[254] Vgl. Wichmann (2002), Dedrick und West (2004), Ven und Verelst (2008).

Wichtigkeit von Infrastruktursystemen zurückgeführt werden, wie auch auf die Notwendigkeit von guten Programmierkenntnissen in diesem Bereich. Personal mit entsprechenden Kenntnissen wird es üblicherweise eher vorziehen, für ein Softwareunternehmen zu arbeiten, als für eine Organisation, die „nur" Software nutzt. Ebenso ist es möglich, dass diese Personen es vorziehen, angepassten Quelltext direkt als Beitrag an das (Infrastruktur-) OSS-Projekt zu geben und über diesen Weg an den Peer Reviews des OSS-Quelltextes im OSS-Projekt zu partizipieren. Gründe für Unternehmen, den Quelltext von OSS nicht anzupassen sind vielfältig; basierend auf Interviews in dreizehn Unternehmen weisen Madanmohan und De' (2004) beispielsweise auf eine fehlende Notwendigkeit einer Anpassung sowie das Fehlen von Ressourcen hin.[255] Letzteres ist gemäß Dörner und Rohde (2009) insbesondere bei kleinen Unternehmen der Fall.[256] Weiterhin kann die Anpassung von OSS durch die in Abschnitt 2.3 dargestellten rechtlichen Fragestellungen erschwert werden. Da Anpassungen einer Software als Gefährdung der Releasefähigkeit angesehen werden, werden Unternehmen oftmals das Ziel verfolgen, so wenige Anpassungen wie möglich an einer Software durchzuführen.[257]

Andere Firmen führen Änderungen an OSS durch, geben diese jedoch nicht an das OSS-Projekt zurück, da sie denken, ihre Anpassungen seien nichts Besonderes.[258] Dieses Feedback kann jedoch helfen, Vertrauen zwischen dem Anwender und der OSS-Community aufzubauen sowie durch das Einbringen von eigenem Quelltext zukünftige Zusammenführungen der internen Codebasis des Anwenderunternehmens mit dem Quelltext des OSS-Projektes zu erleichtern.[259] Ein Beispiel der Zusammenarbeit zwischen einem Unternehmen, das OSS einsetzt, mit der OSS-Gemeinschaft stellt Google dar, das u. a. die Plattform Google Code eingerichtet hat. Diese umfasst nicht allein Google-Projekte, sondern steht auch anderen OSS-Projekten zur Verfügung.[260]

Um die Anpassung von OSS in Organisationen weiter zu untersuchen, wurden mehrere OSS-Einführungsprojekte, die als Fallstudien dokumentiert sind, analysiert. Dies umfasst drei Fallstudien im Universitätsbereich[261], eine Fallstudie im Gesundheitsbereich[262], sowie eine Fallstudie im Bereich des Electronic Business[263]. Alle Fallstudien umfassen Nicht-Infrastruktur-Projekte und nennen Kos-

---

[255] Vgl. Madanmohan und De' (2004).
[256] Vgl. Dörner und Rohde (2009), S. 89ff.
[257] Vgl. Alpar et al. (2011), S. 379f.
[258] Diskussionsbeitrag beim Vortrag „Do Best Practice Frameworks fit Open Source Software customization?" von Prof. Dr. Paul Alpar auf der 17. European Conference on Information Systems (ECIS) in Verona am 8. Juni 2009.
[259] Vgl. Hubbard (2004), S. 29.
[260] Siehe [http://code.google.com/intl/de-DE/].
[261] Vgl. Lovett (2007); Sinnett und Bar (2004); Fox und Plummer (2006).
[262] Vgl. Fitzgerald und Kenny (2003).
[263] Vgl. D'Agostino (2006).

tenreduzierung als Hauptgrund der Einführung von OSS. Wenngleich eine Studie die Aussage beinhaltet, dass die Verfügbarkeit des Quelltextes nicht von Interesse war, zeigen alle Fallstudien, dass Anpassungen der OSS stattgefunden haben. Leider beinhaltet keine der Fallstudien Erkenntnisse über den Prozess der Anpassung von OSS in Anwenderunternehmen.

Der Umfang der Anpassungen variiert; OSS kann als Basis für Softwarewiederverwendung genutzt werden, was einige Zeilen Code wie auch die Wiederverwendung eines ganzen Systems umfassen kann. Die unstrukturierte Wiederverwendung von Quelltext kann allerdings dazu führen, dass sich die interne Codebasis von der ursprünglichen Entwicklung zunehmend entfernt und Anpassungen der externen Codebasis, wie beispielsweise Fehlerkorrekturen, nur zögerlich in den internen Quelltext eingeführt werden.[264] Um negative Auswirkungen einer hohen Zahl von Änderungen in OSS-Projekten zu vermindern, kann eine OSS-Komponente mit einer geringen Änderungshäufigkeit für die Softwarewiederverwendung vorgezogen werden.[265]

Wie bereits zuvor ausgeführt, basiert die Entscheidung für die Einführung von OSS oft auf der Erwartung von Kostenersparnissen. Dieses Kostenbewusstsein wird aufgrund der Verfügbarkeit des Quelltextes dahingehend unterstützt, dass für Anpassungen derjenige Anbieter ausgewählt werden kann, der das beste Angebot für eine Anpassung der OSS abgibt. Die Organisation kann hierzu bspw. Internetplattformen nutzen, auf denen Projekte ausgeschrieben werden können.[266]

Da das Controlling und Benchmarking von Softwareprojekten nach wie vor aktuelle Probleme im Bereich des IT-Controllings darstellen[267], verbessert eine gesteigerte Kenntnis der Anpassungsprozesse die Möglichkeit des Controllings von OSS-Einführungsprojekten. Die Durchführung und Koordination von Planung und Kontrolle kann somit durch eine verbesserte Informationsversorgung unterstützt werden. Diese hat Implikationen auf das operative Controlling (bspw. bei der Kosten- und Leistungsplanung[268]) wie auch das strategische Controlling (hinsichtlich der langfristigen Planung und Kontrolle von IS). Eine Budgetierung kann beispielsweise im Bereich „Entwicklung und Wartung von Software"[269] durchgeführt werden.

---

[264] Vgl. Spinnelis und Szyperski (2004).
[265] Vgl. Madanmohan und De' Ibid.
[266] Exemplarisch seien hier [http://www.scriptlance.com] und [http://www.freelancer.com/] genannt.
[267] Vgl. Kütz (2007).
[268] Vgl. Alpar et al. (2011), S. 50.
[269] Ibid., S. 54.

3. Softwarelebenszyklus und Softwareevolution

Grundlegend für die Untersuchung der Anpassung von OSS in Anwenderunternehmen ist die Kenntnis des Softwarelebenszyklus und der Softwareevolution. Der Softwarelebenszyklus bezeichnet die Gesamtheit aller Phasen von der Planung eines neuen Softwaresystems bis zu seiner Außerdienstsetzung.[270] Eine grafische Darstellung des Softwarelebenszyklus findet sich in Abbildung 4.

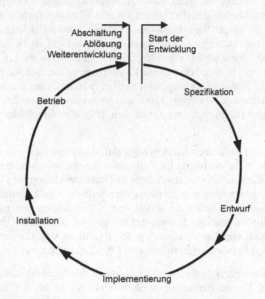

Abbildung 4: Software-Lebenszyklus[271]

Die Phasen des Software-Lebenszyklus können gruppiert und den Bereichen Systementwicklung und Systembetrieb zugeordnet werden. Die Betriebsphase umfasst dabei auch Weiterentwicklungen des Systems und schließt mit der Außerdienstsetzung ab.[272] Der Aufbau des folgenden Abschnitts 3.1 folgt dieser Zuordnung und stellt die Systementwicklung und den Teilbereich Softwarewartung des Softwarebetriebs näher dar.

---

[270] Vgl. Balzert (2011), S. 1.
[271] Basierend auf Ibid., Abb. 1.0-1.
[272] Vgl. Ibid., S. 2.

Die Darstellung des Bereichs der Softwareentwicklung zeigt dabei auf, dass sich das Vorgehen im Rahmen der Softwareentwicklung mittels leicht- oder schwergewichtiger Vorgehensmodelle[273] erheblich von der in Abschnitt 2.2 dargestellten Entwicklung von OSS unterscheidet. Die anschließende Darstellung des Bereichs Softwarebetrieb fokussiert auf den Bereich der Softwarewartung. Die Wartung stellt im Fall proprietärer Software eine Aufgabe dar, die üblicherweise durch den Softwarehersteller ausgeführt wird. Bei einer SSW handelt es sich hier i. d. R. um den Anbieter der Software, bei einer Individualentwicklung kann es sich um eine interne wie auch externe Tätigkeit handeln. Auch aufgrund der langen Nutzungszeit von Software übersteigen die Kosten für die Wartung eines Softwaresystems die Kosten für die zugehörige Hardware und Systementwicklung üblicherweise deutlich.[274] Die unternehmensinterne Anpassung von OSS ist in den Bereich der Softwarewartung einzuordnen; die Möglichkeit, die Software im Unternehmen anzupassen, ermöglicht eine beliebig starke Anpassung der Software. Die Darstellung des Bereichs Softwarewartung zeigt hierbei u. a. auf, dass die Wartung in unterschiedliche Arten von Wartungsaktivitäten unterschieden werden kann und das Hinzufügen neuer Funktionen hier meist den höchsten Anteil der Wartung einnimmt.

Die Darstellung der Softwareevolution zeigt auf, dass Software sich im Zeitverlauf weiterentwickelt, d. h. evolviert. Im Fall einer unternehmensinternen Anpassung von OSS kann diese unternehmensexterne Weiterentwicklung zu Problemen führen, die aus der gleichzeitigen Anpassung der Software im Unternehmen und im OSS-Projekt resultieren. Während schon seit vielen Jahren Untersuchungen der Softwareevolution proprietärer Software durchgeführt werden, ist in jüngerer Zeit auch eine Vielzahl von Untersuchungen der Evolution von OSS entstanden, die durch den offenen Entwicklungsprozess von OSS unterstützt werden.

Während bei proprietärer Software die Evolution der Systeme aus Wettbewerbsgründen von den Herstellern vorangetrieben wird und zudem der Support für alte Versionen proprietärer Produkte nach ca. drei Folgeversionen eingestellt wird[275], zeigen die Untersuchungen der Evolution von OSS auf, dass einige OSS noch schneller als proprietäre Software evolvieren.

Wenngleich anzumerken ist, dass die Systementwicklung erheblichen Einfluss auf den Umfang folgender Wartungsaktivitäten hat[276], wird die Anpassung von OSS in Anwenderunternehmen im Kontext der vorliegenden Arbeit ausschließlich der Phase des Systembetriebs zugeordnet. Eine Betrachtung der Wartung beginnend

---

[273] Siehe Abschnitt 3.1.1.
[274] Vgl. Stahlknecht und Hasenkamp (2005), S. 214, Endres und Rombach (2003), S. 161f. Die Untersuchung der Entwicklung des Verhältnisses von Hardware- und Softwarekosten wird dabei oft auf Boehm zurückgeführt, vgl. Boehm (1981), S. 18.
[275] Vgl. Boehm (2006), S. 21.
[276] Vgl. bspw. Bennett und Rajlich (2000), S. 79.

mit der Softwareentwicklung, wie beispielsweise in Bommer et al. (2008) vorge-schlagen[277], ist hier nicht zieladäquat, da die Beeinflussung der Qualität des Aus-gangsprodukts bei OSS üblicherweise nicht möglich ist.[278] Es ist anzumerken, dass die gleichzeitige Entwicklung einer OSS im OSS-Projekt und im Anwenderunter-nehmen gemäß der in Bommer et al. (2008) abgeleiteten Anforderungen an eine Evolution[279] aufgrund des Entstehens eines internen Entwicklungszweiges über die Evolution einer proprietären Software hinausgeht.

3.1 Softwarelebenszyklus

3.1.1 Systementwicklung

Der Begriff der Systementwicklung[280] (engl. Systems Engineering) geht bereits in die 1950er-Jahre zurück.[281] Zu dieser Zeit konnte bei einer Softwareentwicklung aufgrund einer geringen Komplexität und eines überschaubaren Umfangs auf ein explizites Projektmanagement verzichtet werden.[282] Eine schnell zunehmende Komplexität von Softwaresystemen und eine unzureichende Steuerung der Soft-wareentwicklung[283] führten in den 1960er-Jahren zu Softwareentwicklungsprojek-ten, die weder die Vorgaben für die Kosten noch für die Entwicklungszeit einhiel-ten und zudem oftmals von unzureichender Qualität waren.[284] Dieser Status wurde oftmals als Softwarekrise bezeichnet und führte Ende der 1960er-Jahre zur Entste-hung des Software Engineerings.

Software Engineering bezeichnet dabei insbesondere eine ingenieursmäßige Ent-wicklung, Einführung und Wartung von Software mittels eines pünktlichen, wirt-schaftlichen und systematischen Vorgehens.[285] Einen Rahmen für ein solches Vor-

---

[277] Vgl. Bommer et al. (2008), S. 39f.

[278] Eine Beeinflussung der Produktqualität kann jedoch im Fall von OSS durch das Einreichen von Verbesserungen in Form von Quelltext an das OSS-Projekt erfolgen, was bei proprietärer Software üblicherweise nur im Rahmen von Verbesserungsvorschlägen möglich ist. Verglei-che hierzu auch Abschnitt 5.5.

[279] Vgl. Bommer et al. (2008), S. 27.

[280] Wenngleich verschiedene Autoren den Begriff weit fassen und ihm die Hardwareentwicklung, den Vorgehens- und Verfahrensentwurf, die Verteilung des Systems sowie als wesentliches Element das Software Engineering zuordnen, wird die Systementwicklung in dieser Arbeit als die Entwicklung von IT-Anwendungssystemen angesehen, was im engeren Sinn die Entwick-lung von Anwendungssoftware bezeichnet.

[281] Vgl. Alpar et al. (2011), S. 283.

[282] Vgl. Henrich (2002), S. 29.

[283] Das zu dieser Zeit oft genutzte ungeplante Vorgehen wurde u. a. mit „Code and Fix" bezeich-net, vgl. Boehm (2006), S. 13.

[284] Vgl. Sommerville (2007a), S. 30, Boehm (2006), S. 13f.

[285] Vgl. Alpar et al. (2011), S. 284.

gehen stellen Vorgehensmodelle[286] dar. Vorgehensmodelle beschreiben die Systementwicklung als Abfolge von Aktivitäten und geben deren Reihenfolge sowie zulässige Überschneidungen vor. Die Aktivitäten können Phasen zugeordnet werden; phasenübergreifend erfolgen Aktivitäten zum Projektmanagement, zur Qualitätssicherung und zum Konfigurationsmanagement.[287]

Zum Verständnis des Software Engineerings ist es notwendig, verschiedene in diesem Kontext existierende Ansätze darzustellen. Ergänzend zu der in Abschnitt 2.2 dargestellten Entwicklung von OSS werden daher im Folgenden die Softwareentwicklung mittels Vorgehensmodellen, die agile Softwareentwicklung sowie Vorgehensmodelle für die Einführung von SSW kurz vorgestellt.

Beispiele für Vorgehensmodelle stellen das auf Royce (1970) zurückgehende Wasserfallmodell[288] sowie das auf Böhm zurückgehende V-Modell dar, das als eine Variante des Wasserfallmodells angesehen werden kann[289] und das dem in Deutschland ursprünglich für die Bundeswehr entwickelten V-Modell zugrunde liegt.[290] Diese Vorgehensmodelle haben u. a. aufgrund ihrer starken Formalisierung[291] erhebliche Verbreitung gefunden und stellen häufig die Basis für Auftragsstandards von Behörden und Industrie dar.[292] Aufgrund der stark formalisierten, dokumentengetriebenen Vorgehensweise werden sie auch als schwergewichtige Vorgehensmodelle bezeichnet.

Das Wasserfallmodell sieht in seiner ursprünglichen Form nicht vor, dass eine beendete Aktivität nochmals aufgenommen werden kann.[293] Eine schematische Darstellung findet sich in Abbildung 5 auf der folgenden Seite. Entsprechend ist es nicht möglich, flexibel auf geänderte Anforderungen zu reagieren. Die in der Anforderungsanalyse erhobenen Anforderungen können somit bis zur Fertigstellung der Software nicht mehr angepasst werden.

---

[286] Auch als Prozess- oder Phasenmodelle bezeichnet. Vgl. bspw. Balzert (2000), S. 54f. und Alpar et al. (2011), S. 301. Alpar et al. verweisen darauf, dass Phasenmodelle ursprünglich Vorgehensmodelle bezeichnen, bei denen eine Phase vollständig abgeschlossen sein muss, um mit der nächsten beginnen zu können. Vgl. Alpar et al. (2011), S. 305.

[287] Vgl. Alpar et al. (2011), S. 301f.

[288] Vorläufer des Wasserfallmodells gehen bereits in die fünfziger Jahre zurück, vgl. Boehm (2006), S. 13.

[289] Vgl. Brügge et al. (2004), S. 76.

[290] Das deutsche V-Modell liegt inzwischen als weiterentwickeltes V-Modell XT vor. Dieses wird umfangreich im deutschen Regierungsbereich eingesetzt; die Anwendung des V-Modells wird in vielen öffentlichen Ausschreibungen als verpflichtend festgelegt. Vgl. Lange (2009) und Alpar et al. (2011), S. 311.

[291] Ein hoher Grad von Standardisierung und Formalisierung soll ermöglichen, validier- und verifizierbare Ergebnisse zu erzielen. Als Mindestziel wird eine Nachvollziehbarkeit der Softwareentwicklung angesehen. Vgl. Alpar et al. (2011), S. 285.

[292] Vgl. bezüglich des Wasserfallmodells Balzert (2008), S. 101.

[293] Vgl. Brügge et al. (2004), S. 76, Henrich (2002), S. 39.

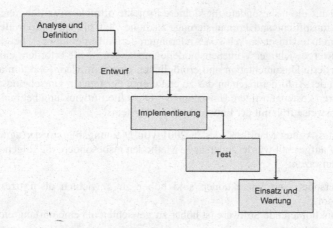

Abbildung 5: Wasserfallmodell ohne Möglichkeit von Rücksprüngen in vorhergehende Phasen[294]

Neben angepassten Versionen des sequentiellen Wasserfallmodells, die Rücksprünge in abgeschlossene Phasen und somit eine verbesserte Reaktion auf Fehler und veränderte Anforderungen zulassen[295] sind nicht-sequentielle Vorgehensmodelle entstanden[296]. Hierunter fallen beispielsweise evolutionäre und inkrementelle Vorgehensmodelle, die darauf abzielen, dem Auftraggeber frühzeitig eine lauffähige Software zur Verfügung zu stellen, die jedoch zu Beginn nur Kernanforderungen umsetzt. Erst im Anschluss werden weitere Anforderungen umgesetzt; die Entwicklungsphasen werden folglich mehrfach durchlaufen, bis die Software alle Anforderungen erfüllt.[297]

Die Kennzeichen schwergewichtiger Vorgehensmodelle wie starke Formalisierung, einem Schwerpunkt auf einer umfangreichen Projektdokumentation sowie eine vergleichsweise lange Entwicklungszeit zwischen Softwarereleases grenzen die Softwareentwicklung mit schwergewichtigen Vorgehensmodellen deutlich von der in Abschnitt 2.2 skizzierten Entwicklung von OSS ab.

Eine Reihe von Analogien zur OSS-Entwicklung weisen hingegen die sogenannten agilen Entwicklungsmethoden auf.[298] Diese sind in den späten 1990er-Jahren[299] als

---

[294] Angepasste Darstellung basierend auf Henrich (2002), S. 39f.
[295] Vgl. Ibid., S. 44.
[296] Vgl. Dumke (2003), S. 112f.
[297] Vgl. Balzert (2000), S. 55-57.
[298] Vgl. Lehmbach (2007), S. 211.

Reaktion auf die insbesondere für kleinere Projekte oftmals zu umfangreiche Dokumentationspflicht und Formalisierung, zu hohe Zeit bis zur Marktreife sowie stark begrenzte Umsetzbarkeit von Änderungen der Anforderungen[300] bei der Nutzung schwergewichtiger Vorgehensmodelle entstanden.[301] Sie erfordern eine deutlich reduzierte Dokumentation und ermöglichen eine schnellere Reaktion auf Änderungen der Anforderungen an das zu erstellende System im Umsetzungsprozess sowie deren kostengünstigere Umsetzung.[302] Die agile Entwicklung beginnt zudem vergleichsweise früh mit der Entwicklung des Systems.[303]

Gemäß des Agilen Manifests, das in 2001 von Meinungsführern der agilen Entwicklung aufgestellt wurde, sollen agile Methoden insbesondere die folgenden vier Punkte umsetzen:[304]

- Personen und Interaktionen sind höher zu gewichten als Prozesse und Tools,
- funktionierende Software ist höher zu gewichten als eine umfangreiche Dokumentation,
- Zusammenarbeit mit den Kunden ist höher zu gewichten als die Vertragsverhandlung,
- auf Änderungen zu reagieren ist höher zu gewichten als einem Plan zu folgen.

Eine verbreitete agile Entwicklungsmethode ist das Extreme Programming (XP). Bei XP ist ein Vertreter des Auftraggebers Teil des Entwicklungsteams[305], um eine schnelle Reaktion auf Änderungen der Anforderungen gewährleisten zu können. Das XP kann als extreme Variante eines evolutionären Prototypings angesehen werden[306] und verfolgt u. a. einen auch als „Peer Programming" bezeichneten[307] Ansatz der Programmierung, bei dem Programmierer paarweise zusammenarbeiten und ihre Ergebnisse gegenseitig überprüfen. Bei Codeänderungen wird zudem grundsätzlich mittels Regressionstest überprüft, ob die bestehenden Testfälle durch die Änderung verletzt werden.[308]

Die Nutzung agiler Methoden stellt hohe Anforderungen an das Personal; zudem sind agile Methoden nur eingeschränkt für große Softwareentwicklungsprojekte

---

[299] Vgl. Boehm (2006), S. 19.
[300] Vgl. Ibid., S. 18f.
[301] Vgl. Strahringer (2003), S. 10f.
[302] Vgl. Ibid., S. 11.
[303] Vgl. Alpar et al. (2011), S. 307.
[304] Aus dem Englischen übersetzt von [http://agilemanifesto.org].
[305] Vgl. Dumke (2003), S. 119.
[306] Vgl. Henrich (2002), S. 82.
[307] Vgl. Strahringer (2003), S. 12.
[308] Vgl. Brügge et al. (2004), S. 78.

geeignet.[309] Eine schnelle Folge von Releases sowie eine starke Betonung des Quelltextes als Mittel der Dokumentation[310] stellen Parallelen zur OSS-Entwicklung dar. Ein Unterschied zur OSS-Entwicklung ist beispielsweise hinsichtlich der Transparenz des Entwicklungsprozesses nach außen zu sehen.[311]

Die ab den 1990er-Jahren deutlich zunehmende Nutzung von SSW im betrieblichen Bereich hat dazu geführt, dass ein stärkeres Gewicht auf der Anpassung und Einführung von Software liegt und eine Eigenentwicklung von Software in weniger Fällen erfolgt.[312] Vorgehensmodelle für die Einführung von SSW zielen im Gegensatz zu Softwareentwicklungsmodellen insbesondere darauf ab, die relevanten Geschäftsvorfälle mittels organisatorischer Lösungen im Rahmen der Funktionalität der SSW umzusetzen. Ein Beispiel für ein solches Vorgehensmodell zur Einführung von SSW stellt Accelerated SAP (ASAP) als Standardeinführungsmodell der SAP AG dar.[313]

3.1.2 Softwarewartung

Wenngleich der eigentliche Systembetrieb inklusive der Softwarewartung als wichtiger Bestandteil des Softwarelebenszyklus anzusehen ist, stellt er keinen Teil der Systementwicklung im eigentlichen Sinne dar.[314] Vorgehensmodelle für die Systementwicklung umfassen daher meist keine Vorgaben für den an den Entwicklungsprozess anschließenden Wartungsprozess.[315]

Die Phase des Softwarebetriebs kann als Abfolge von Einführung, kontinuierlicher Nutzung, notwendigen Änderungen und der Ablösung der Software angesehen werden.[316] Während die Systementwicklung mit der Einführung des fertigen Softwareprodukts abschließt, beginnt die Wartung von Software oft bereits bei der Einführung eines Softwareprodukts in einer Organisation und endet erst mit der Außerdienstsetzung der Software.[317]

Änderungen von Software nach der Auslieferung stellen die Regel dar. Dies geht u. a. darauf zurück, dass komplexe Softwareprodukte oft nicht wirtschaftlich sinnvoll in vollem Umfang getestet werden können und daher mit durchschnittlich 50-

---

[309] Vgl. Boehm (2006), S. 19.
[310] Vgl. Henrich (2002), S. 77-79.
[311] Vgl. Goldman und Gabriel (2005), S. 40.
[312] Vgl. Alpar et al. (2011), S. 284f.; Boehm (2006), S. 21.
[313] Vgl. Alpar et al. (2011), S. 381f.; Henrich (2002), S. 68.
[314] Vgl. Stahlknecht und Hasenkamp (2005), S. 213 sowie Alpar et al. (2011), S. 301. Dumke (2003) nutzt in seiner Darstellung des Softwarelebenszyklus auf S. 20 statt des Systembetriebs explizit Softwareanwendung und -wartung und begründet dies mit deren Durchführung in unterschiedlichen Bereichen, die er später mit Wartungs- und Anwendungsabteilung benennt.
[315] Vgl. Bommer et al. (2008), S. 43.
[316] Vgl. Dumke (2003), S. 110.
[317] Vgl. Bennett und Rajlich (2000).

200 Defekten pro 1 Million Zeilen freigegeben werden.[318] Die Behebung dieser Defekte nach Einführung ist ein Gegenstand der Softwarewartung, jedoch nicht der einzige Grund für Anpassungen von Software im Laufe des Systembetriebs. Wenngleich Software keinem Verfall unterliegt oder es zu einer Abnutzung kommt, so ist doch davon auszugehen, dass sie angepasst werden muss, um im Zeitverlauf ihren Nutzen beizubehalten.[319] Diese Arbeiten dienen somit der Softwarewerterhaltung; sie umfassen Anpassungen, die Software optimieren oder erweitern.

Viele Autoren im deutschsprachigen Raum unterscheiden dabei zwischen den Bereichen Wartung und Pflege von Softwaresystemen. So unterscheidet beispielsweise Balzert (2000) in Wartungs- und Pflegephase[320] und bezeichnet die Beseitigung von Fehlern, die ihren Ursprung in der Phase der Systementwicklung haben, als Wartung im engeren Sinne.[321] Gemäß seiner Einteilung beinhaltet die Wartung die Stabilisierung und Optimierung von Software, während Pflege die Anpassung und Erweiterung von Software umfasst.[322] Auch Stahlknecht und Hasenkamp (2005) teilen in Wartung und Pflege auf; gemäß ihrer Definition umfasst Ersteres Änderungswünsche der Anwender nach der Systemeinführung, Anpassungen an ein verändertes Umfeld sowie die Weiterentwicklung der Software im Sinne von Verbesserungen, Letzteres die Beseitigung von Fehlern im Laufe der Nutzung.[323] Alpar et al. (2011) teilen in Aktualisierung bzw. Erweiterung sowie Wartung auf. Aktualisierung bzw. Erweiterung umfasst dabei die Behebung von Leistungsmängeln und Arbeiten aufgrund von Änderungen funktioneller Anforderungen; Wartung umfasst gemäß ihrer Definition Arbeiten zur Behebung von Fehlern im Bereich Entwurf oder Implementierung.[324]

In der amerikanischen Literatur erfolgt üblicherweise keine sprachliche Trennung von Wartung und Pflege von Softwaresystemen; es wird stattdessen der Begriff Maintenance genutzt.[325] Dennoch findet auch hier eine Unterscheidung von Wartungsaktivitäten statt. Oftmals wird eine Klassifizierung genutzt, die der von Swanson begründeten Einteilung in korrigierende (engl. corrective), adaptive (engl. adaptive) und perfektionierende (engl. perfective) Softwarewartung[326] entspricht oder diese erweitert.

---

[318] Vgl. Balzert (2000), S. 1090.
[319] Vgl. Lehman (1980), Endres und Rombach (2003), S. 177.
[320] Vgl. Balzert (2000), S. 1090ff.
[321] Vgl. Ibid., S. 1090.
[322] Vgl. Ibid., S. 1092f.
[323] Vgl. Stahlknecht und Hasenkamp (2005), S. 214.
[324] Vgl. Alpar et al. (2011), S. 304.
[325] Vgl. Balzert (2000), S. 1093.
[326] Vgl. Swanson (1976).

Gemäß der Definition von Swanson umfasst die korrigierende Softwarewartung die Behebung durch Nutzer gemeldeter oder selbst festgestellter Fehler und Unzulänglichkeiten wie bspw. Performanceprobleme der Software. Die adaptive Softwarewartung umfasst Tätigkeiten zur Anpassung der Software an sich ändernde Umgebungen wie bspw. neue Betriebs- oder Datenbanksysteme. Die perfektionierende Softwarewartung umfasst Verbesserungen der Software, beispielsweise hinsichtlich der Performance oder Wartbarkeit.[327] Während die korrigierende Softwarewartung eine reaktive Tätigkeit darstellt, sind adaptive wie auch perfektionierende Softwarewartung als antizipative Tätigkeiten einzustufen.

Einige Autoren nennen zudem die präventive (engl. preventive) Softwarewartung als eine zusätzliche Art der Softwarewartung[328], die dazu dienen soll, Probleme zu beheben, bevor sie auftreten. Gemäß Chapin (2000) führen verschiedene Autoren die Einteilung in vier Typen von Softwarewartung auf ein Buch von Lientz und Swanson[329] bzw. ein Forschungspapier von Swanson[330] zurück.[331] Swanson merkt jedoch an, dass eine präventive Softwarewartung nicht als gleichwertig gegenüber den drei vorgenannten Arten der Softwarewartung angesehen werden sollte. Die präventive Softwarewartung sollte aufgrund ihrer antizipativen Natur eher einen Subtyp der adaptiven bzw. perfektionierenden Softwarewartung darstellen und Teil einer regelmäßigen Softwarewartung sein.[332] Andere Autoren führen mit Erweiterung (engl. extension) eine weitere Art der Softwarewartung an und stellen so explizit die Einordnung der Umsetzung neuer funktionaler Anforderungen in den Bereich Softwarewartung heraus.[333]

Im Rahmen der vorliegenden Arbeit wird der Begriff Wartung als Oberbegriff für die zuvor dargestellten Wartungsaktivitäten nach Swanson genutzt. Hinsichtlich der Wartungsaspekte liegen verschiedene empirische Untersuchungen vor, die u. a. nähere Informationen zu der Verteilung der Änderungsgründe von Softwareprodukten sowie den Auftrittshäufigkeiten verschiedener Fehlerarten enthalten.

Die erste umfangreiche Untersuchung geht auf Lientz und Swanson zurück, die im Rahmen ihrer im Jahr 1980 veröffentlichten Untersuchung 487 datenverarbeitende Organisationen hinsichtlich ihrer Wartungsaufwände befragten.[334] Auffallend war hier insbesondere, dass mit 41,8 % der weitaus größte Teil der Softwarewartung

---

[327] Vgl. Ibid.
[328] Vgl. bspw. Bennett und Rajlich (2000), Bommer et al. (2008), S. 30.
[329] Vgl. Lientz und Swanson (1980).
[330] Vgl. Swanson (1976).
[331] Vgl. Chapin (2000).
[332] Vgl. Ibid.
[333] Vgl. Dumke (2003), S. 104f., Balzert (2000), S. 1090. Balzert (2000) ordnet diese jedoch im Verlauf seiner Darstellung dem Bereich der perfektionierenden Wartung zu, vgl. Balzert (2000), S. 1092.
[334] Vgl. Lientz und Swanson (1980), S. 1.

für *Enhancements for users* aufgewandt wurde. Diese Beobachtung wurde in einer im Jahr 1990 veröffentlichten Studie bestätigt.[335]

Um eine Wartung der Software durch den Auftraggeber einer Softwareentwicklung zu unterstützen, sollte diesem die Analyse-, Entwurfs- und Implementierungsdokumentation zur Verfügung stehen.[336] Die Wartbarkeit einer Software kann als Qualitätskriterium dienen, das anhand der Kriterien Analysierbarkeit, Änderbarkeit, Stabilität und Testbarkeit[337] der Software ermittelt wird. Die Wartbarkeit kann dann bei der Bemessung der Produktqualität herangezogen werden.[338] Mit dem „Software Maintenance Maturity Model" von April et al. ist zudem ein Reifegradmodell für Softwarewartung vorgeschlagen worden, das sich an der Struktur des Capability Maturity Model Integrated (CMMI) orientiert.[339]

Im Vergleich zu der im vorigen Abschnitt dargestellten Systementwicklung ist festzustellen, dass die Durchführung der Softwarewartung als fortwährender Prozess im Lebenszyklus eines Softwareproduktes im Gegensatz zu der üblichen Organisation von Softwareaufgaben in Projekten steht. Eine ausschließlich projektbezogene Abrechnung der Arbeitszeit würde folglich Wartungsaufwände nicht oder zumindest nicht in vollem Umfang erfassen. Eine Alternative stellt es dar, die Softwarewartung als eine Abfolge von Softwarewartungsprojekten zu organisieren.[340] Die Softwarewartung im Anwenderunternehmen endet mit der Stilllegung und ggf. Ablösung des Systems.[341]

Ein Vergleich der Softwarewartung in OSS-Projekten mit der Softwarewartung proprietärer Software liegt mit der Untersuchung von Koponen und Hotti (2005) vor. Diese vergleichen anhand der OSS-Projekte des Apache Webservers und des Mozilla Webbrowsers die Wartung von OSS mit der Wartung proprietärer Software anhand des Wartungsprozesses gemäß der ISO/IEC-Normen 12207 und 14764. Die Aktivitäten Prozessimplementierung, Problem- und Modifikationsanalyse, Implementierung sowie Wartungs- bzw. Anpassungsreview und Anpassungsannahme finden sich in der Wartung proprietärer Software wie auch von OSS wieder. Für die OSS konnte keine Migration beobachtet werden, da für die untersuchten OSS-Systeme weiterhin neue Releases veröffentlicht worden sind, die keine

---

[335] Vgl. Nosek und Palvia (1990), S. 169. Die Werte sind dabei den von Lientz und Swanson (1980) ermittelten Werten sehr ähnlich; beispielsweise kommen beide Untersuchungen auf rund 42% Änderungen für Benutzer (s. auch Lientz und Swanson (1980), S. 73).

[336] Vgl. Balzert (2000), S. 1087.

[337] Vgl. Dumke (2003), S. 105.

[338] Vgl. Bommer et al. (2008), S. 25.

[339] Vgl. April et al. (2004).

[340] Vgl. Kneuper (2003), S. 84f.

[341] Vgl. Alpar et al. (2011), S. 301.

Migration erforderten. Es konnte zudem keine Stilllegung beobachtet werden, was auf die anhaltende Aktivität im Projekt zurückzuführen ist.[342]

3.2 Softwareevolution

3.2.1 Begriff

Wenngleich der Begriff der Softwareevolution bereits durch die im folgenden Abschnitt beschriebenen Untersuchungen proprietärer Software durch Lehman in den 1980er-Jahren Bekanntheit erlangt hat, liegt auch heute kein einheitliches Verständnis des Begriffs Softwareevolution vor.

Viele Autoren sehen die Softwareevolution als die Entwicklung einer Software im Zeitverlauf während des Systembetriebs an. Kemerer und Slaughter (1999) formulieren hierzu: „Software evolution refers to the dynamic behavior of software systems as they are maintained and enhanced over their lifetimes"[343] und verweisen darauf, dass zur Untersuchung der Softwareevolution folglich mindestens Daten von zwei unterschiedlichen Zeitpunkten vorliegen müssen.[344] Auch Arthur (1988), der die Softwareevolution vergleichsweise früh als Gegenstand einer Monographie untersucht hat, sieht die Softwareevolution als Abfolge von Wartungsaktivitäten im Bereich des Softwarebetriebs an. Er hebt den Bereich funktionaler Verbesserungen hervor, merkt jedoch an, dass adaptive, korrigierende und perfektionierende Wartungsaktivitäten oft zugleich durchgeführt werden und somit Teil der Softwareevolution sind.[345] Eine adaptive Wartung kann dabei gemäß Arthur durch neue interne oder externe Anforderungen sowie aufgrund von Wettbewerb durch andere Firmen erforderlich werden; er vergleicht sie explizit mit einer Neuentwicklung und nennt die Integration in ein neues System sowie einen kürzeren Zeithorizont als Abgrenzungskriterien.[346]

Diese von Arthur vertretene Definition von Softwareevolution als Ergebnis einer Softwarewartung im Zeitverlauf findet sich auch in jüngerer Literatur wieder; so adaptiert Sommerville (2007b) den in Arthur (1988) dargestellten Prozess und passt ihn nur geringfügig an. Dieser Prozess nach Sommerville wird in Abbildung 6 auf der folgenden Seite dargestellt.

---

[342] Vgl. Koponen und Hotti (2005).
[343] Kemerer und Slaughter (1999), S. 493.
[344] Vgl. Ibid., S. 493.
[345] Vgl. Arthur (1988), S. 5f. und S. 12f.
[346] Vgl. Ibid., S. 118f.

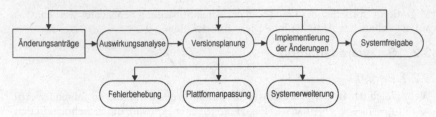

Abbildung 6: Der „System Evolution Process"[347]

Auch Sommerville nennt funktionale Verbesserungen als wichtiges Element, die im Rahmen der Softwareevolution von SSW nötig werden, um neue Anforderungen seitens der Kunden oder des Marktes zu berücksichtigen.[348] Die Softwareevolution zeige dabei auf, wie sich die Software im Zeitverlauf, d. h. mindestens über zwei Iterationen, entwickelt.[349]

Eine hinsichtlich der Verortung im Bereich der Softwarewartung diesem entsprechende Sicht vertreten auch Bennett und Rajlich (2000). Wie von Arthur und Sommerville vertreten, wird die Softwareevolution als eine Abfolge von Softwarewartungsaktivitäten angesehen. Bennett und Rajlich unterscheiden in ihrem in Abbildung 7 dargestellten *Simple Staged Model* jedoch explizit zwischen den Phasen Evolution, Wartung und Einstellung.

Abbildung 7: Das „Simple Staged Model" von Bennett und Rajlich (2000)[350]

---

[347] Darstellung aus Sommerville (2007b), S. 499.
[348] Vgl. Sommerville (2007a), S. 34. Eine ähnliche Sicht findet sich auch bei Endres und Rombach; sie beziehen den Begriff jedoch explizit auf bereits installierte Systeme: „Evolution is the term used to designate the adaptation of installed systems to new requirements". Siehe Endres und Rombach (2003), S. 160.
[349] Vgl. Kemerer und Slaughter (1999), S. 493, Mens (2008), S. 3.
[350] Bennett und Rajlich (2000), S. 78. Angepasste Darstellung.

Ab einem bestimmten Zeitpunkt wird die Evolution der Software gemäß des Simple Staged Model eingestellt.[351] Das System wird im Anschluss lediglich weiter gepflegt.[352] Auf diese Phase folgt die Einstellung der Nutzung der Software, in deren Verlauf auch die Pflege der Software eingestellt wird. Am Ende folgt die Stilllegung der Software.[353]

Diese Erweiterung erscheint sinnvoll, da eine Software, die für ein Unternehmen nicht mehr ausreichend relevant ist oder nicht mehr mit wirtschaftlich vertretbarem Aufwand weiter betrieben werden kann, nicht mehr in gleichem Umfang gepflegt werden wird. Eine umfangreiche Evolution der Software wird somit eingestellt. Da eine Software, die nicht an neue Umweltanforderungen angepasst wird, einer Softwarealterung unterliegt, kann sie u. U. nach einer gewissen Zeit ihren ursprünglichen Zweck nicht mehr erfüllen.[354] Somit folgen Einstellung und Stilllegung der Software.

Wie eingangs erwähnt, folgen jedoch nicht alle Autoren der Einordnung der Softwareevolution in den Bereich der Softwarewartung; verschiedene Autoren vertreten vielmehr ein umfangreicheres Verständnis der Softwareevolution.

So fassen beispielsweise Bommer et al. (2008) unter dem Begriff Softwareevolution die gesamte Zeitspanne von der Entwicklung eines Softwaresystems bis zu seiner Stilllegung und den in dieser Zeit stattfindenden Änderungsprozess.[355] Die Möglichkeit, Evolution auch über den Bereich der Entwicklung einer Software hinausgehend zu betrachten, stellt Scacchi (2006) vor. Er schlägt vor, die Softwareevolution als die Evolution von Softwaretechnologien über mehrere Generationen anzusehen und entsprechende Untersuchungen durchzuführen. Hierzu schlägt er eine Betrachtung mehrerer Untersuchungseinheiten vor, um Rückschlüsse auf

---

[351] Ibid. führen als mögliche Gründe für den Übergang von der Evolutions- zur Wartungsphase einen Verlust von Wissen, eine reduzierte Kohärenz der Architektur (als „code decay" bezeichnet) sowie eine reduzierte finanzielle Relevanz von evolutionären Änderungen an. Vgl. Bennett und Rajlich (2000), S. 77f.

[352] Gemäß Bennett und Rajlich können auch in dieser Phase neben Korrekturen Verbesserungen vorgenommen werden; dies jedoch nur in geringem Umfang. Vgl. Bennett und Rajlich (2000), S. 80.

[353] Vgl. Ibid., S. 77f. Die Autoren stellen zudem ein „Versioned Stage Model" vor, dass die Darstellung um die Einführung von Versionen ergänzt, die jeweils dem im Simple Staged Model dargestelltem Ablauf von Evolution bis zur Stilllegung folgen.

[354] Vgl. Parnas (1994), Balzert (2000), S. 1090. Der Begriff „Alterung" wird in diesem Kontext kontrovers gesehen, da keine Alterung im Sinne von Abnutzung oder Verfall vorliegt, geht man von dem ursprünglich vorliegenden Kontext der Software und dem ursprünglichem Funktionsumfang aus.

[355] Vgl. Bommer et al. (2008), S. 26-28.

die Evolution der Softwaretechnologien zu ermöglichen.[356] Auch Lehman und Ramil (2002) nennen diesen Aspekt, weisen jedoch darauf hin, dass es sich dabei um eine „software related evolution"[357] handelt.

Aufgrund des stark variierenden Begriffsverständnisses bezüglich der Software-evolution schlägt Mens (2008) vor, zwischen der Betrachtung der Frage nach dem *was* und *warum* der Softwareevolution sowie der Frage nach dem *wie* zu unter-scheiden. Bei einer Untersuchung der ersten beiden Fragestellungen wird ein An-satz benötigt, der u. a. auch soziale Interaktion und organisatorische Aspekte be-rücksichtigt. Bei der Frage nach dem *wie* hingegen geht es um die Softwareevolu-tion als Ingenieursdisziplin.[358]

Im folgenden Abschnitt werden Untersuchungen vorgestellt, die die Evolution proprietärer Software untersucht haben. In Abschnitt 3.2.3 erfolgt die Darstellung von Untersuchungen der Softwareevolution von OSS.

3.2.2 Untersuchung proprietärer Software

Basierend auf Studien von Software, die im Zeitverlauf evolviert (sog. „E-Type Products"), sind eine Reihe von Forschungspapieren entstanden, deren Hypothesen oft auch unter der Bezeichnung „Laws of Software Evolution" bzw. „Lehman's Laws"[359] geführt werden.[360] Die Arbeiten von Lehman et al. gehen dabei u. a. auf die Untersuchung des Betriebssystems IBM OS/360 und weiterer Softwaresysteme über mehrere Releases zurück. Diese Untersuchungen begannen in den siebziger Jahren und sind mehrfach weiterentwickelt und erweitert worden.[361]

Grundlage war eine Unterscheidung zwischen verschiedenen Softwaretypen. Bei einem „E-Type"-Programm handelt es sich um ein Programm, das per Definition nicht bereits während der Entwicklung komplett spezifiziert sein kann. Die Spezi-fikation entwickelt sich vielmehr während der Nutzung des Programms. Die „E-Type"-Programme werden dadurch von „S-Type"-Programmen abgegrenzt, deren Spezifikation keine Notwendigkeit einer Anpassung entstehen lässt. Ein Beispiel hierfür ist ein Programm, das lediglich eine definierte und mathematisch überprüf-bare Berechnung durchführt und somit über eine vollständige, mathematisch über-prüfbare Spezifikation verfügt.[362]

---

[356] Vgl. hierzu Scacchi (2006), S. 194-197. Die in dieser Arbeit genutzte Auslegung hinsichtlich der Betrachtung nur einer Software über einen Zeitraum findet sich bspw. auch in Fernandez-Ramil et al. (2008).
[357] Lehman und Ramil (2001), S. 281.
[358] Vgl. Mens (2008), S. Xf.
[359] Vgl. Lehman (1980).
[360] Wengleich es sich somit nicht um Gesetze im eigentlichen Sinne handelt, werden diese auf-grund des etablierten Begriffes im Folgenden als Gesetze bezeichnet.
[361] Vgl. bspw. Lehman et al. (1997), Lehman und Ramil (2001), Lehman und Ramil (2002).
[362] Vgl. Lehman und Ramil (2002), S. 278f.

Der Entwicklungsdynamik von „E-Type"-Programmen liegt zugrunde, dass der Prozess von Softwareentwicklung und -weiterentwicklung als Feedbacksystem angesehen werden kann.[363] Lehman und Ramil nutzen hierbei die in den vorigen Abschnitten dargestellte Unterscheidung in Softwareentwicklung und Softwarebetrieb und verweisen darauf, dass es sich jeweils um Feedbacksysteme handelt. Sie sehen auch den Anwendungsbereich der Software als im Zeitverlauf nicht zwangsläufig fix an; er kann somit auch einer Evolution unterliegen.[364] Im Rahmen der Evolution als Teil der Systemwartung stellt jede neue Softwareversion eine Stufe wie auch ein Ergebnis eines Evolutionsprozesses dar.[365]

Die von Lehman et al. vorgeschlagenen Gesetze der Softwareevolution sind in Tabelle 2 dargestellt.

No.	Brief Name	Law
1	Continuing Change	E-type systems must be continually adapted else they become progressively less satisfactory.
2	Increasing complexity	As an E-type system evolves its complexity increases unless work is done to maintain or reduce it.
3	Self regulation	E-type system evolution process is self regulating with distribution of product and process measures close to normal.
4	Conservation of Organizational Stability (invariant work rate)	The average effective global activity rate in an evolving E-Type system is invariant over product lifetime.
5	Conservation of Familiarity	As an E-type system evolves all associated with it, developers, sales personnel, users, for example, must maintain mastery of its content and behavior [...] to achieve satisfactory evolution. Excessive growth diminishes that mastery. Hence the average incremental growth remains invariant as the system evolves.
6	Continuing Growth	The functional content of E-type systems must be continually increased to maintain user satisfaction over their lifetime.
7	Declining Quality	The quality of E-type systems will appear to be declining unless they are rigorously maintained and adapted to operational environment changes.
8	Feedback System	E-type evolution processes constitute multi-level, multi-loop, multi-agent feedback systems and must be treated as such to achieve significant improvement over any reasonable base.

Tabelle 2: „Laws of Software Evolution" nach Lehman et al. (1997)[366]

Sechs der acht oben dargestellten Gesetze konnten im Rahmen der Studien FEAST/1 und FEAST/2[367] anhand der Untersuchung von sechs Softwaresystemen

---

[363] Vgl. Ibid., S. 277.
[364] Vgl. Ibid., S. 281-284.
[365] Vgl. Ibid., S. 290f.
[366] Lehman et al. (1997), S. 29. Angepasste Darstellung.
[367] Siehe [http://www.doc.ic.ac.uk/~mml/feast].

empirisch nachvollzogen werden. Das Gesetz Nr. 7 („Declining Quality") konnte mangels eines geeigneten Tests nicht überprüft werden; es gilt jedoch weiterhin als nicht widerlegt. Lediglich das Gesetz Nr. 4 („Conservation of Organizational Stability") konnte im Rahmen der Studien nicht nachvollzogen werden; es wurde daher angepasst und behält dann Gültigkeit, wenn eine begrenzte Zeitspanne betrachtet wird.[368]

Wenngleich die von Lehman vorgeschlagenen Gesetze auf der Untersuchung proprietärer Software basieren, sind sie relevant für die Untersuchung der vorliegenden Arbeit. So geht die Annahme, dass eine OSS nicht ausschließlich im Unternehmen, sondern auch im OSS-Projekt weiter evolviert, davon aus, dass es zu einer anhaltenden Änderung von Software (1. Gesetz) kommt. Ein weiterer Bezug liegt bei Gesetz Nr. 8 („Feedback System") vor. Insbesondere wenn bei OSS eine Weitergabe von Quelltext an das OSS-Projekt erfolgt, kann ein noch umfangreicheres Feedbacksystem vorliegen, als dies bei proprietärer Software der Fall ist.

Boehm merkt hinsichtlich der Evolution von proprietärer Software an, dass eine durch den Anbieter einer Software gesteuerte Evolution außerhalb des Anwenderunternehmens die Planung der Weiterentwicklung der Software im Anwenderunternehmen behindern kann, wenngleich im Fall proprietärer Software eine Verbesserung der Stabilität der Software durch das Anwenderunternehmen mangels Zugriff auf den Quelltext nicht möglich ist.[369]

Eine Übersicht über weitere Untersuchungen der Softwareevolution anhand proprietärer Software steht bspw. in Kemerer und Slaughter (1999)[370] und Scacchi (2006)[371] zur Verfügung. Oft wird in diesen Untersuchungen der Bezug zu den ursprünglich auf Lehman und Beladi zurückgehenden Gesetzen der Softwareevolution hergestellt.

Parallelen zu den häufigen Releases im Bereich der OSS-Entwicklung sind in der Untersuchung der Softwareevolution durch Cusumano und Yoffie (1999) zu erkennen. Sie untersuchen die Weiterentwicklung der Internetbrowser von Netscape und Microsoft und fokussieren nicht auf eine Überprüfung der Gesetze der Softwareevolution, sondern auf die Untersuchung des von ihnen *synchronize and stabilize process* genannten Weiterentwicklungsprozesses, der bei beiden Anwendungen genutzt wurde. Sie stellen als kennzeichnend für diesen Prozess heraus, das eine flexible funktionale Spezifikation mit mehreren Releases (Alpha- und Betaversionen) vor der Freigabe kombiniert wird, um eine schnelle Anpassung an Anforderungsänderungen zu ermöglichen. Die Erstellung täglich neuer Versionen

---

[368] Vgl. Lehman und Ramil (2002), S. 292.
[369] Vgl. Boehm (2006), S. 20.
[370] Vgl. Kemerer und Slaughter (1999), S. 494-496.
[371] Vgl. Scacchi (2006), S. 182-184.

(Builds) ermöglicht eine ständige Einführung von neuen Komponenten und Änderungen.[372]

3.2.3 Untersuchung von OSS

Die freie Verfügbarkeit des Quelltextes von OSS bietet die Möglichkeit, auch ohne explizite Unterstützung des „Herstellers" der Software, OSS-Systeme hinsichtlich ihrer Evolution zu untersuchen. Die Untersuchungen können dabei neben dem Quelltext weitere oft öffentlich verfügbare Artefakte wie bspw. die Änderungshistorie des Quelltextes in einem Versionsverwaltungssystem[373] einbeziehen. Zudem können als weitere Datenquellen u. a. die Mailinglisten von OSS-Projekten genutzt werden, die Aufschluss über den Änderungen des Quelltextes zugrunde liegende Entscheidungsprozesse geben können.

Vergleiche der Evolution mehrerer OSS werden zudem durch Portale unterstützt, die eine Plattform für eine Vielzahl von OSS-Projekten bieten. Beispiele für diese auch als OSS-Intermediäre[374] bezeichneten Plattformen sind u. a. SourceForge.net[375], GNU Savannah[376] und das vom Fraunhofer-Institut für Offene Kommunikationssysteme (FOKUS) betriebene BerliOS[377]. Verschiedene Projekte haben es sich zum Ziel gesetzt, die Erforschung von OSS mittels der Bereitstellung von Daten und Auswertungen zu unterstützen. Ein Beispiel hierfür ist FLOSSmole[378], ein Projekt, das u. a. Datensammlungen zu den Plattformen GNU Savannah und Freecode[379], aber auch zum Debian-Projekt anbietet.[380]

Hieraus resultiert eine vergleichsweise einfache Auswertbarkeit von OSS-Projekten, die es beispielsweise ermöglicht, anhand dieser Daten zu überprüfen, ob die von Lehman vorgeschlagenen Gesetze der Softwareevolution auch für OSS nachvollziehbar sind.[381]

Eine Vielzahl von OSS wurde bereits hinsichtlich der Evolution untersucht; allein der Linux-Kernel und seine Subsysteme stellten bereits mehrfach den Gegenstand von Untersuchungen hinsichtlich der Evolution dar. Scacchi (2006) zeigt anhand eines Überblicks auf, dass das Wachstum von OSS u. a. von dem Vorhandensein einer kritischen Masse von Entwicklern abhängt und es bei OSS-Projekten zu superlinearem oder sublinearem Wachstum kommen kann. Dies widerspricht der von

---

[372] Vgl. Cusumano und Yoffie (1999).
[373] Vgl. Abschnitt 2.2.4.
[374] Vgl. Brügge et al. (2004), S. 56.
[375] Siehe [http://www.sourceforge.net].
[376] Siehe [http://savannah.gnu.org].
[377] Siehe [http://www.berlios.de].
[378] Siehe [http://flossmole.org].
[379] Siehe [http://freecode.com].
[380] Vgl. [http://flossmole.org/collection_details].
[381] Vgl. Mens (2008), S. 8.

Lehman ermittelten linearen Entwicklung von Software im Verlauf mehrerer Releases. Im Fall des Linux-Kernels wurde ein superlineares Wachstum beobachtet[382], andere OSS hingegen wiesen ein sublineares Wachstum auf.[383]

Die von Lehman et al. aufgestellten Gesetze der Softwareevolution können demzufolge nicht einfach auf den Bereich der OSS übertragen werden. Eine Begründung hierfür kann der besondere Entwicklungsansatz von OSS mit einer (insbesondere bei großen OSS) weltweit verteilten Entwicklung darstellen, die üblicherweise nicht unter einer zentralen Steuerung mit klaren Ressourcenbeschränkungen und Zeit- bzw. Releaseplänen erfolgt. Auch die Untersuchung empirischer Studien der Evolution von OSS durch Fernandez-Ramil et. al. zeigt, dass die Evolution von OSS nicht ausreichend mit den aus der Untersuchung proprietärer Systeme abgeleiteten „Gesetzen" von Lehman et al. erklärt werden kann.[384] Es ist somit angebracht, die Gesetze der Softwareevolution aufgrund dieser Beobachtungen eingehend zu überprüfen und ggf. Anpassungen an ihnen vorzunehmen.

Verschiedene andere Veröffentlichungen widmen sich anderen Aspekten der Evolution von OSS. Die gleichzeitige Evolution von OSS-Modulen im OSS-Projekt und in einem Unternehmen, das Software entwickelt, beschreiben Spinnelis und Szyperski (2004) anhand der Verwendung von OSS-Komponenten. Wenngleich sie als Vorteile die aufgrund der Verfügbarkeit des Quelltextes geringere Problematik nicht weiter gepflegter Software anführen, so überwiegen dennoch die Hinweise auf mögliche Probleme. Diese entstehen, wenn Anpassungen zugleich im OSS-Projekt wie auch im Unternehmen durchgeführt werden. Sie führen dabei auch an, dass aufgrund der Dynamik der OSS-Entwicklung sogar eine Nutzung von APIs problematisch sein kann, da diese aufgrund mangelnden finanziellen Drucks zu jeder Zeit geändert werden können.[385] Sie führen aus, dass im Fall einer Wiederverwendung von OSS deren Softwareentwicklungsprozess inklusive der Verfolgung von Fehlern und Releases in den internen Entwicklungsprozess eingebunden werden muss[386], geben jedoch keine Hinweise, wie mit diesen potenziellen Problemen umgegangen werden soll.

Die Evolution der Modularität einer OSS untersuchen Milev et al. (2009). Ihre Ergebnisse geben Hinweise darauf, dass die Modularität einer OSS im Zeitverlauf zunimmt. Eine Reduktion der Modularität ist bei dem Applikationsserver Tomcat des Apache-Projekts dieser Untersuchung zufolge in den Jahren 1999 bis 2008 nur dann festzustellen gewesen, wenn umfangreiche Änderungen an der Architektur

---

[382] Vgl. Godfrey und Tu (2000).
[383] Vgl. Scacchi (2006), S. 193f.
[384] Vgl. Fernandez-Ramil et al. (2008).
[385] Vgl. Spinnelis und Szyperski (2004), S. 29f.
[386] Vgl. Ibid., S. 32.

vorgenommen worden sind. In Anschluss an diese Änderungen ist jedoch wiederum jeweils ein Anstieg der Modularität zu verzeichnen gewesen.[387]

Neben den zuvor dargestellten Untersuchungen von OSS gibt es eine große Zahl von Arbeiten, die gezielt Spezifika der OSS-Entwicklung untersuchen. Exemplarisch genannt, aber im Folgenden nicht weiter betrachtet, seien hier

- die im Rahmen des Doktorandenkolloquiums der Konferenz Open Source Systems 2010 in Notre Dame/Indiana vorgestellten Arbeiten von Izquierdo-Cortazar (2010) und van Antwerp (2010), die Auswirkungen der Abwanderung von Entwicklern auf die OSS-Entwicklung bzw. die Evolution der Netzwerkstruktur von OSS-Projekten im Zeitverlauf untersuchen,
- die Untersuchung mehrerer miteinander in Verbindung stehender OSS-Communitys von Weiss und Moroiu (2008), die anhand der im Rahmen des Apache-Projekts existierenden Communitys deren gemeinsame Evolution untersucht und
- die Untersuchung der Koevolution von OSS und dem jeweils zugehörigen Projekt anhand mehrerer OSS-Projekte in Ye et al. (2005).

---

[387] Vgl. Milev et al. (2009).

4. Untersuchung der internen Anpassung von OSS in einem Praxisprojekt

Wie zuvor dargestellt, kann die Anpassung von Software in Unternehmen als eine Abfolge von Wartungsarbeiten angesehen werden. Im Gegensatz zur Anpassung einer Individualentwicklung erfolgt im Fall der Anpassung einer OSS jedoch zusätzlich zur internen Anpassung eine Weiterentwicklung der OSS durch das OSS-Projekt. Die Beschränkung der zuvor dargestellten Untersuchungen der Entwicklung von OSS auf die Betrachtung der Entwicklung im OSS-Projekt lässt offen, welche Auswirkungen die Anpassung von OSS in Unternehmen hat und wie Unternehmen diese Auswirkungen handhaben.

In diesem Kapitel erfolgt die Darstellung der Untersuchung eines Praxisprojektes, in dem eine OSS unternehmensintern angepasst wurde. Im Rahmen dieser Untersuchung wurde der in Abschnitt 1.4 allgemein und im Kontext der Wirtschaftsinformatik vorgestellte Ansatz der Aktionsforschung genutzt, der es ermöglicht, einen umfangreichen Einblick in die Anpassungen der OSS im Unternehmen und die aus der gleichzeitigen Weiterentwicklung entstehenden Besonderheiten zu erhalten. Die Aktionsforschung wird im Bereich der Systementwicklung als Brücke der sozialwissenschaftlichen Forschung und der technischen Komponente im Bereich der Wirtschaftsinformatik angesehen.[388]

Im Rahmen der Untersuchung des Praxisprojektes wurde die Softwarenutzung, -weiterentwicklung und -wartung einer OSS in einem Unternehmen über mehrere Nutzungs- und Updatephasen begleitet. Dies folgt dem iterativen Prozess der Aktionsforschung, der neben der wiederholten Beobachtung von Besonderheiten aufgrund der gleichzeitigen internen und externen Entwicklung auch in späteren Iterationen weitere relevante Beobachtungen erbrachte.

4.1 Vorstellung des Projektes

Bei der dem untersuchten Projekt zugrunde liegenden OSS handelt es sich um Pligg[389], einem webbasierten OSS-Contentmanagementsystem (CMS) mit speziellem Einsatzzweck. Die durch ein CMS zur Verfügung gestellte Möglichkeit der gemeinschaftlichen Erstellung und Bearbeitung von Inhalten[390] wird dabei um einige typische Web-2.0-Funktionen ergänzt.

---

[388] Vgl. Burstein und Gregor (1999).
[389] Siehe [http://www.pligg.com].
[390] Vgl. Alpar et al. (2011), S. 397f.

„Der Begriff Web 2.0 kennzeichnet Anwendungen, die das World Wide Web als technische Plattform nutzen, auf der die Programme und die benutzergenerierten Inhalte zur Verfügung gestellt werden. Die gemeinsame Nutzung der Inhalte und gegenseitige Bezüge begründen Beziehungen zwischen den Benutzern." [391]

Programme und Daten werden bei der Nutzung von Pligg auf der Webplattform vorgehalten; folglich kann auch bei einer hohen Zahl von Updates die jeweils aktuelle Version der OSS stets allen Nutzern zur Verfügung stehen. Beispiele typischer Web 2.0-Funktionen, die in Pligg umgesetzt worden sind, sind die Nutzung von Stichworten (Tags) zur Einordnung von Inhalten inklusive einer sog. Tag-Cloud[392], die Möglichkeit, Inhalte zu kommentieren sowie die Möglichkeit des Abonnierens von Inhalten per Really Simple Syndication (RSS[393]).

Die Entwicklung des Pligg CMS wurde im Jahr 2005 gestartet. Sie hat zur Gründung der Pligg LLC geführt, einem Startup, das von den Kernentwicklern des Pligg CMS geführt wird.

Das Pligg CMS ermöglicht es Nutzern, Nachrichten einzureichen, die in einer Warteschlange platziert werden. Die Nachricht ist dabei in der Regel eine kurze Referenz zu einer anderen Website. Wenn andere Nutzer die Nachricht interessant finden, können sie für diese stimmen und sie kommentieren. Die Applikation ist somit in den Bereich der Social News[394] (SN) einzuordnen. Nachrichten, die eine Gesamtbewertung über einem festgelegten Limit erhalten, werden als Top-Nachricht auf der Hauptseite der Website angezeigt und erfahren so eine erhöhte Aufmerksamkeit. Andere Artikel werden an anderer Stelle in einer Warteschlange dargestellt. Ein Beispiel für eine SN-Website zeigt Abbildung 8 auf der folgenden Seite.

---

[391] Alpar et al. (2007), S. 3.

[392] Eine Tag-Cloud stellt die am häufigsten genutzten Stichwörter in einer geeigneten visuellen Form dar. Dabei wird die Häufigkeit der Stichwörter oft durch eine Formatierung in unterschiedlichen Textgrößen abgebildet; dies ist auch bei Pligg der Fall.

[393] Die Bedeutung des Akronyms ist im Verlauf der Weiterentwicklung von RSS verändert worden. Ältere Bedeutungen sind RDF Site Summary und Rich Site Summary. Vgl. [http://www.rssboard.org/rss-0-9-0], [http://www.rssboard.org/rss-0-9-1-netscape].

[394] Vgl. Goode (2009).

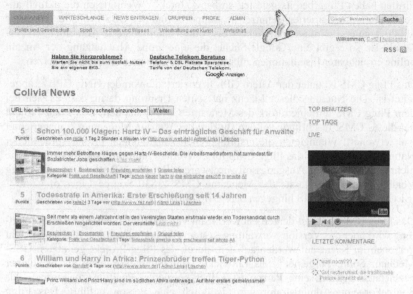

Abbildung 8: Screenshot der SN-Website Colivia.de

Stimmen müssen dabei nicht unbedingt gleich gewichtet sein. Ihr Gewicht kann von der vorherigen Aktivität des Benutzers abhängig sein, der die Stimme abgibt. Die exakte Berechnung der Gewichte wird üblicherweise nicht veröffentlicht. Das gleiche gilt für die Berechnung einer Reputationsbewertung für jeden Benutzer. Benutzer erhalten Punkte für ihre Aktivität und evtl. die Stimmen, die von ihnen eingereichte Nachrichten erhalten. Die daraus ermittelte Kennzahl wird oft als „Karma" bezeichnet; es gibt zum Teil die Reputation des Nutzers in der Community wieder. Die Darstellung einer Topnutzerliste kann Nutzer dazu motivieren, sich möglichst stark zu beteiligen und ihren Karmawert zu steigern.

Die bekannteste SN-Website ist vermutlich Digg[395]. Diese Seite basiert nicht auf dem Pligg CMS; verschiedene Funktionalitäten von Pligg wie bspw. Schlagworte und Tag-Clouds wurden erst später auch in Digg integriert oder sind bis heute kein Bestandteil des Angebots. Das Pligg CMS wird für sehr unterschiedliche Angebote eingesetzt, ein Beispiel stellt dabei Dealigg[396] dar, ein als „Social Bargain Hunting" bezeichnetes Angebot, bei dem Nutzer Verweise auf interessante Sonderangebote und Coupons einreichen. Pligg wird weltweit eingesetzt. Auch große

---

[395] Siehe [http://www.digg.com].
[396] Siehe [http://www.dealigg.com].

Firmen haben Pligg bereits getestet, so bspw. Intel[397]. Wenngleich die aktuell angezeigte Zahl registrierter Benutzer im Supportforum des OSS-Projektes von über 38000 hoch erscheint und möglicherweise durch automatisierte Anmeldungen verfälscht ist, so ergibt eine Google-Suche, die eine grobe Abschätzung der Anzahl online erreichbarer Installationen zulässt[398], 1190 Websites, die Pligg einsetzen.

Das Pligg CMS ist unter der Affero GPL lizenziert, die von der GNU GPL[399] abgeleitet ist. Die Nutzung dieser Lizenz hat seinen Ursprung darin, dass es sich bei dem Pligg CMS um einen Fork des Menéame CMS[400] handelt. Das Pligg-Projekt hat dieses CMS, das primär auf den Betrieb der Website Menéame[401] ausgerichtet war, erweitert. Wenngleich die ursprünglichen Anpassungen primär sprachlicher Natur waren[402], wurde das Pligg CMS im Zeitverlauf um Funktionen erweitert, die nicht Bestandteil der Ausgangssoftware waren. Bei Veröffentlichung von Pligg Version Beta 9.1 umfasste das Menéame CMS 13830 Source Lines of Code[403] (SLOC), das Pligg CMS hingegen bereits 40725 SLOC.

Das Pligg CMS umfasst derzeit ein Kernteam von acht Personen. Die Codeverwaltung wird über das Versionsverwaltungssystem SVN durchgeführt. Sieben der acht Personen im Kernteam werden auf dem durch das Pligg-Projekt genutzten OSS-Mediator SourceForge.net[404] als Entwickler (auf SourceForge.net als Developer bezeichnet) geführt, eine Person ist keiner speziellen Position zugeordnet. Als SourceForge.net-Administrator wird lediglich eine Person geführt. Das Pligg CMS-Projekt verfügt neben der Präsenz auf SourceForge.net über ein öffentliches Diskussionsforum[405] und einen Weblog[406].

---

[397] Diese Installation stand unter [http://software.intel.com/sites/coolsw/] zur Verfügung.

[398] Hierbei wurde eine Suche unter www.google.com mit den Optionen „Powered by Pligg" (Teil des Footers auf jeder Seite einer Pligg-Installation, soweit nicht entfernt), inurl:advancedsearch (erweiterte Suchseite) und -inurl:return (ausschließen von Treffern, die lediglich auf die erweiterte Suchseite zurückverweisen) durchgeführt. Abfrage vom 09.01.2012.

[399] Vgl. Abschnitt 2.3.1.

[400] Das Menéame CMS ist Grundlage der SN-Website Menéame [http://www.meneame.net]; der aktuelle Quelltext ist unter [http://websvn.meneame.net] einzusehen.

[401] Siehe [http://www.meneame.net].

[402] Das Menéame CMS stand lediglich in Spanisch zur Verfügung; die einfache Nutzung für eigene Projekte war daher trotz der Verfügbarkeit als OSS für internationale Nutzer eingeschränkt.

[403] SLOC stehen für die Größe eines Softwareproduktes, dies anhand der Anzahl Zeilen des Quelltextes ermittelt wird. Da beide CMS in PHP programmiert worden sind, können die SLOC als eine brauchbare Vergleichsmetrik angesehen werden. Da SLOC u. U. auch leere Zeilen sowie Kommentarzeilen einbeziehen sowie die Programmierstile hinsichtlich der Zeilenumbrüche in Softwareprojekten unterschiedlich sein können, ist ein Vergleich jedoch nicht zwangsläufig sehr genau.

[404] Vgl. Abschnitt 2.1.3 sowie 3.2.3.

[405] Siehe [http://forums.pligg.com].

[406] Siehe [http://www.pligg.com/blog].

Das Pligg CMS ist in der Programmiersprache PHP[407] geschrieben. PHP steht wie das Pligg CMS als OSS zur Verfügung; die in Abschnitt 2.1 dargestellte LAMP-Umgebung stellt die empfohlene Umgebung für den Betrieb des Pligg CMS dar.

Wie aus Tabelle 3 ersichtlich, trifft die OSS-Charakteristik fortwährender Änderungen durch das OSS-Projekt in hohem Maße auf das untersuchte OSS-System zu; folglich sind die andauernden Änderungen eine geeignete Grundlage, die Nutzung von OSS in Unternehmen hinsichtlich aus der gleichzeitigen internen und externen Entwicklung resultierenden Besonderheiten hin zu untersuchen.

Version	Datum der Veröffentlichung	Version	Datum der Veröffentlichung
Pligg Beta 4	29.12.2005	Pligg Beta 9.8.1	18.09.2007
Pligg Beta 5	29.12.2005[408]	Pligg Beta 9.8.2	01.10.2007
Pligg Beta 6 PR1	17.02.2006	Pligg Beta 9.9.0	01.01.2008
Pligg Beta 6.01	18.02.2006	Pligg Beta 9.9.5	31.07.2008
Pligg Beta 7	17.03.2006	Pligg 1.0.0 RC1	30.01.2009
Pligg Beta 7.1	28.04.2006	Pligg 1.0.0 RC1b	30.01.2009
Pligg Beta 7.2	19.05.2006	Pligg 1.0.0 RC2	19.02.2009
Pligg Beta 8	07.10.2006	Pligg 1.0.0 RC3	23.03.2009
Pligg Beta 8.1.0	08.10.2006	Pligg 1.0.0 RC4	30.03.2009
Pligg Beta 8.2.0	17.10.2006	Pligg 1.0.0 RC5	14.05.2009
Pligg Beta 9.0	17.12.2006	Pligg CMS 1.0.0	16.06.2009
Pligg Beta 9.1	18.02.2007	Pligg CMS 1.0.1	14.08.2009
Pligg Beta 9.5	29.04.2007	Pligg CMS 1.0.2	09.11.2009
Pligg Beta 9.6	28.05.2007	Pligg CMS 1.0.3	30.11.2009
Pligg Beta 9.7	09.07.2007	Pligg CMS 1.0.3b	02.12.2009
Pligg Beta 9.8	08.09.2007	Pligg CMS 1.0.4	07.04.2010

Tabelle 3: Versionshistorie von Pligg[409]

Die Pligg-Instanz, deren Entwicklung untersucht worden ist, wurde als Fall in 2006 ausgewählt. Sie ist unter http://www.colivia.de erreichbar.

Pligg wurde dabei als nicht gewinnorientiertes Projekt in einem kleinen Unternehmen eingeführt und angepasst. Die Entscheidung, auf ein existierendes System aufzusetzen, resultierte aus dem geringen Umfang an Projektteilnehmern im Un-

---

[407] Siehe [http://www.php.net]. Vgl. auch Abschnitt 2.1.
[408] Pligg Beta 4 und Beta 5 wurden am gleichen Tag veröffentlicht.
[409] Stand 13.07.2010, vgl. [http://forums.pligg.com/current-version/].

ternehmen[410] sowie dem Wunsch, möglichst zeitnah mit dem System arbeiten zu können. Es wurde bereits früh entschieden, weitere Anforderungen an das System im Anschluss an die Einführung, d. h. während der Nutzungsphase, umzusetzen. Wenngleich dies im Bereich der in Abschnitt 3.1.1 dargestellten traditionellen Systementwicklung mittels Vorgehensmodellen wie dem Wasserfallmodell als unbedingt zu vermeiden angesehen werden würde, stellen im Bereich webbasierter Systeme dynamische Anforderungen wie auch die Forderung nach einer möglichst kurzen Zeit bis zur Nutzbarkeit durch Endnutzer (Time-to-market) ein Merkmal vieler Systeme dar.[411] Bekannte Beispiele stellen verschiedene Produkte des Unternehmens Google dar, die bereits früh Nutzern zur Verfügung gestellt und explizit als Betaversion bezeichnet werden.[412]

Ein solcher von der traditionellen Produktentwicklung abweichender, sehr dynamischer Entwicklungsverlauf, der sehr früh eine lauffähige Version eines Programms für Nutzer verfügbar macht und dann iterativ und dynamisch die Software den Anforderungen der Nutzer und des Marktes anpasst, kann sich als vorteilhaft erweisen. MacCormack et al. führten bereits 2001 eine Untersuchung durch, die am Beispiel der Entwicklung von Software im Internetbereich eine Vorteilhaftigkeit eines solchen Entwicklungsansatzes belegt.[413]

Aufgrund der bei Einführung noch nicht vollständig bekannten Anforderungsspezifikation wurde die Nutzung einer OSS aufgrund der uneingeschränkten Anpassbarkeit als sinnvoll angesehen. Um das Ziel einer schnellen Produkteinführung bei einem kleinen Projektteam optimal umsetzen zu können, wurden anhand des geplanten speziellen Einsatzzwecks der Software mehrere OSS-Systeme hinsichtlich ihrer Eignung überprüft; die Untersuchung bezog dabei mehrere Systeme ein, die als mögliche Grundlage angesehen wurden und über eine große Nutzerzahl verfügten.[414] Neben dem Pligg CMS sind Typo3[415], Ruby on Rails[416] und Wordpress[417] in den Entscheidungsprozess einbezogen worden. Hierzu wurden die in der Norm ISO/IEC 9126 enthaltenen Software-Qualitätsmerkmale *Funktionalität, Zuverlässigkeit, Benutzbarkeit, Effizienz, Änderbarkeit und Überprüfbarkeit* herangezogen. Die Merkmale *Funktionalität, Benutzbarkeit* und *Änderbarkeit* wurden als beson-

---

[410] Eine kleine Teamgröße ist im Bereich der Softwaretechnik nicht automatisch als schlecht anzusehen. So bezeichnet bspw. Balzert eine Teamgröße von 3-4 Personen als sinnvoll, um Schwächen insbesondere hinsichtlich des Kommunikationsaufwands zu vermeiden. Vgl. Balzert (2008), S. 84.

[411] Vgl. Coldewey (2002), S. 237f.

[412] Vgl. Koch und Richter (2007), S. 19f.

[413] Vgl. MacCormack et al. (2001), S. 144ff.

[414] Eine ähnliche Vorgehensweise nutzen Hang et al. (2005), S. 229f.

[415] Siehe [http://typo3.org].

[416] Siehe [http://rubyonrails.org].

[417] Siehe [http://wordpress.org].

ders wichtig zur Beurteilung von Umfang und Aufwand der Anpassungen angesehen.

Zusätzlich wurden zur Bewertung des OSS-Projektes die in Abschnitt 2.2.4 dargestellten Kommunikationskanäle überprüft. Aufgrund der Fokussierung der Untersuchung auf den Nutzungs- und Anpassungsprozess wird die Darstellung im Folgenden auf eine Zusammenfassung der Beurteilung des Pligg CMS reduziert; eine komplette Darstellung des Auswahlprozesses ist nicht Teil dieser Arbeit. Es sei jedoch auf die in Abschnitt 2.4.3 dargestellte Bewertung der Softwarequalität von OSS verwiesen.

Im Fall von Pligg wurde insbesondere das Forum des OSS-Projektes als potenzielle Quelle offizieller wie auch inoffizieller Verbesserungen und Bugfixes des Systems identifiziert. Wenngleich das Forum eine umfangreiche Community repräsentiert, zu der auch das Kernteam des OSS-Projektes gezählt werden konnte, wurde ein Feedback durch das Kernteam an nicht zum Kernteam gehörende Programmierer als gering eingeschätzt.

Die Überprüfung von Quelltext und Datenbankaufbau des Pligg CMS zeigte Schwachstellen auf, die als potenziell problematisch angesehen wurden.

Zu nennen sind beispielsweise:

- Keine umfangreiche Kommentierung des Quelltextes,
- kein dokumentiertes API vorhanden,
- keine durchgängige Nutzung von Sprachvariablen in den Templates des CMS,
- das Finden einer Sicherheitslücke im Pligg CMS bereits nach einer Codeinspektion geringen Umfangs[418],
- nicht einheitlich definierte Datentypen beispielsweise für die Nutzer-IDs (siehe Abbildung 9 auf der folgenden Seite) sowie
- „To-Do"-Abschnitte finden sich als Anmerkung (auskommentiert) im Quelltext, wie in Abbildung 10 auf der folgenden Seite exemplarisch dargestellt.

---

[418] Eine Darstellung der Sicherheitslücke und ihrer Behebung erfolgt in Abschnitt 4.3.2.

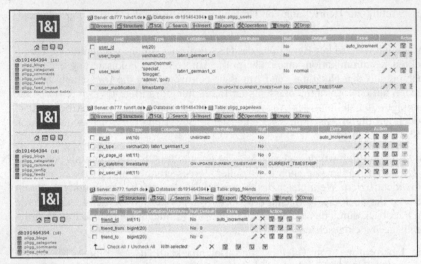

Abbildung 9:   Nicht einheitlich definierte Datentypen für User-IDs (user_id, pv_user_id, friend_id)

```php
<?php
//savant: I do not want to break this code, so using an array to send the data to smarty.
include_once('Smarty.class.php');
$smarty = new Smarty;

include('config.php');
include(mnminclude.'html.php');
include(mnminclude.'ts.php');
include(mnminclude.'link.php');
include(mnminclude.'tags.php');
$main_smarty = $smarty;
include(mnminclude.'smartyvariables.php');
$smarty = $main_smarty;

// Steef: Templated linkadmin
// To do: $my_pligg_base line 20 isn't working
/*
  echo '<html>';
  $main_smarty->display($the_template . '/head.tpl');
  echo '<body><div id="wrap"><div id="header">';
  $main_smarty->display($the_template . '/header.tpl');
  echo '</div><div id="content-wrap"><div id="sidebar">';
  $main_smarty->display($the_template . '/sidebar.tpl');
  echo '</div><div id="contentbox"><div id="breadcrumb"><a href="' . $my_pligg_base . '/">' . $server_name . '
  </a> &#187; <a href="' . $my_pligg_base . '/admin_index.php">Admin Panel</a> &#187; Modify Language</div>';
  echo '<div id="inside"><div id="contents"><fieldset><legend>Modify Language</legend><br />';
*/
// --------------------------------------------------------------------------------
```

Abbildung 10: „To-Do"-Abschnitte im Quelltext[419]

---

[419] Ausschnitt aus der Datei /admin_modifylanguage.php in Release Beta 9.0 des Pligg CMS.

Wenngleich das Pligg CMS somit verschiedene Schwachstellen aufwies, ergab der Vergleich mit den weiteren Alternativen, dass diese einen weitaus höheren Anpassungsaufwand zur Implementierung zentraler Funktionen einer SN-Website verursachen würden. Beispiele benötigter, aber in den Alternativen nicht enthaltener, Funktionalitäten sind Abstimmungen für eingereichte Nachrichten sowie die Ermittlung einer „Karma"-Bewertung für Nutzer. Da dies eine Erhöhung der Zeit bis zur Verfügbarkeit einer ersten funktionsfähigen Version zur Folge gehabt hätte, wurde das Pligg CMS den weiteren OSS-Lösungen, die bereits länger verfügbar waren und über eine größere Nutzerzahl verfügten, vorgezogen.

4.2 Durchführung der Untersuchung

4.2.1 Ausgangslage

Wie im vorhergehenden Abschnitt dargestellt, erfolgte die Auswahl des zu untersuchenden Projektes im Jahr 2006. Zentral für die Begleitung des Projektes im Sinne der Aktionsforschung war hierbei, dass die Durchführung als Aktionsforschungsprojekt durch das Anwenderunternehmen unterstützt wurde.

Bei dem Anwenderunternehmen handelt es sich um ein kleines Unternehmen, das mit Hilfe von Projektteams unterschiedlicher Zusammensetzung u. a. Webprojekte realisiert. Das untersuchte Projekt hatte dabei nicht das Ziel, sofort Gewinn zu erzielen. Ziel des Unternehmens war vielmehr der Aufbau einer Nutzerbasis, mittels der zu einem späteren Zeitpunkt Einnahmen generiert werden können, sowie das Experimentieren mit Techniken im Kontext des Web 2.0. Diese Ausrichtung kam der Bereitschaft zur Durchführung des Aktionsforschungsprojektes zu Gute.

Die enge Kooperation im untersuchten Projekt erlaubte es, Einsicht in Änderungen zu gewinnen, die im Unternehmen umgesetzt wurden. Folglich konnten Besonderheiten ermittelt werden, die bei einer unternehmensinternen Anpassung von OSS auftreten; der Mitwirkungsaspekt der Aktionsforschung ermöglichte es zudem, den Umgang mit diesen Besonderheiten mitzugestalten. Um interne Anpassungen über einen möglichst langen Zeitraum beobachten zu können und eine klare Trennung zwischen internen Anpassungen und der externen Entwicklung im OSS-Projekt sicherzustellen, wurde entschieden, dass auf Feedback des Unternehmens an das OSS-Projekt verzichtet wird. Aufgrund der Beobachtung eines einzigen Projektes über einen relativ langen Zeitraum war es somit begrenzt möglich, ausgewählte Faktoren, wie bspw. die zugrunde liegende OSS, im Zeitverlauf konstant zu halten.[420]

Die Untersuchung der im Rahmen dieser Arbeit vorgestellten internen OSS-Anpassung wurde zudem dadurch begünstigt, dass es sich bei dem zugrunde liegenden OSS-Projekt um ein Projekt aus dem Bereich des Web Engineerings han-

---

[420] Eine ähnliche Vorgehensweise wählt beispielsweise Fitzgerald (2008).

delt. Projekte in diesem Bereich stellen eine gute Grundlage für die Erforschung von OSS-Anpassungen dar, da sie sich oft in einem sogenannten *perpetual beta*-Stadium befinden. Es handelt sich somit um eine fortwährende Betaversion; die Absicht, einen festen Status zu erreichen, besteht nicht. Die Projekte sind immer im Fluss. Viele Produkte in diesem Bereich sind als OSS verfügbar; die Projekte verfolgen oft den Ansatz "release early and often", der durch OSS zu Bekanntheit gelangt ist.[421]

Entsprechend dem Vorschlag von Checkland und Holwell (2007), der eine bessere Nachvollziehbarkeit der Aktionsforschung ermöglichen soll[422], ist der Darstellung der im Rahmen der Aktionsforschung durchlaufenen Iterationen in den.Abschnitten 4.3 und 4.4 die Darstellung von Planung und Durchführung der Aktionsforschung vorangestellt.

4.2.2 Planung

Den Beginn der Planung des Aktionsforschungsprojektes stellt die in Abschnitt 4.1 dargestellte Auswahlphase der genutzten OSS dar. Dieser Zeitpunkt war hinsichtlich der Datenerhebung gut geeignet, da es sich bei der als Ausgangspunkt genutzten Version des Pligg CMS um die Nachfolgerversion der in der Auswahlphase getesteten Version handelte. Es kam folglich zu keinem Datenverlust; die Beobachtung der Nutzung der OSS startete bereits mit der Installation der OSS.

Um das in Abschnitt 1.3 dargestellte Ziel einer Untersuchung der Anpassung von OSS in einem Anwenderunternehmen hinsichtlich Besonderheiten aufgrund der Anpassung des Quelltextes der OSS und deren Handhabung im Unternehmen umzusetzen, musste insbesondere eine Planung der Datensammlung erfolgen. Einleitend musste dabei geklärt werden, welche Daten für die Untersuchung relevant sind.

Als relevant identifiziert wurde dabei der Quelltext, der durch das OSS-Projekt als Release zur Verfügung gestellt wurde, der Quelltext der unternehmensinternen Version der OSS, der die unternehmensinternen Anpassungen enthielt sowie Quelltextanpassungen unternehmensexternen Ursprungs, die in die intern genutzte Version integriert wurden. Bei letzterem handelte es sich um Quelltext in unterschiedlichem Umfang, der zwischen zwei offiziellen Releases u. a. im Forum des OSS-Projektes gefunden und in den internen Quelltext aufgenommen wurde.

Im Rahmen der Datensammlung mussten die als relevant identifizierten Daten zur richtigen Zeit gesichert werden, um eine Nachvollziehbarkeit der Aktionsforschung sicherzustellen. Für die zuvor genannten Daten wurden daher Zeitpunkte für die Datensammlung festgelegt. Bei externen Releases durch das OSS-Projekt

---

[421] Vgl. Golden (2005), S. 19f.
[422] Vgl. Checkland und Holwell (2007), S. 8f.

wurde das Release jeweils zeitnah nach Veröffentlichung durch das OSS-Projekt gesichert. Der interne Quelltext wurde jeweils direkt vor dem Update auf ein neues externes Release gesichert, um die zu diesem Zeitpunkt vorhandenen Anpassungen des internen Quelltextes in vollem Umfang zu sichern. Wurden Anpassungen im Verlauf einer Iteration am internen Quelltext vorgenommen und in der gleichen Iteration wieder aus diesem entfernt, so mussten diese separat gesichert werden. Für diesen Fall war eine schriftliche Dokumentation des Vorgangs erforderlich. Zusätzlich zu dieser Dokumentation wurden verschiedene Inhalte des Diskussionsforums archiviert, um die Herkunft verschiedener Anpassungen dokumentieren zu können.

Neben der zuvor dargestellten Datensammlung wurden während der Durchführung der Updateprozesse, im Rahmen derer der interne Entwicklungszweig mit neuen externen Releases zusammengeführt wurde, Besonderheiten der Nutzung der OSS aufgezeichnet.

4.2.3 Durchführung

Die Durchführung des Aktionsforschungsprojektes in der vorliegenden Arbeit folgt der in Abbildung 3 auf Seite 8 dargestellten Aufteilung von Zuber-Skerrit (1993), die den Aktionsforschungsprozess in vier aufeinanderfolgende Subprozesse aufteilt: Planen, Handeln, Beobachten und Reflektieren.[423]

Anschließend an den im vorigen Abschnitt dargestellten Planungsprozess folgten die Subprozesse Handeln und Beobachten. Ausgangspunkt war hierbei die Einführung der Version Beta 9.0 des Pligg CMS als Ausgangsbasis für die geplanten internen Anpassungen. Während der Untersuchung wurden neun Iterationen durch ein neues offizielles Release der untersuchten OSS angestoßen. Eines der externen Releases wurde durch das Entwicklungsteam jedoch nicht in den internen Codezweig übernommen, weshalb acht Iterationen beobachtet werden konnten.

Handeln

Das Handeln stellte im Kontext der vorliegenden Arbeit die Umsetzung von Anpassungen am OSS-CMS durch den Autor dieser Arbeit dar. Diese waren nur zum Teil bereits zu Beginn der Nutzung des CMS vorgesehen. Die Anpassungen umfassten Fehlerbehebungen, die Modifikation bestehender Funktionalitäten des CMS sowie die Implementierung neuer Funktionalitäten. Die Änderungswünsche entstanden durch Feedback im Projektteam, sowie durch Nutzerfeedback und konnten auch zu einer Modifikation bestehender Anpassungen führen.

---

[423] Vgl. Zuber-Skerritt (1993), ebenso in Melrose (2001), S. 162.

Zudem wurde durch den Autor die Integration neuer Releases in den internen Entwicklungszweig des CMS umgesetzt. Dies umfasste im Fall von Änderungen einer Datei des neuen externen Release die Überprüfung, ob es auch intern zu Änderungen an dieser Datei gekommen war. War dies der Fall, musste eine manuelle Überprüfung hinsichtlich der Kompatibilität der internen und externen Anpassung durchgeführt werden.

Die starke Beteiligung des Autors am Handlungsteil der Aktionsforschung ist dabei als unproblematisch anzusehen, da die realisierten Anpassungen einer Spezifikation entstammten. Der Einfluss des Autors auf die erzeugten Artefakte war somit gering. Durch die direkte Beteiligung an der Erzeugung der Artefakte bestand im Rahmen der Untersuchung die Möglichkeit, direkt Lerneffekte zu erzielen. Das Testen erfolgte durch die Nutzer des CMS und andere Teammitglieder.

Beobachten

Die direkte Beteiligung des Autors stellte in der Beobachtungsphase eine korrekte Dokumentation der erzeugten Anpassungen und daraus entstehenden Besonderheiten sicher. Die Beobachtung schloss an den jeweiligen Handlungsteil an und zielte auf die Ermittlung technischer Interdependenzen sowie die Beobachtung der Verwaltung der Änderungen ab. Nicht Teil der Beobachtung waren hingegen soziale Aspekte; es fand somit keine „Arbeitsbeobachtung", sondern eine Ergebnisbeobachtung statt. Erfasst wurden relevante Ereignisse, die im Kontext der Nutzung und Anpassung der OSS standen; weiterhin erfolgte im Rahmen der Beobachtung die Archivierung relevanter Codeversionen und Codeänderungen.

Die Verwendung eines Versionsverwaltungssystems war im Rahmen der Untersuchung nicht notwendig, da für die Datenerhebung feste Stichzeiten festgelegt waren, lediglich eine überschaubare Anzahl von Anpassungen geplant war und das Projektteam durch geringe Teilnehmerzahl und regionalen Nähe der Teilnehmer zueinander gekennzeichnet war.

Reflexion

Die Archivierung des Quelltextes des internen Entwicklungszweiges vor einem Update sowie des das Update auslösenden externen OSS-Release ermöglichten es, die Reflexionsphase im Anschluss an ein Update, das durch ein neues externes Release angestoßen worden war, durchzuführen. In der Reflexionsphase wurden aus der Quelltextanpassung der OSS resultierende Besonderheiten ermittelt und mögliche Anpassungen des Vorgehens bei der Nutzung und Anpassung der OSS geprüft. Aufgrund der im Anschluss dargestellten Vorgehensweise bei der Ermittlung von Anpassungen entstand durch die Forschungsphase keine Störung des Projektes; die Informationssammlung orientiert sich somit, wie von Moser gefordert[424], an den Zielen und Absichten des eigentlichen Handlungsprozesses.

Ermittlung von Quelltextanpassungen

Die Ermittlung von Diskrepanzen zwischen unterschiedlichen internen Versionen der OSS, unterschiedlichen externen Versionen der OSS oder zwischen internen und externen Versionen der OSS konnte aufgrund der Archivierung des Quelltextes mittels geeigneter Software erfolgen. Die Ermittlung der Diskrepanzen konnte zu beliebigen Zeitpunkten durchgeführt werden; Änderungen konnten dadurch sofort softwaregestützt im Updateprozess ermittelt werden, Quelltextänderungen konnten jedoch auch bspw. für weitere Auswertungen Monate später ex post ermittelt werden.

Für die Ermittlung von Unterschieden in Softwareversionen stehen verschiedene Ansätze zur Verfügung, die in lexikalische, syntaktische und semantische Ansätze eingeteilt werden können. Zu Beginn des Aktionsforschungsprojektes musste vor diesem Hintergrund entschieden werden, welcher Ansatz im Forschungsprojekt eingesetzt werden sollte. Lexikalische (textbasierte) Änderungsextraktionsansätze können für alle Arten von Quelltext und Projekten genutzt werden. Sie unterscheiden nicht zwischen verschiedenen Arten von Änderungen wie bspw. zwischen Kommentaren im Programmcode und den eigentlichen Codeänderungen. Einige Ansätze nutzen Informationen aus den zuvor angesprochenen Versionsverwaltungssystemen; sie speichern Änderungen basierend auf einer Textanalyse, ohne aber weitere Informationen zur Verfügung zu stellen. Nachteile dieser Ansätze sind gemäß Fluri et al. (2007) das Fehlen von Informationen betreffend Granularität, Typ und Signifikanzlevel der Änderung.[425]

Neben den textbasierten Ansätzen stehen mit syntaktischen und semantischen Differenzierungstechniken[426] spezifischere Ansätze zur Verfügung, die versuchen, weitere die Änderungen betreffende Informationen zur Verfügung zu stellen. Einige Änderungsextraktionsansätze sind abhängig von der eingesetzten Programmiersprache oder allgemein auf klassenbasierte Programme beschränkt. Verschiedene Ansätze existieren beispielsweise für die Änderungsextraktion in Java-Projekten.[427]

Wenngleich die vorgenannten verbesserten Methoden existieren, wurde im Forschungsprojekt ein textbasierter Ansatz ausgewählt. Dieser stellt vor dem Hintergrund der Nutzung der Programmiersprache PHP, die den Skriptsprachen bzw.

---

[424] Vgl. Moser (1977), S. 63f.
[425] Vgl. Fluri et al. (2007), S. 740f.
[426] Vgl. bspw. Maletic und Collard (2004), Jackson und Ladd (1994).
[427] Vgl. Sager et al. (2006), Apiwattanapong et al. (2006).

Systemintegrationssprachen[428] zuzurechnen ist, einer nicht durchgängigen Objektorientierung sowie des vergleichsweise überschaubaren Umfangs des CMS eine angemessene Methode zur Extraktion von Änderungen dar. Dieser vergleichsweise einfache Ansatz ermöglichte es zudem, Änderungen der Templates zu verfolgen. Dies wäre mit einem exakt auf PHP zugeschnittenen Ansatz nicht durchführbar gewesen, da die im Pligg CMS genutzte Templateengine Template Lite zwar die Einbindung von PHP-Quelltext erlaubt, dabei aber eine von der PHP-Syntax abweichende Syntax zulässt.[429]

Die Änderungsvergleiche mittels textbasierter Änderungsextraktion in der vorliegenden Arbeit beschränkten sich somit nicht auf den PHP-Quelltext, der im Pligg CMS an der Dateiendung „.php" zu erkennen ist. Es wurden zudem auch Templatedateien des Pligg CMS, zu erkennen an der Dateiendung „.tpl", in die Untersuchung einbezogen, da auch diese PHP-Quelltext enthalten können. Zur Analyse der Änderungen wurde das Änderungsextrahierungswerkzeug CSDiff[430] genutzt.

Eine Untersuchung des Verlaufs der Entwicklung des Pligg CMS im OSS-Projekt analog zu den in Abschnitt 3.2.3 dargestellten Untersuchungen der Evolution von OSS wurde dadurch verhindert, dass das Pligg-Entwicklerteam im Laufe der Entwicklung mehrfach die Standorte des Versionsverwaltungssystems, das als Code-Repository diente, änderte und dabei zeitweise private Systeme ohne Leserecht für die Allgemeinheit nutzte. Die in SourceForge.net enthaltenen Releases umfassen nicht alle Releases, die im Rahmen des Pligg-Projektes veröffentlicht worden sind.[431]

4.3 Erste Iteration

Die folgende Darstellung der ersten Iteration der Untersuchung schließt an die in Abschnitt 4.2.2 dargestellte Planung an. Die Darstellung basiert auf den oben dargestellten Aufzeichnungen und umfasst die Anpassungen der als Grundlage der internen Softwareversion genutzten Version Beta 9.0 des Pligg CMS sowie die Aktualisierung der internen Softwareversion auf das Pligg Release Beta 9.5.

Die Darstellung der Nutzungsphase des CMS erfolgt chronologisch aufgeteilt in die Installation des Systems, die daran anschließenden Anpassungen und den darauf folgenden Updateprozess. Die Anpassungen der OSS im untersuchten Unternehmen umfassen die Bereiche Parametereinstellung sowie Modifizierung des Quelltextes; wie in Abschnitt 4.1 angemerkt, stand in der Version Beta 9.0 kein

---

[428] Vgl. Stahlknecht und Hasenkamp (2005), S. 288.

[429] Die Templateengine Template Lite ist unter [http://templatelite.sourceforge.net/docs/index.html] als OSS verfügbar. Sie ist eine Variante der Smarty Templateengine, die versucht, die Nutzung von PHP in Templates durch eine eigene Syntax zu vereinfachen. Vgl. hierzu [http://www.smarty.net/syntax_comparison].

[430] Dieses ist kostenfrei unter [http://www.componentsoftware.com/products/CSDiff/] erhältlich.

[431] Vgl. [http://pligg.svn.sourceforge.net/viewvc/pligg/tags/].

dokumentiertes API zur Verfügung, weswegen interne Anpassungen, die über eine Parametrisierung hinaus gingen, stets als Anpassung des Quelltextes erfolgten.

Die auf die Installation folgenden Arbeiten umfassten durch das Unternehmen bereits geplante Anpassungen, die zum Teil Erfahrungen aus der Nutzung der Testinstallation in der Softwareauswahlphase einbezogen haben und auf Vergleiche mit anderen SN-Seiten zurückgingen. Ein Vorbild stellte hierbei insbesondere das amerikanische Digg[432] sowie die deutsche SN-Seite Yigg[433] dar. Neben bereits bestehenden Planungen für Anpassungen wurde später auch Nutzerfeedback einbezogen, das durch direkte Nutzerrückmeldungen oder indirekt über Beiträge über die mittels des CMS realisierte Website, bspw. in Blogs, erfolgen konnte.

4.3.1 Installation des Systems

Die Installation des Pligg CMS umfasste das Kopieren des entpackten Installationsarchivs auf den Server, das Setzen der korrekten Dateiberechtigungen und das Ausführen des mitgelieferten Installationsskriptes. Dieses diente insbesondere dazu, diverse Parameter abzufragen, die das CMS an das genutzte Serversystem anpassten.

Dies umfasste u. a. relative und absolute Angaben zur Verzeichnisstruktur des Webservers, sowie die IP-Adresse, den Datenbanknamen und die Zugangsdaten der genutzten MySQL-Datenbank. Mittels dieser Daten wurden im Installationsprozess durch das Installationsskript Tabellen in der Datenbank angelegt und zum Teil mit Daten gefüllt; weiterhin wurden Konfigurationsdateien basierend auf den Angaben des Nutzers durch das Skript automatisiert angepasst. Im Anschluss konnte das CMS auf dem Webserver angesprochen und die weitere Konfiguration webbasiert durchgeführt werden.

Die webbasierte Parametereinstellung mittels des Administrationsinterfaces des Pligg CMS umfasste eine Vielzahl von Optionen, die von grundlegenden Einstellungen wie der Anpassung des Seitennamens bis zu diversen Einstellungen reichten, die im Verlauf der Nutzung nochmals angepasst wurden. Ein Beispiel hierfür ist das Verbot der Bewertung von Nachrichten durch anonyme (d. h. nicht im CMS angemeldete) Benutzer; dieses wurde lange Zeit aufrechterhalten, später aber doch aufgehoben, um die Website für anonyme Benutzer interessanter zu machen.

Die an die Anpassung der zur Verfügung stehenden Parameter anschließende Überprüfung der korrekten Funktion des CMS ergab, dass Probleme im Bereich

---

[432] Siehe [http://www.digg.com].
[433] Diese Website war unter [http://www.digg.de] gestartet. Diese URL wurde jedoch später nicht mehr genutzt, stattdessen ist die Website unter [http://www.yigg.de] erreichbar.

der Serverkonfiguration vorlagen, die auf Beschränkungen des genutzten Webhostingpakets zurückzuführen waren.[434]

Aufgrund dieser Beschränkungen wurde eine Änderung der mitgelieferten Datei, die der Anpassung von Webserverparametern dient[435], erforderlich. Die aktivierte Umleitung von URLs ohne ein der Domain vorangestelltes „www." auf die Domain mit einem vorangestellten „www." mittels des Apache-Moduls mod_rewrite[436] erwies sich bei der eingesetzten Hostingumgebung als wirkungslos. Die Regel wurde daher durch eine eigens intern erstellte Regel ersetzt. In der vorgenannten Datei sind im Verlauf des Projektes weitere Anpassungen durchgeführt worden, die bspw. der Deaktivierung des Apache-Moduls check_speling[437] [sic] und der Nutzung der PHP5-Engine des Webservers[438] dienten. Da es sich bei diesen Anpassungen jedoch um serverspezifische Anpassungen[439] und keine Anpassungen des PHP-Quelltextes des CMS handelt, werden sie nicht weiter dargestellt.

4.3.2 Anpassungen

Im Folgenden werden ausgewählte Anpassungen dargestellt, die durch das Unternehmen durchgeführt wurden. Die Beschränkung auf eine Auswahl dient dabei der Übersichtlichkeit und soll einen Überblick über Anpassungen geben, die bspw. aufgrund ihres Umfangs oder Auswirkungen auf den Projektverlauf als besonders relevant angesehen werden.

Nicht dargestellt werden Anpassungen, die auch für proprietäre Systeme oftmals als Anpassungsoptionen zur Verfügung stehen. Dies umfasst beispielsweise die Realisierung einer eigenständigen Optik durch die Einbindung eines eigenen Logos, die Anpassung der Cascading Style Sheet- (CSS-) Dateien sowie die Lokali-

---

[434] Bei diesem handelte es sich um ein sogenanntes Shared-Hosting-Paket, d. h. eine Webhostinglösung, bei der ein Webserver durch mehrere Kunden genutzt wird. Dieses wird auch als Virtual Hosting bezeichnet; vgl. zur Unterscheidung von Hostingangeboten Münz und Nefzger (2005), S. 1038-1040. Eine Anpassung der Serverkonfiguration, um das Problem serverseitig zu beheben, war daher nicht möglich.

[435] Die Datei .htaccess ermöglicht bei der Nutzung des Apache-Webservers, Anpassungen der Serverkonfiguration vorzunehmen, ohne dazu die Konfigurationsdatei des Webservers anpassen zu müssen. Vgl. [http://httpd.apache.org/docs/current/howto/htaccess.html].

[436] Vgl. Münz und Nefzger (2005), S. 1084-1089.

[437] Vgl. [http://httpd.apache.org/docs/current/mod/mod_speling.html]. Dieses Modul führt dazu, dass im Falle des Aufrufs einer URL, für die kein Dokument gefunden wird, falls verfügbar, Verweise zu einem oder mehreren namensähnlichen Dokumente angeboten werden.

[438] Die Nutzung der PHP5-Engine war nicht zwingend erforderlich; sie stellte sich jedoch bei Tests als deutlich performanter heraus.

[439] Vgl. beispielhaft die umfangreichen Direktiven des Apache Webservers unter [http://httpd.apache.org/docs/current/mod/quickreference.html].

sierung des CMS[440]. Eine Ausnahme erfolgte jedoch dann, wenn hierdurch Probleme mit weiteren Anpassungen der OSS entstanden oder sich ein besonders hoher Aufwand ergab, wie beispielsweise im Kontext der Nutzung von Umlauten.

Anpassung des Quelltextes

Anschließend an die Installation und erste Tests des Systems erfolgten Fehlerbehebungen sowie die Umsetzung neuer bzw. Anpassung bestehender Funktionalitäten. Die betroffenen Dateien des CMS umfassten PHP- sowie Templatedateien. Da Letztere zur Festlegung der Darstellung von Inhalten genutzt werden, sind diese auch bei proprietären CMS üblicherweise anpassbar. Im Pligg CMS basierten die Templatedateien jedoch auf der Templateengine Template Lite, die nicht nur die Einbindung von Inhalten mittels Variablen, sondern auch die Einbindung von PHP-Quelltext mittels einer eigenen Syntax unterstützt.[441]

Zur Anpassung des Quelltextes wurde der PHP-Editor Weaverslave[442] genutzt. Bei Weaverslave handelt es sich um einen auf die Erstellung und Bearbeitung von PHP-Code spezialisierten Codeeditor, der, wie bei Editoren üblich[443], die Programmierung u. a. mittels zur Verfügung gestellter Codebausteine unterstützt.

Da es sich bei der Fehlerbehebung um eine reaktive Tätigkeit, bei dem Hinzufügen neuer Funktionalitäten bzw. der Anpassung bestehender Funktionalitäten jedoch um eine proaktive Tätigkeit handelt, werden diese im Folgenden getrennt dargestellt.

Fehlerbehebungen

Im Anschluss an die Installation des CMS wurde der Fokus darauf gelegt, das System hinsichtlich der versprochenen Funktionalität und der Fehlerfreiheit zu prüfen. Im Rahmen dieser Überprüfung wurden diverse Fehler im CMS festgestellt, die sich in den PHP- wie auch in den Templatedateien des Systems befanden.

Bereits in der im Rahmen der in Abschnitt 4.1 dargestellten Auswahlphase war eine Sicherheitslücke in der RSS-Umsetzung des Pligg CMS aufgefallen. Die Variable $_REQUEST['rows'], die den per Post- oder Get-Request übergebenen Wert für „rows" enthält, wurde als Variable $rows ungeprüft in eine SQL-Abfrage über-

---

[440] Das CMS verfügte in den ersten Iterationen über keine deutsche Sprachdatei; weiterhin fanden sich auch nachdem eine solche zur Verfügung stand diverse Texte in englischer Sprache im Quelltext.

[441] Vgl. Abschnitt 4.2.3.

[442] Siehe [http://www.weaverslave.ws].

[443] Vgl. Alpar et al. (2011), S. 369.

nommen. Diese Sicherheitslücke lag nicht nur in der im Rahmen der Auswahlphase untersuchten Version, sondern auch in der als Ausgangsversion genutzten Pligg-Version Beta 9.0 vor. Die Sicherheitslücke ist in Abbildung 11 hervorgehoben dargestellt.

Da ein fest vorgegebener Wert für die Anzahl auszugebender Nachrichten im RSS-Stream als zu bevorzugen angesehen wurde, wurde die Möglichkeit, die Anzahl von RSS-Nachrichten mittels eines mit der URL zu übergebenden Parameters anzupassen, mit einer festen Vorgabe ersetzt und die Sicherheitslücke so behoben. Im Zuge der Änderung wurde zudem die ursprüngliche Vorgabe von 40 Nachrichten im RSS-Stream durch 500 Nachrichten ersetzt.

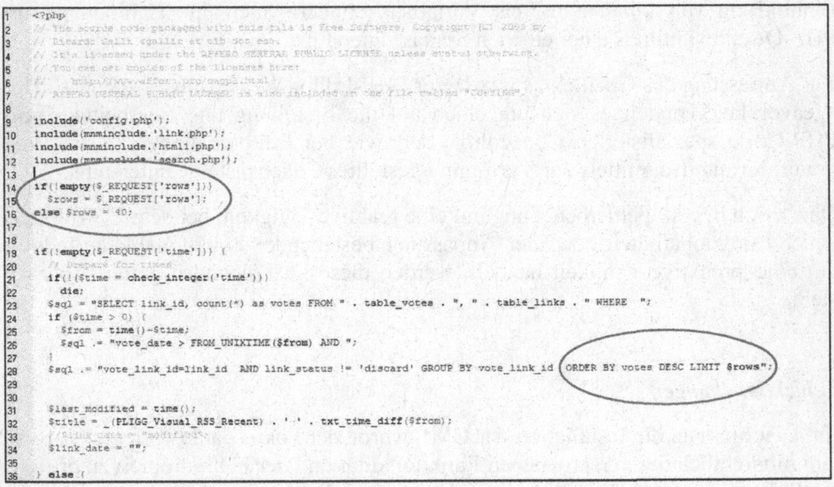

Abbildung 11: Fehlende Überprüfung einer Variable in der Datei rss2.php des offiziellen Pligg CMS Release Beta 9.0

Ein weiteres für das Projekt kritisches Problem stellte die fehlerhafte Handhabung von Kategorienamen mit Leerzeichen dar. Da in der Instanz des Projektes Kategorienamen wie „Technik und Wissen" sowie „Unterhaltung und Kunst" eingesetzt werden sollten, musste die fehlerhafte Behandlung von Kategorienamen mit Leerzeichen behoben werden. Auch hier wurde eine interne Anpassung durchgeführt, die nicht auf externe Quellen zurückgeht.[444] Ein weiterer Fehler betraf das Hochla-

---

[444] Diese Änderung wurde im Rahmen des Updates auf die Version Beta 9.5 obsolet, da der Fehler im neuen Template *yget* korrigiert war.

den von Avataren durch Nutzer. Hier war entgegen der Angabe im CMS keine Nutzung von Bildern im PNG- (Portable Network Graphics-) Format möglich. Dieses Problem wurde jedoch, im Gegensatz zum vorhergehenden Problem, als nicht kritisch angesehen und über eine Entfernung des PNG-Formates aus dem Hinweistext, der erlaubte Dateitypen auflistete, umgangen.

Probleme im Bereich der Templates waren mit einer Ausnahme einfach zu beheben. Neben in den Templates zu lokalisierenden Texten, die (noch) nicht über die Sprachdatei angepasst werden konnten, umfasste dies kleine Fehler wie bspw. die zweifache Ausgabe des Seitennamens im Navigationsbereich aller Seiten, die auf einen Fehler im Template[445] zurückzuführen war. Das einzige Problem, das zu einem Anpassungsaufwand in mehreren Dateien führte, war die fehlerhafte Darstellung von Umlauten im CMS. Um dieses Problem zu beheben, wurde die genutzte Zeichenkodierung von UTF-8 auf ISO-8859-1 umgestellt.[446]

Anpassung bestehender Funktionen und Hinzufügen neuer Funktionen

Während das Beseitigen von Fehlern, die im (Test-)Betrieb festgestellt und im Anschluss möglichst zeitnah beseitigt wurden, lediglich eine Reaktion darstellte, wurden zudem Anpassungen bestehender Funktionalitäten durchgeführt und neue Funktionalitäten implementiert, deren Planung zum Teil bereits vor die Zeit der Auswahl eines geeigneten CMS zurückgeht. Die Planung von Anpassungen und Einführung neuer Funktionalitäten seitens des Unternehmens erfolgte unabhängig von der Planung des OSS-Projektes; der Grund hierfür war, dass das Pligg-Projekt keine Roadmap der Entwicklung zur Verfügung stellte. Folglich wurden u. U. Anpassungen intern durchgeführt, die kurze Zeit später über ein neues Release des OSS-Projektes realisiert wurden und somit einen Entfall der Anpassung bei Übernahme des neuen Release zur Folge haben konnten.

Die umfangreichsten internen Anpassungen in dieser Iteration dienten einer Erweiterung der Karmafunktionalität[447], der Einrichtung geschlossener Benutzergruppen sowie der Umsetzung eines Gewinnspieles. Das Ziel der Einrichtung geschlossener Benutzergruppen war es, das System für die Nutzung beispielsweise durch Vereine attraktiver zu machen. Alle drei vorgenannten Anpassungen wurden komplett in-

---

[445] In der Datei /templates/digitalnature/pligg.tpl wurden die Werte für #PLIGG_Visual_ Breadcrumb_ SiteName# und #PLIGG_Visual_Breadcrumb_Home# ausgegeben, die jedoch beide den Inhalt Colivia hatten.

[446] Im während der Nutzungsphase der ersten Iteration genutzten Template Digitalnature wurde die Zeichenkodierung UTF-8 genutzt, die grundsätzlich Umlaute unterstützt, vgl. Münz und Nefzger (2005), S. 996f. Dennoch wurden in der untersuchten Instanz Umlaute nicht korrekt dargestellt, was mittels einer Umstellung der Zeichenkodierung behoben werden konnte. Vgl. zur Zeichenkodierung [http://www.iana.org/assignments/character-sets] sowie [http://de. selfhtml.org/html/kopfdaten/meta.htm#zeichenkodierung].

[447] Zur Karmafunktionalität vgl. Abschnitt 4.1.

tern realisiert, d. h. sie nutzten keinen in externen Quellen zur Verfügung stehenden Quelltext.

Die Modifikation der bereits im Pligg CMS vorhandenen Karmafunktionalität zielte darauf ab, durch eine intransparente Berechnung eines Punktwertes Nutzer zu animieren, sich möglichst stark auf der Plattform einzubringen. Zum Zeitpunkt der Planung stellte das amerikanische Vorbild Digg eine Topnutzerliste zur Verfügung. Verschiedene andere Plattformen wie bspw. Yigg boten dies zu dieser Zeit jedoch nicht an. Die Anpassungen betrafen die Karmafunktionalität, die um die Vergabe von Karma für Aktionen wie das Kommentieren einer Nachricht sowie das Abstimmen für einen solchen Kommentar erweitert wurde. Zudem wurde die Darstellung der Topnutzer in der zugehörigen Übersicht eingeschränkt. Diese Übersicht sollte lediglich die zehn Personen mit dem höchsten Karmawert darstellen und zudem nur wenige für die Berechnung genutzte Werte, wie bspw. die Anzahl der Topmeldungen des Nutzers, enthalten, um eine einfache Herleitung der Karmaberechnung zu verhindern. Die Anzeige des Karmawertes wurde zudem dahingehend beschränkt, dass der jeweilige Nutzer nur seinen eigenen Karmawert einsehen kann. Die Umsetzung der Erweiterung der Karmafunktionalität betraf sieben PHP- und drei Templatedateien.

Die Notwendigkeit der Anpassung einer Vielzahl von Dateien des CMS ergab sich zudem im Rahmen der Realisierung geschlossener Benutzergruppen. Diese sollte dazu dienen, Gruppen wie bspw. Vereinen nur für Mitglieder zugängliche Bereiche anbieten zu können. Neben einer Funktion, die Nutzern eine Verwaltung ihrer Gruppenzugehörigkeit gestattete, mussten im Zuge dieser Anpassung an allen Stellen des CMS, an denen Nachrichten ausgegeben wurden, Prüfungen der Zugriffsberechtigung im Quelltext eingefügt werden. Folglich wurden beispielsweise die für die Anzeige der Hauptseite und Warteschlange, sowie die Anzeige einzelner Nachrichten zuständigen PHP-Dateien und die Suchfunktion angepasst. Weiterhin musste die Anzeige der Kategorien in der Auswahlbox des Einreichungsvorganges auf die für den jeweiligen Benutzer zulässigen Kategorien beschränkt werden. Die Umsetzung geschlossener Benutzergruppen betraf neun PHP- und vier Templatedateien.

Während diese Anpassungen des CMS auf unbestimmte Zeit im System verblieben und im weiteren Verlauf ggf. modifiziert wurden, wurde ein Gewinnspiel umgesetzt, bei dem die Anpassungen des CMS nur kurzfristig im internen Quelltext verblieben. Im Rahmen dieses Gewinnspiels wurde ein Preis für den Nutzer ausgeschrieben, der eine besonders hohe Anzahl neuer Mitglieder geworben hatte. Um eine Nachverfolgbarkeit für die Anwerbung neuer Benutzer umzusetzen, waren Anpassungen u. a. im Bereich der Registrierung neuer Nutzer zwecks Angabe des werbenden Mitglieds und im Nutzerprofil einzelner Nutzer zur Ausgabe geworbener Nutzer erforderlich. Um es den Seitenadministratoren zu ermöglichen, den Stand des Wettbewerbes leicht verfolgen zu können, wurde zudem eine Auswertung des Wettbewerbs programmiert. Die Umsetzung des Wettbewerbs betraf vier PHP- und sieben Templatedateien sowie eine Grafikdatei.

Interne Anpassung des CMS	Von der Anpassung betroffene Dateien		
	PHP-Dateien	Templatedateien	Andere Dateien
Erweiterung der Karmafunktionalität	7	3	0
Einrichtung geschlossener Benutzergruppen	9	4	0
Umsetzung eines Gewinnspiels	4	7	1 (Grafikdatei)

Tabelle 4: Umfangreichste interne Anpassungen des CMS in der ersten Iteration und von diesen betroffene Dateien

Neben der zuvor dargestellten Implementierung neuer Funktionalitäten und Anpassung bestehender Funktionalitäten, die jeweils auch eine Anpassung bestehender PHP-Dateien umfasste, wurden Erweiterungen des CMS entwickelt, deren Quelltext sich in neuen Dateien befand und auf die lediglich mittels eines Links im OSS-CMS verwiesen wurde. Diese Links wurden in den Templatedateien eingefügt; abgesehen von der eventuellen Notwendigkeit eines neuen Einfügens bzw. einer Anpassung des Links im Template waren darüber hinausgehenden Probleme in Dateien des internen Entwicklungszweiges im Rahmen der Einführung eines neuen Release nicht zu erwarten. Die einzige Ausnahme stellte ein Wartungsaufwand dar, der die als eigene Dateien realisierten Erweiterungen selbst betraf. Es musste hierbei in Erweiterungen unterschieden werden, die keinen Nutzen aus der Kenntnis des Quelltextes zogen und solchen, die Nutzen aus der Kenntnis des Quelltextes zogen. In diesem Kontext sollen zwei Beispiele dargestellt werden.

Ein Beispiel für eine Erweiterung, die keinen Nutzen aus der Kenntnis des Quelltextes zieht, stellt die Umsetzung des Impressums der Website dar. Dieses wird auf einer eigenen Seite[448] dargestellt und im Footer[449] der Website verlinkt. Das Impressum wurde dabei analog zur Vorgehensweise bei anderen Seiten des Pligg CMS mittels einer im Hauptverzeichnis befindlichen PHP-Datei und zweier Templatedateien (eine Datei, die als Rahmen dient und eine Datei, die den Inhalt der Seite umfasst) erstellt. Die Seite interagiert dabei jedoch nicht mit dem CMS, d. h. es werden keine Inhalte aus der Datenbank geladen oder ähnliches. Die Anpassung

---

[448] Es handelte sich um /impressum.php.
[449] Der Begriff „Footer" bezeichnet das Seitenende (den „Fußbereich") einer Webseite.

hätte somit ebenso als HTML-Seite umgesetzt werden können; die Anpassung war folglich nur sehr begrenzt von Änderungen im externen Release abhängig.

Im Gegensatz dazu stellt die Programmierung einer „Abuse"-Funktion ein Beispiel für eine Erweiterung dar, die Nutzen aus der Kenntnis des Quelltextes zieht. Sie dient dem Melden von unangemessenen Beiträgen, einer Funktion, die in Version Beta 9.0 des Pligg CMS nicht zur Verfügung stand. Die Funktionalität wurde als PHP-Datei abuse.php auf dem Server hinterlegt; ein Verweis auf diese Datei erfolgte in der entsprechenden Templatedatei[450]. Wenngleich ein Verweis in einer Templatedatei auch in vielen proprietären CMS umsetzbar gewesen wäre, wurden dem Link auf die Templatedatei Informationen hinzugefügt, deren Semantik nur aufgrund der Kenntnis des Quelltextes des OSS-CMS bekannt war. Eine externe Änderung, die in den internen Entwicklungszweig übernommen wurde, konnte folglich zu Problemen mit dieser Anpassung führen.

4.3.3 Updateprozess

Die Weiterentwicklung des Pligg CMS durch das OSS-Projekt führte im Verlauf der Untersuchung zur Veröffentlichung mehrerer neuer externer Releases, die über die Website des OSS-Projektes zur Verfügung gestellt wurden. Um die Verbesserungen und Fehlerbebungen des OSS-Projektes nutzen zu können, mussten Änderungen des neuen offiziellen Release gegenüber des vorhergehenden Release in den internen Quelltext überführt werden.

Aufgrund der schnellen Folge der Veröffentlichung der Pligg Version Beta 9.1 auf den Beginn des erweiterten Betatests der Seite Colivia.de im Februar 2007 wurde entschieden, deren Änderungen nicht in den internen Quelltext einzufügen, da die internen Anpassungen vor einem solchen Update ausreichend getestet sein sollten. Ein Update wurde daher erst durchgeführt, als durch das OSS-Projekt die auf Beta 9.1 folgende Version Beta 9.5 veröffentlicht wurde.

Im Folgenden wird das Vorgehen des Projektteams während der Einführung des ersten in den internen Quelltext übernommenen neuen externen Release, Pligg Beta 9.5, in den zu dieser Zeit auf der Pligg Version Beta 9.0 basierenden internen Entwicklungszweig dargestellt.

Um zu Beginn der Überführung der Änderungen des neuen Release in den internen Quelltext einen Überblick über den Umfang der Änderungen zwischen den externen Releases zu erhalten, wurde ermittelt, in welchen Dateien Änderungen zwischen den Pligg CMS-Releases Beta 9.0 und Beta 9.5 bestehen. Hierzu wurden die Releases mittels CSDiff auf Änderungen untersucht. Wie aus Tabelle 5 auf der folgenden Seite für PHP- und Templatedateien zu entnehmen ist, kam es zu umfangreichen Änderungen an der OSS.

---

[450] Es handelte sich um /templates/digitalnature/link_summary.tpl.

Dateityp	Anzahl gelöschter Dateien	Anzahl geänderter Dateien	Anzahl neuer Dateien
PHP-Dateien	100	106	102
Templatedateien	240	22	86

Tabelle 5: Anzahl gelöschter, geänderter und neuer Dateien zwischen den externen Releases Beta 9.0 und Beta 9.5

Unter Templatedateien werden in der vorstehenden und den zwei folgenden Tabellen alle Dateien einbezogen, die das Suffix „.tpl" haben. Die hohe Zahl der Löschungen im Bereich der Templatedateien im Vergleich der externen Releases geht auf die Einführung neuer und Löschung alter Templates zurück; auch das im internen Release genutzte Standardtemplate *digitalnature* wurde durch ein neues Standardtemplate, *yget*, ersetzt.

Im Anschluss wurde ermittelt, in welchem Umfang interne Anpassungen durchgeführt worden sind. Der Vergleich des aktuellen internen Quelltextes mit dem offiziellen Release Beta 9.0, das die Ausgangsversion darstellt, ergab die in Tabelle 6 dargestellten Werte.

Dateityp	Anzahl gelöschter Dateien	Anzahl geänderter Dateien	Anzahl neuer Dateien
PHP-Dateien	19	22	12
Templatedateien	161	21	4

Tabelle 6: Anzahl gelöschter, geänderter und neuer Dateien im internen Entwicklungszweig vor dem Update auf Version Beta 9.5 des Pligg CMS

Die hohe Anzahl der Löschungen im Bereich des Templatedateien im internen Release geht in hohem Maße darauf zurück, dass nicht genutzte Templates nach der Installation komplett aus dem internen Quelltext entfernt wurden. Zur Anzahl gelöschter und neuer Dateien ist anzumerken, dass die Umbenennung einer Datei im internen Release als eine gelöschte und eine neue Datei dargestellt wird. Zu Umbenennungen kam es insbesondere im Rahmen der Installation, bei der die auf „.php.default" endenden Konfigurationsdateien durch das Installationsskript mit den vom Nutzer angegebenen Daten gefüllt und in .php umbenannt wurden. Weiterhin wurde nach Installation des Systems das Verzeichnis /install gelöscht, was ebenso zur Zählung gelöschter Dateien führte.

Um das Update durchzuführen, ohne jede Datei einzeln überprüfen zu müssen, wurden anhand eines Vergleichs der externen und internen Anpassungen die Dateien identifiziert, in denen es zu einer Änderung im externen wie auch im internen Quelltext gekommen war oder bei denen die modifizierte Datei im neuen Release entfallen war. Die ermittelten Anzahlen sind in Tabelle 7 dargestellt.

Dateityp	Anpassung nur intern	Anpassung intern und extern	Intern angepasste Datei ist nicht Teil des neuen Release
PHP-Dateien	1	15	6
Templatedateien	0	0	21

Tabelle 7: Aufteilung der im internen Release geänderten Dateien

Überprüfung bestehender interner Anpassungen

Der Updatezeitpunkt der ersten Iteration wurde durch das Projektteam als geeignet angesehen, vorgenommene interne Erweiterungen bestehender Funktionalitäten sowie neu eingeführte Funktionalitäten unabhängig von einem eventuellen Konflikt mit Änderungen des neuen Release hinsichtlich ihrer Eignung neu zu überprüfen. Im Rahmen dieser Prüfung wurde eine redundante Anpassung entdeckt und entfernt, die der Optimierung der Listung von Nachrichten in der Blogsuchmaschine Technorati[451] dienen sollte. Eine weitere Redundanz wurde im Einreichungsprozess von Nachrichten[452] identifiziert und entfernt. Während es sich bei diesen beiden Redundanzen um Versäumnisse im Anpassungsprozess während der Nutzungsphase handelte, wurde zudem entschieden, auch die zur Umsetzung des in Abschnitt 4.3.2 vorgestellten Wettbewerbes eingeführten Anpassungen des Quelltextes zu entfernen, da der Wettbewerb zwischenzeitlich beendet worden war. So konnte schon vor der Einführung des neuen externen Release in den internen Entwicklungszweig die in Tabelle 7 dargestellte Anzahl interner Anpassungen und somit manuell zu überprüfender Dateien reduziert werden.

Im Anschluss wurde anhand der Beschreibung neuer Funktionen des neuen externen Release überprüft, ob intern implementierte Anpassungen bestehender Funktionalitäten oder intern implementierte neue Funktionalitäten im Zuge der Einführung des neuen Release entfallen können. Ein Beispiel hierfür stellte die in Abschnitt 4.3.2 dargestellte Einführung einer Missbrauchsmeldung dar. Diese Funktionalität wurde im neuen externen Release des Pligg CMS durch die Funktion *bury*

---

[451] Siehe [http://www.technorati.com]. Hierzu wurde die Datei /templates/digitalnature/pligg.tpl angepasst.
[452] Hierzu wurde die Datei /submit.php angepasst.

abgebildet.[453] Im Vergleich zur intern umgesetzten Funktion bot die Funktionalität des externen Release den Vorteil, dass nicht jede Missbrauchsmeldung eine Aktion der Betreuer des CMS erforderte. Aufgrund dessen wurde entschieden, die interne Erweiterung nicht in die neue Version zu übernehmen. Im Rahmen dessen konnten die im internen Quelltext neu hinzugefügte Datei abuse.php und die Anpassung der Templatedatei, in der auf die Datei abuse.php verlinkt wurde[454] entfallen; die Templatedatei entsprach damit wieder dem Stand des offiziellen Release Pligg Beta 9.0.

Übernahme der Anpassungen des neuen externen Release in den internen Quelltext

Im Anschluss erfolgte die Zusammenführung der externen Anpassungen mit dem internen Quelltext. Die Handhabung von Dateien hing dabei von deren Status im internen und externen Release ab. Die Handhabung externer Dateien im Fall einer nicht angepassten oder fehlenden internen Entsprechung der Datei des externen Release ist in Abbildung 12 dargestellt.

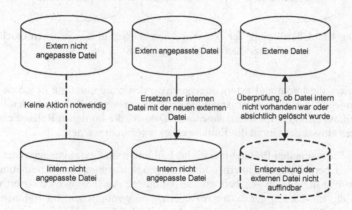

Abbildung 12: Handhabung externer Dateien im Fall intern nicht angepasster Dateien oder nicht auffindbarer Dateien

---

[453] Diese Funktion wurde mit Release Beta 9.5 Bestandteil der Pligg-Standardinstallation.
[454] Es handelte sich dabei um die Datei /templates/digitalnature/link_summary.tpl.

Sollte die Datei im internen Quelltext nicht auffindbar sein und auch nicht absichtlich aus dem internen Quelltext entfernt worden sein, so wurde diese externe Datei neuer Bestandteil des internen Entwicklungszweiges.[455]

Im Fall einer intern angepassten Datei musste ebenso zwischen drei Fällen unterschieden werden; diese werden in Abbildung 13 dargestellt.

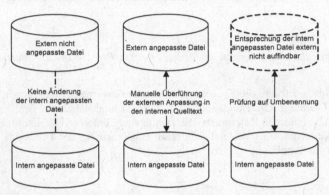

Abbildung 13:   Überführung der externen Anpassungen in den internen Quelltext im Fall einer intern angepassten Datei

Für Dateien, die intern und extern angepasst worden waren, musste in jedem Fall eine manuelle Überführung der Änderung des neuen externen Release in den internen Quelltext erfolgen; für intern angepasste Dateien, die im neuen Release entfallen waren, musste der Grund des Entfalls näher untersucht werden.

Im Zuge der manuellen Prüfung musste im Fall intern und extern angepasster Dateien eine Überprüfung der internen und externen Änderungen auf Kompatibilität erfolgen. War diese nicht gegeben, musste die interne Anpassung modifiziert werden, um die Einführung der externen Änderung zu ermöglichen. Im Rahmen der manuellen Prüfungen von Dateien, deren Umfang durch die Identifikation betroffener Dateien im Rahmen des Updateprozesses der ersten Iteration minimiert werden konnte, kam es nur in drei Fällen zu Inkompatibilitäten zwischen internen und externen Anpassungen.

Es wurde im Rahmen der Überführung jedoch entdeckt, dass es im neuen externen Release zur Umbenennung von Dateien gekommen war.

---

[455] Im Fall absichtlicher interner Löschungen, wie bspw. bei nicht benötigten Templates, wurde die Datei nicht in den internen Entwicklungszweig übernommen.

Dieser Fall trat im Updateprozess der ersten Iteration bei der intern angepassten Datei shakeit.php auf. Diese war im externen Release der Version Beta 9.5 des Pligg CMS in upcoming.php umbenannt und zudem angepasst worden. Eine Umbenennung kann im Versionsverwaltungssystem des OSS-Projektes nachvollzogen werden, was bei einer OSS mit einer hohen Zahl von Änderungen jedoch aufwendig sein kann; zudem bieten nicht alle OSS-Projekte einen offenen Zugang zu ihrem Versionsverwaltungssystem. Die zuvor dargestellte Umbenennung der Datei shakeit.php stellte sich bei dem Abgleich der internen Datei mit der erwarteten gleichnamigen Datei des neuen externen Release zuerst als gelöschte Datei dar. Im Fall der vorgenannten Datei war es jedoch wichtig, diese Umbenennung zu entdecken, da sie in der Nutzungsphase im Rahmen der Realisierung privater Kategorien intern angepasst worden war. Diese interne Anpassung musste folglich im Rahmen der Einführung des externen Release Beta 9.5 in den internen Quelltext nicht verworfen, sondern in die Datei upcoming.php überführt werden.

Im Rahmen der Einführung des neuen externen Release in den internen Quelltext wurden in der ersten Iteration sieben Anpassungen aufgrund der Integration des neuen externen Release obsolet. Dies umfasste die bereits oben dargestellte neue Funktion zum Melden von Missbrauch sowie weitere Anpassungen, da im Rahmen des Updates ein neues Template eingeführt wurde. Die Umstellung des Templates führte aufgrund der zuvor angesprochenen Einbettung von PHP-Quelltext in die Templates zu einer vergleichsweise hohen Zahl von Templatedateien, in denen Änderungen im internen wie auch externen Release vorlagen.

Automatisiertes Upgrade mittels Upgradeskripts

Neben der Überführung von Änderungen zwischen Dateien des neuen und alten externen Release in den internen Quelltext war die Ausführung eines Updateskriptes Teil des Updateprozesses. Dieses PHP-Skript führte Anpassungen an der Datenbank durch, die insbesondere der Erweiterung bestehender Konfigurationsoptionen sowie der Möglichkeit der Speicherung zusätzlicher Informationen, wie der Versionsnummer des Pligg CMS[456] sowie der Anzahl im System befindlicher Nachrichten[457], dienten. Die Versionsnummer und Nachrichtenanzahl wurden in der neuen Version im Administrationsbereich angezeigt.

Die Änderungen der relevanten Konfigurationsdateien, die durch das Installationsskript zu Beginn der ersten Iteration basierend auf den Nutzerangaben durchge-

---

[456] Hierzu wurde die neu angelegte Datenbanktabelle pligg_misc_data genutzt.
[457] Hierzu wurde die neu angelegte Datenbanktabelle pligg_totals genutzt.

führt worden waren[458], hatten weiter Bestand. Eine Anpassung bestehender Konfigurationseinstellungen im Webinterface des Administrationsbereiches war ebenfalls nicht erforderlich; keine der vorgenannten Anpassungen der Datenbank führte zu relevanten Auswirkungen für die vorliegende Untersuchung.

Testen des Systems

Im Anschluss an die Überführung aller Änderungen zwischen dem neuen und alten externen Release in den internen Quelltext erfolgte der Test des Systems. Zusätzlich zu der im vorigen Abschnitt dargestellten Überprüfung des Funktionsumfangs im Anschluss an die Installation des offiziellen Release mussten alle internen Anpassungen und die im externen Release neu eingeführten Funktionen getestet werden.

Neben möglichen Fehlern bei der Zusammenführung externer und interner Anpassungen bestand die Möglichkeit, dass interne Anpassungen aufgrund von Anpassungen anderer Dateien, die mit ihnen verbunden waren, nicht mehr einwandfrei funktionierten. Ebenso konnte das Problem auftreten, dass Funktionen des neuen Release des CMS aufgrund der internen Anpassungen nicht bzw. nicht einwandfrei funktionierten. Zudem konnten Fehler im neuen externen Release, das nun Bestandteil des internen Quelltextes war, vorliegen. Die Funktionsprüfung einer zuvor intern realisierten Anpassung entsprach daher hinsichtlich des Vorgehens dem Testen bei der Einführung einer neuen Anpassung in den neuen externen Quelltext.

Ein Beispiel für eine interne Anpassung, die nach Einführung der Änderungen des neuen externen Release nicht mehr wie erwartet funktionierte, stellte das Ersetzen des Textes des Abstimmen-Buttons durch ein Bild mittels Anpassung des Inhalts der zugehörigen Sprachvariable dar. Diese Anpassung wurde im Zuge des Updates beibehalten; im Rahmen der Testphase fiel auf, dass das Bild nicht mehr dargestellt wird. Die Prüfung des Fehlers ergab, dass die Datei, in der die Sprachvariable genutzt wird[459], im neuen externen Release geändert worden war. Da die Variable im neuen externen Release zusätzlich in einer weiteren Datei genutzt wurde, wurde die interne Anpassung als kritisch eingestuft und verworfen.

Einen weiteren, im Rahmen der Testphase festgestellten, Fehler stellte die falsche Anzeige der Anzahl von Kommentaren einer Nachricht dar. Eine Suche im Diskussionsforum ergab, dass es sich um einen Fehler handelte, der im Anschluss an die im vorliegenden Projekt als Ausgangsversion genutzte Version Beta 9.0 im

---

[458] Die Anpassungen betrafen die Dateien /settings.php (Angabe der Basis-URL des CMS und Datenbanksprache) und /libs/dbconnect.php (Angabe von IP-Adresse und Zugangsdaten des Datenbankservers sowie Angabe des Datenbanknamens).

[459] Es handelte sich um die Nutzung der Variable PLIGG_Visual_Vote_For_It in der Datei /templates/yget/link_summary.tpl.

OSS-Projekt entstand. Bei einer Suche im Forum des OSS-Projektes wurden zwei Ansätze zur Fehlerbehebung ermittelt, die beide von Nutzern des Pligg CMS zur Verfügung gestellt wurden. Die Fehlerbehebungen umfassten Änderungen in unterschiedlichen Dateien[460], um eine korrekte Darstellung der Anzahl der Kommentare im CMS zu erreichen. Während der erste Bugfix den Fehler in vielen Fällen behob, verhalf erst der zweite Bugfix zu einer umfassenden Fehlerbehebung. Die zweite Fehlerbehebung betraf den Fall, dass eine bereits in der Warteschlange kommentierte Nachricht aufgrund einer gestiegenen Bewertung auf die Hauptseite transferiert wurde.

Das Ende der an die Überführung der Anpassungen des externen Release Pligg Beta 9.5 in den internen Quelltext anschließenden Testphase stellte das Ende des Aktions- und Beobachtungsteils der ersten Iteration der Aktionsforschung dar.

4.3.4 Reflexionsphase

Im Rahmen der Reflexionsphase wurde basierend auf den Beobachtungen der ersten Iteration über die Fortführung der Aktionsforschung und ggf. durchzuführende Anpassungen der Vorgehensweise entschieden. Die Beobachtungen wurden der Installations-, Nutzungs- und Updatephase zugeordnet.

Die Installationsphase schloss mit dem fertig eingerichteten System ab und war durch Anpassungen gekennzeichnet, die neben auch bei proprietärer Software üblichen Parametereinstellungen Anpassungen der Konfiguration des Webservers sowie die Behebung von Fehlern umfassten, die im Rahmen des Tests des Systems festgestellt worden waren. Die Fehlerbehebung wurde dabei zum Teil durch im Diskussionsforum des OSS-Projektes zur Verfügung stehende Bugfixes erleichtert. Da für das untersuchte Projekt keine öffentliche Mailingliste angeboten wurde, die in vielen anderen OSS-Projekten als Mittel der Information und Diskussion genutzt wird, musste aktiv im Forum nach Problemlösungen gesucht werden.

In der anschließenden Nutzungsphase des CMS wurde die Anpassbarkeit des Quelltextes der OSS zusätzlich dazu genutzt, interne Ideen und das Feedback der Anwender umzusetzen. Die Anpassungen bestehender Funktionen sowie die Implementierung neuer Funktionen wurden durchgängig intern realisiert. Die Vorgehensweise entsprach der Weiterentwicklung einer im eigenen Unternehmen entwickelten Software, bei der der Quelltext zur Verfügung steht. Besonderheiten aufgrund der parallelen Entwicklung im OSS-Projekt wurden, abgesehen von der potenziellen externen Verfügbarkeit von Anpassungen, nicht beobachtet.

Die parallele Anpassung der OSS im Unternehmen und die Weiterentwicklung im OSS-Projekt führte erst zum Zeitpunkt der Überführung eines neuen externen Re-

---

[460] Der erste Bugfix umfasste eine Anpassung der Datei /libs/link.php, der zweite Bugfix eine Anpassung der Datei /libs/comment.php.

lease zu Besonderheiten, die über die Möglichkeit der Suche nach Fehlerbehebungen im Diskussionsforum des OSS-Projekts hinausgehen. Während der Überführung des (zweiten auf das Ausgangsrelease folgenden) externen Release in den internen Quelltext traten mehrere Besonderheiten auf, die die Wichtigkeit eines geplanten Vorgehens im Rahmen der Überführung von externen Anpassungen in den internen Quelltext aufzeigen. Neben der zu erwartenden manuellen Behandlung von Dateien, die interne wie auch externe Änderung erfahren hatten, wurde dies aufgrund der möglichen Umbenennung von Dateien deutlich, die bei der Übernahme externer Änderungen berücksichtigt werden musste.

Weiterhin kam es aufgrund neuer Funktionen des neuen externen Release zu einer Konkurrenzsituation zwischen bestehenden internen Anpassungen und neuer externer Funktionalität. Eine Integration letzterer bot die Möglichkeit der Reduktion der Anzahl interner Anpassungen, was die interne OSS-Version an das externe Release annäherte. Da dieses Verhalten den zu erwartenden Aufwand in kommenden Updatephasen sowie den Umfang der Änderungsdokumentation reduzieren würde, wurden neben externen Anpassungen, die interne Anpassungen in vollem Umfang ersetzten u. U. auch neue externe Anpassungen als Ersatz für interne Anpassungen genutzt, die Letztere durch ähnliche, durch das Unternehmen als adäquat angesehene, Funktionalitäten ersetzen.

Die Untersuchung der ersten Iteration hat zudem aufgezeigt, dass im Rahmen der Anpassung von OSS in Unternehmen die Durchführung von Tests nach Anpassungen von erheblicher Wichtigkeit ist. Aufgrund des Umfangs des Quelltextes des CMS sowie von Abhängigkeiten einer Vielzahl von Dateien untereinander überstieg der Aufwand einer Überprüfung aller Auswirkungen einer Anpassung des Quelltextes schnell die Leistungsfähigkeit des Projektteams. Abhängigkeiten von Dateien resultierten im untersuchten Projekt nicht allein aus mittels mehrerer Dateien realisierter Funktionalitäten; diverse Dateien bezogen weitere Dateien, bspw. mittels der PHP-Funktion *include()* ein, um deren Funktionalität zu nutzen. Daraus resultierte, dass das Auffinden möglicher Probleme, bspw. mittels einer Codeinspektion, sehr aufwändig sein konnte. Ein Beispiel für die Einbeziehung von weiteren PHP-Dateien zeigt Abbildung 14 auf der folgenden Seite.

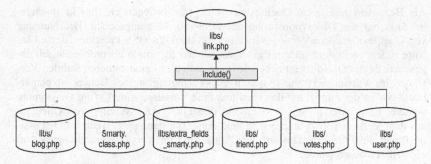

Abbildung 14: Einbezug weiterer PHP-Dateien mittels include() in /libs/link.php

Im untersuchten Projekt wurden Anpassungen daher nicht von einer Codeinspektion begleitet, die u. U. eine Vielzahl von Dateien betroffen hätte. Die Sicherstellung der Funktion wurde stattdessen über eine Prüfung als wichtig angesehener Funktionalitäten des CMS inklusive der internen Anpassungen nach der Übernahme des neuen externen Release in den internen Entwicklungszweig realisiert. Kam es im vorliegenden Projekt zur Aufdeckung eines Problems, dessen Ursache zu umfangreichen Anpassungen geführt hätte, wurde zuerst eine Bewertung der Wichtigkeit der dem Problem zugrunde liegenden Anpassung durchgeführt. Nur wenn die Anpassung als ausreichend wichtig angesehen wurde, um die Problembehebung zu rechtfertigen, wurde diese durchgeführt; anderenfalls wurde die Anpassung verworfen, um Probleme im Rahmen folgender Iterationen zu vermeiden.

Aufgrund der bereits in der ersten Iteration beobachteten Besonderheiten, die im Rahmen der internen Anpassung der OSS auftraten, sowie der geplanten Weiterentwicklung des Systems im Unternehmen wurde entschieden, das Projekt weiter mittels Aktionsforschung zu begleiten. Vor dem Hintergrund potenzieller Konflikte interner Anpassungen mit Änderungen eines neuen externen Release wurde entschieden, in Folgeiterationen grundsätzlich zu prüfen, ob geeignete Änderungen bereits im OSS-Entwicklungssystem oder Diskussionsforum vorliegen und unverändert oder auch geringfügig angepasst genutzt werden können.

Neben der Möglichkeit, hierdurch den Aufwand gewünschter Änderungen zu reduzieren, war aufgrund der Verfügbarkeit dieser Anpassungen im Diskussionsforum bzw. Versionsverwaltungssystem des OSS-Projektes zudem die Wahrscheinlichkeit als recht hoch einzuschätzen, dass diese in ein offizielles Release des OSS-Projekts übernommen werden.

Als Bezugsort relevanten Quelltextes wurde im vorliegenden Projekt uneingeschränkt nur das Diskussionsforum des OSS-Projektes angesehen. Die Nutzung von Quelltext aus dem Versionsverwaltungssystem des OSS-Projektes, dessen Inhalte zudem nicht durchgängig frei zugreifbar waren, wurde als problematisch angesehen, da das OSS-Projekt neben den o. g. Releases keine weiteren stabilen Versionen im Versionsverwaltungssystem zur Verfügung stellte. Beides ist bemerkenswert, da der Zugriff auf den Quelltext eine Voraussetzung für die Gewinnung weiterer Entwickler für das OSS-Projekt darstellt.[461] Die Nutzung von Quelltext aus dem Versionsverwaltungssystem fand daher nur dann statt, wenn im Diskussionsforum des OSS-Projektes auf eine Anpassung im Versionsverwaltungssystem explizit verwiesen wurde.

4.4   Folgeiterationen

Die Nutzung und Anpassung der OSS wurde im Anschluss an die erste Iteration im Rahmen des Aktionsforschungsprojektes in sieben weiteren Iterationen begleitet. Die vergleichsweise lange Begleitung des Projektes ermöglichte es, den Einfluss der parallelen Weiterentwicklung des CMS umfangreich zu beobachten sowie, soweit nötig, die interne Vorgehensweise anzupassen. Im Rahmen der Aktionsforschung waren dabei unabhängig von Anzahl und Umfang neuer interner Anpassungen in einer Iteration neue Beobachtungen möglich, da seitens des OSS-Projektes durchgeführte Änderungen Auswirkungen auf interne Anpassungen der OSS haben konnten.

Wie in der Reflexionsphase der ersten Iteration vorgeschlagen, wurde in den folgenden Iterationen bei der Notwendigkeit von Anpassungen, beispielsweise aufgrund eines Änderungsvorschlages, zuerst geprüft, ob eine adäquate Lösung im Diskussionsforum des OSS-Projektes zur Verfügung stand. Eine Lösung wurde dabei so lange als adäquat angesehen, bis der Anpassungsaufwand der externen Lösung den Aufwand für eine interne Erstellung dieser Funktion überstieg.

Um den Fokus der Folgeabschnitte auf die Darstellung wichtiger Auffälligkeiten im Rahmen der Nutzungsphase und im Prozess der Übernahme neuer externer Releases in den internen Quelltext zu legen, werden in den folgenden zwei Abschnitten Beobachtungen mehrerer Iterationen zu jeweils einem Abschnitt zusammengefasst. Die beobachteten Iterationen schließen an die in Abschnitt 4.3.4 dargestellte Reflexionsphase an und umfassen den Zeitraum der Nutzungsphase der auf der Pligg Beta 9.5 basierenden internen Version bis zur Übernahme des externen Pligg-Release Beta 9.95 in den internen Quelltext. Die Beobachtung der internen Weiterentwicklung zeigte auch in den folgenden Iterationen Unterschiede zwischen Nutzungs- und Updatephase auf. Während in Ersterer das OSS-Projekt lediglich als potenzieller Lieferant von Quelltext angesehen wurde, traten Konflikte

---

[461] Vgl. Koch (2003), S. 57.

zwischen externen und internen Anpassungen im Rahmen der Updatephase zu Tage.

Im Anschluss daran werden drei weitere Besonderheiten jeweils einzeln dargestellt, die erst in den auf die erste Iteration folgenden Iterationen beobachtet wurden.

4.4.1 Interne Weiterentwicklung in der Nutzungsphase

In den auf die erste Iteration folgenden Iterationen wurde das CMS weiterhin intern angepasst. Neben der in der ersten Iteration dargestellten Behebung von Fehlern im CMS, der Erweiterung bestehender Funktionalitäten des externen Release sowie dem Hinzufügen neuer Funktionalitäten konnte es nun zudem zu einer Modifikation bereits bestehender interner Anpassungen kommen. Ein Beispiel der Modifikation einer internen Anpassung stellt die Erweiterung der im Laufe der ersten Iteration durchgeführten Anpassung der Karmafunktionalität dar.

Die in der Reflexionsphase geplante Nutzung externer Erweiterungen konnte nicht immer realisiert werden, da für verschiedene Anpassungen keine externe Lösung zur Verfügung stand. Beispiele hierfür sind

1. die Berücksichtigung der aktuellen Kategorie, die ein Nutzer besucht, mittels der Anpassung der Headerdatei des genutzten Templates[462] in der zweiten Iteration sowie
2. die Umsetzung eines sogenannten Social-Bookmarking-Tools in der achten Iteration.

Letzteres zielte darauf ab, eine stärkere Präsenz von Colivia.de auf Websites Dritter zu erzielen. Die Umsetzung des Social-Bookmarking-Tools umfasste eine Erklärungsseite, Grafiken sowie das eigentliche Social-Bookmarking-Tool, welches als neue Datei realisiert und über eine Ergänzung der Templatedatei des Headerbereiches eingebunden wurde.

Neben diesen mangels adäquater externer Lösungen intern realisierten Anpassungen wurden verschiedene Fehlerbehebungen sowie andere Anpassungen des CMS aus dem Diskussionsforum des OSS-Projektes in den internen Quelltext eingeführt.

Ein Beispiel für eine aus dem Diskussionsforum bezogene Fehlerbehebung stellt die von einem der Pligg-Entwickler zur Verfügung gestellte Lösung zur korrekten Darstellung der URLs für Nachrichten dar, deren Titel mindestens einen Umlaut enthält. Abbildung 15 auf der folgenden Seite zeigt einen Screenshot des zugehörigen Threads im Diskussionsforum des OSS-Projektes.

---

[462] Es handelte sich dabei um die Datei /templates/yget/header.tpl.

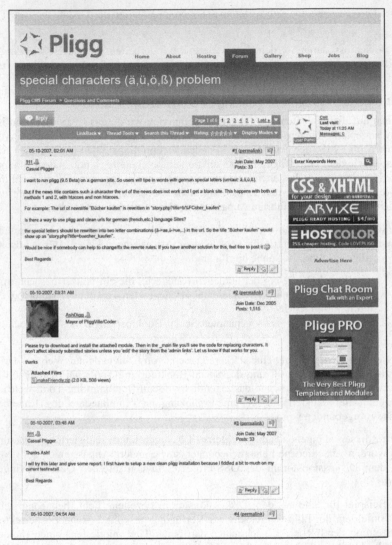

Abbildung 15:   Bereitstellung eines Bugfixes durch ein Teammitglied im Pligg-
                Diskussionsforum[463]

---

[463] Screenshot der Seite [http://forums.pligg.com/questions-comments/5097-special-characters-problem.html].

Das zugrunde liegende Problem war im Rahmen der Überführung des Pligg-Release Beta 9.5 in den internen Quelltext aufgetreten. Die vorgenannte Fehlerbehebung wurde vor der Einführung in den internen Quelltext basierend auf einem Nutzerbeitrag im gleichen Diskussionsthread angepasst, um deutsche Umlaute zu berücksichtigen.

Als beispielhafte Funktionserweiterung sei die Erweiterung TinyMCE[464] genannt, die den Funktionsumfang der Nachrichteneingabe um einen *What you see is what you get*-Editor erweiterte. Der Quelltext wurde im Diskussionsforum des OSS-Projektes zur Verfügung gestellt, war jedoch nicht Bestandteil des offiziellen Release. Die Aktivierung der Erweiterung erfolgte durch das Kopieren des entpackten Archivs in ein vorgegebenes Verzeichnis[465] und der anschließenden Anpassung zweier Templatedateien.[466] Davon abgesehen wurde kein interner Quelltext angepasst; die Nutzung von TinyMCE wurde als externe Erweiterung realisiert, die keine Änderungen an den PHP-Quelltexten des CMS erforderte. Dennoch musste die Herkunft dieser Anpassung als externen Ursprungs gekennzeichnet werden, um bspw. im Prozess der Einführung eines neuen Release des CMS in den internen Quelltext nach einer neuen Version der Erweiterung suchen zu können. Während der Nutzungsphase der auf Pligg Beta 9.8 basierenden internen CMS-Version wurde TinyMCE aufgrund des übermäßigen Gebrauchs u. a. von Smileys durch Nutzer wieder deaktiviert; die Erweiterung musste somit nur in einer Updatephase übernommen werden.

Neben diesen beispielhaft dargestellten Anpassungen wurde eine Vielzahl weiterer Anpassungen umgesetzt, die jedoch im Rahmen der Realisierung keine über die bereits dargestellten Erkenntnisse hinausgehenden Besonderheiten erbrachten. Beispielhaft seien die Integration eines Google-Suchfeldes sowie die Anpassung der durch den RSS-Feed dargestellten Nachrichten[467] genannt. Weiterhin wurde im Bereich der Parametrisierung des Systems mehrfach die genutzte Methode zur Erkennung automatisierter Anmeldungen angepasst (Änderung des Captcha[468]), da nach einiger Zeit eine stark angestiegene Anzahl offenbar automatisiert eingereichter Nachrichten mit werbendem Inhalt auftrat, der durch die Seitenadministratoren gelöscht werden musste.

---

[464] Die auf [http://www.tinymce.com] zur Verfügung stehende Lösung war hier Pligg-spezifisch angepasst worden.
[465] Es handelte sich dabei um das Verzeichnis /3rdparty.
[466] Es handelte sich dabei um die Dateien /templates/yget/submit_step_2.tpl und /templates/yget/pligg.tpl.
[467] Vgl. Abschnitt 4.3.1.
[468] Vgl. von Ahn et al. (2003).

4.4.2 Konflikte und Redundanzen in den Updatephasen

Die Vorgehensweise der Überführung der Änderungen zwischen einem neuen externen Release und seinem externen Vorgängerrelease in den internen Quelltext entsprach in allen Iterationen der in Abschnitt 4.3.3 dargestellten Vorgehensweise. Die bereits während der ersten Iteration beobachteten Inkompatibilitäten zwischen internen und externen Anpassungen sowie die Konkurrenzsituation zwischen internen und externen Anpassungen gleicher oder ähnlicher Funktionalität konnte auch in Folgeiterationen beobachtet werden.

Im Fall der Konkurrenzsituation zwischen einer bestehenden internen Anpassung und einer neuen Funktionalität des offiziellen Release wurde die interne Anpassung durchgängig als obsolet betrachtet und durch die neue externe Funktionalität ersetzt. Tabelle 8 gibt eine Übersicht über die Anzahl aufgetretener Inkompatibilitäten und obsoleter Anpassungen.

Releasewechsel Pligg von → auf	Offizielles vs. internes Release
Beta 9.0 → Beta 9.5	3 Inkompatibilitäten 7 obsolete Anpassungen
Beta 9.5 → Beta 9.6	1 obsolete Anpassung
Beta 9.6 → Beta 9.7	2 obsolete Anpassungen
Beta 9.7 → Beta 9.8	1 obsolete Anpassung
Beta 9.8 → Beta 9.81	-
Beta 9.81 → Beta 9.82	-
Beta 9.82 → Beta 9.90	6 Inkompatibilitäten
Beta 9.90 → Beta 9.95	-

Tabelle 8: Inkompatibilitäten und obsolete interne Anpassungen im Verlauf der Untersuchung

Während Inkompatibilitäten in den auf die erste Iteration folgenden Iterationen auf den Zeitpunkt der Einführung der externen Anpassungen des externen Release Pligg Beta 9.9 beschränkt waren, konnten obsolete Anpassungen in den drei auf die erste Iteration folgende Iterationen beobachtet werden.

Bei der im Zuge des Updateprozesses auf das externe Release Pligg Beta 9.6 obsolet gewordenen Anpassung handelte es sich um die Anpassung einer bei der Einführung des Pligg-Release Beta 9.5 in den internen Quelltext übernommen Datei.[469] In dieser war die Anzeige der von einem Nutzer besuchten Kategorie wegen

---

[469] Es handelte sich dabei um die Datei /sidebar_stories_u.php.

einer fehlerhaften Darstellung mittels einer internen Anpassung entfernt worden. Die fehlerhafte Darstellung wurde im Pligg-Release Beta 9.6 behoben, wodurch die interne Anpassung obsolet wurde.

Zu zwei obsoleten internen Anpassungen führte die Übernahme des externen Pligg-Release Beta 9.7 in den internen Quelltext. Hierbei handelte es sich um den Entfall interner Anpassungen in zwei Templatedateien[470].

Wenngleich im Zuge der Übernahme des externen Pligg-Release Beta 9.8 in den internen Quelltext wiederum eine interne Anpassung obsolet wurde, kam es während der folgenden zwei Übernahmen externer Releases in den internen Quelltext zu keinen Inkompatibilitäten und obsoleten Anpassungen. Die auf das externe Release Pligg Beta 9.8 in vergleichsweise kurzen zeitlichen Abständen folgenden externen Releases Pligg Beta 9.81 und Pligg Beta 9.82 umfassten jeweils, wie die Änderung der Versionsnummer in der zweiten Nachkommastelle bereits annehmen lässt, lediglich geringe Anzahlen von Änderungen. Aufgrund der vergleichsweise späten Überführung des Release Beta 9.81 in den internen Quelltext kam es zudem zu einer schnellen Folge von Updates, weshalb es während der Nutzungsphasen der auf den Versionen Beta 9.81 und Beta 9.82 basierenden Versionen nur zu einer internen Anpassung kam.

Die Übernahme des externen Pligg-Release Beta 9.90 führte gleich zu sechs Inkompatibilitäten mit internen Anpassungen. In der Datei /user.php wurde im neuen Release in den Funktionen *do_stories()*, *do_voted()*, *do_history()*, *do_published()*, *do_shaken()* und *do_commented()* jeweils eine Zeile geändert.[471] Da jede der genannten Funktionen intern angepasst worden war, musste jeweils die interne und externe Anpassung zusammengeführt werden. Zudem musste in zwei PHP-Dateien[472] die Abfrage der Nutzer-Kategorien im Rahmen geschlossener Nutzergruppen angepasst werden, da im Rahmen des Updates die Funktion *get_cached_category_data()* zur Datenbankabfrage neu eingeführt wurde.

Inkompatibilitäten mit bestehenden internen Anpassungen resultierten zudem aus umfangreichen Änderungen des neuen externen Release in den für die Anzeige der Topbenutzer zuständigen Dateien.[473] Die Darstellung der Top 10-Benutzer mit dem höchsten Karmawert musste daher über Anpassungen der Dateien des neuen externen Release neu umgesetzt werden.

---

[470] Es handelte sich dabei um die Dateien /templates/yget/live_published_center.tpl und /templates/yget/live_unpublished_center.tpl.

[471] Die Zeile *global $db, $rows, $user, $offset, $page_size;* wurde jeweils in *global $db, $main_smarty, $rows, $user, $offset, $page_size;* geändert.

[472] Es handelte sich um die Dateien /index.php und /upcoming.php.

[473] Es handelte sich um die Dateien /topusers.php, /templates/yget/topusers_center.tpl und /templates/yget/topusers_data.tpl.

Es sei angemerkt, dass im Rahmen der an die Updatevorgänge anschließenden Tests mehrere Fehler entdeckt wurden, die ihren Ursprung im externen Release hatten. Mehrfach wurde beispielsweise eine nicht aktualisierte Versionsnummer des Pligg CMS vorgefunden. Neben der falschen Angabe der Versionsnummer im dafür vorgesehenen Feld der SQL-Tabelle wurde die Versionsnummer auch in der Versionsangabe der Sprachdatei[474] und einer Templatedatei[475] nicht immer aktualisiert. Weiterhin wurde nach Übernahme des Release Pligg Beta 9.90 in den internen Quelltext in der Nachrichtenansicht nur die Zusammenfassung und nicht die vollständige Nachricht angezeigt; diese kurze Nachrichtenansicht war jedoch lediglich für Übersichtsseiten gedacht, was zu einer Anpassung der für die Anzeige von Nachrichten zuständigen Datei[476] führte. Da die in diesem Rahmen entdeckten Fehler keine direkten Auswirkungen auf die vorliegende Untersuchung haben, wird auf eine umfangreichere Darstellung verzichtet.

4.4.3 Nicht-offizielle externe Anpassungen

Die Betrachtung der internen Anpassung von OSS über viele Iterationen ermöglichte es, die Entwicklung extern bezogenen Quelltextes im Zeitverlauf zu verfolgen. Dabei fiel auf, dass neben mehreren extern bezogenen Anpassungen in Quelltextform, die nach einer oder mehreren Iterationen im Rahmen der Einführung eines neuen externen Release obsolet wurden, andere Anpassungen auch nach der Überführung vieler neuer externer Releases im internen Quelltext verblieben, da sie nicht zum Bestandteil eines neuen externen Release wurden.

Ein Beispiel für einen solchen Fall stellt die in Abschnitt 4.3.2 angesprochene Fehlerbehebung der Kommentarzählung dar. Die Fehlerbehebung war zweigeteilt im Diskussionsforum verfügbar; jedoch fand nur der erste Teil der Fehlerbehebung Eingang in das offizielle Release. Die Handhabung dieser Fehlerbehebung stellte sich daher für das Projektteam wie in Abbildung 16 auf der folgenden Seite skizziert dar.

Durch das interne Projektteam wurde eine solche im offiziellen Forum aufgefundene Fehlerbehebung so lange als interner Quelltext behandelt, bis sie in das offizielle Release eingeflossen war. In diesem Fall wurde die interne Anpassung aufgrund der Überführung des neuen externen Release in den internen Entwicklungszweig obsolet.

---

[474] Diese war in der Datei /libs/lang.conf.version gespeichert.
[475] Es handelte sich um die Datei /modules/version_check/templates/version_check_above_center .tpl.
[476] Es handelte sich dabei um die Datei /story.php.

Das interne Release umfasst daher in der Iteration n+1 in Abbildung 16 die Anpassungen des neuen externen Release, die den Bugfix 1 umfassen. Dieser ist folglich in dieser Iteration im Gegensatz zu Bugfix 2 nicht weiter eine interne Anpassung.

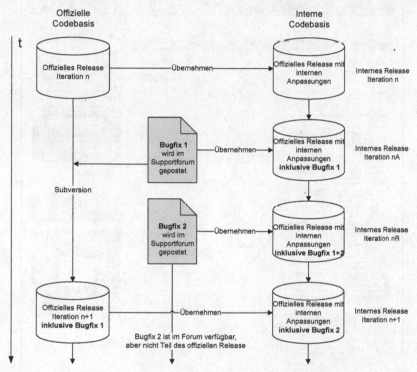

Abbildung 16: Bekannter Bugfix, der noch nicht Teil des offiziellen Release ist

Auf die nicht abschließend in das offizielle Release überführte Fehlerbehebung wurde durch einen Nutzer des Pligg CMS mittels eines Beitrags im Diskussionsforum des OSS-Projekts hingewiesen. Dieser in Abbildung 17 auf der folgenden Seite als Screenshot dargestellte Beitrag verweist zudem darauf, dass auch andere Fehlerbehebungen noch nicht in das offizielle Release übernommen wurden.

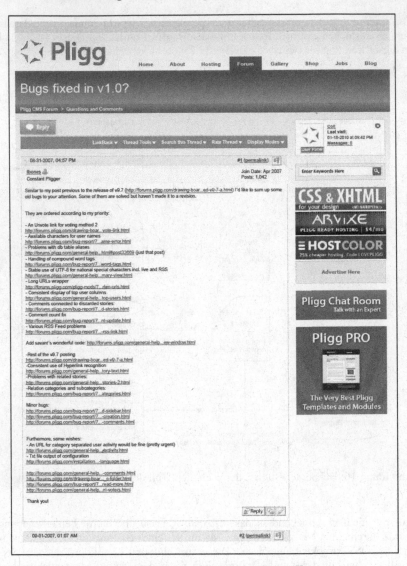

Abbildung 17: Auflistung offener Bugs durch einen Nutzer[477]

---

[477] Screenshot der Seite [http://forums.pligg.com/questions-comments/6991-bugs-fixed-v1-0-a.html].

Die Behandlung der externen Fehlerbehebung als interner Quelltext war, obwohl der Ursprung des Bugfixes extern ist, geboten, da bis zur Aufnahme in das offizielle Release eine Prüfung auf Inkompatibilitäten während der Internalisierung des auf die Einführung des Bugfixes folgenden offiziellen Release nötig war.

Im Projekt wurde daher zwischen folgenden Quelltexten unterschieden:

- Quelltext, der intern erstellt worden ist
- Quelltext, der aus einer externen Quelle stammt, jedoch nicht Teil des offiziellen Release ist und
- Quelltext des offiziellen Release.

Im Fall von Quelltext externen Ursprungs, der nicht Teil des offiziellen Release ist, musste die Quelle festgehalten werden, um diese im Fall von Problemen aufsuchen zu können und von ggf. verfügbaren Updates zu profitieren.

4.4.4 Übernahme von Code aus Folgeversionen (Backports)

Im Gegensatz zu der im vorigen Abschnitt dargestellten Anpassung externen Ursprungs, die nicht Teil des externen Release war, wurde durch Mitglieder des Projektteams in einigen Nachrichten im Diskussionsforum auf Anpassungen hingewiesen, die bereits Teil der Entwicklungsversion im Versionsverwaltungssystem oder eines bereits veröffentlichten Folgerelease waren und sich auch für vorhergehende Versionen eigneten.

Im untersuchten Projekt trat dieser Fall bspw. in der vierten Iteration auf. Hierbei wurde während der Nutzungsphase eine neue Version der Datei /libs/link.php aus dem Versionsverwaltungssystem des OSS-Projektes in den internen Quelltext überführt. Der Hinweis, dass diese Anpassung auch in der Vorgängerversion einsetzbar ist, wurde dabei durch einen der Pligg-Entwickler im Diskussionsforum des OSS-Projektes gegeben. Die Nutzung einer Anpassung, die bereits Teil der Entwicklungsversion der Nachfolgeversion war, bot für das Projektteam den Vorteil, dass sie bei Übernahme der Nachfolgeversion, wie in Abbildung 18 auf der folgenden Seite dargestellt, mit hoher Wahrscheinlichkeit obsolet werden würde. Eine weitere Pflege der Anpassung über den Updateprozess hinaus war daher nicht erforderlich.

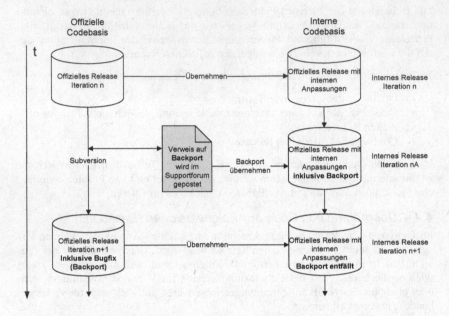

Abbildung 18:   Überführung von Quelltext aus dem Versionsverwaltungssystem des OSS-Projekts in das interne Release sowie späterer Entfall bei einem Update

Das Konzept der Bereitstellung neuer oder angepasster Funktionalitäten aktueller Versionen für Vorgängerversionen ist auch in anderen OSS-Projekten zu finden. Im Rahmen diverser OSS-Projekte werden diese Anpassungen für Vorversionen als Backports bezeichnet. Während es sich bei den in der vorliegenden Untersuchung beobachteten Anpassungen um unveränderten Quelltext einer Nachfolgeversion handelte, umfassen Backports sonst oft für die Nutzung in einer Vorgängerversion notwendige Anpassungen. Eine umfangreiche Sammlung von Backports steht bspw. für das OS-Betriebssystem Debian zur Verfügung.[478] Zusätzlich zu dem Quelltext des Backports wird dort auch eine für die betreffende Betriebssystemversion vorkompilierte Version bereitgestellt.[479]

---

[478]   Siehe [http://backports.debian.org].
[479]   Vgl. beispielsweise die Detailseite des Backports des Portscanners *nmap*, [http://packages.debian.org/lenny-backports/nmap].

4.4.5 Disruptive Codeänderung seitens des OSS-Projekts

Im Rahmen der Verfolgung von Diskussionsthreads im Diskussionsforum des OSS-Projektes wurde während des Untersuchungszeitraums die Ankündigung einer potenziell drastischen Änderung entdeckt. Einer der Hauptentwickler des Pligg CMS verwies im Rahmen der Diskussion um die Veröffentlichung der Version 1.0.0 des Pligg CMS auf den Plan, die OSS komplett neu zu programmieren. Dieser Beitrag ist in Abbildung 19 als Screenshot dargestellt.

Abbildung 19: Forenbeitrag zu geplanter Version 2.0 des Pligg CMS[480]

---

[480] Screenshot der Seite [http://forums.pligg.com/questions-comments/10540-pligg-development-ceases.html].

Möglicherweise sollte diese Änderung dazu dienen, den Entwicklern eine Umstellung des Lizenzmodells der Software zu ermöglichen. Für Nutzer ergab sich im Fall der Umsetzung des Plans die in Abbildung 20 dargestellte Situation: Sie müssten in diesem Fall entscheiden, ob sie auf die neue Version umsteigen, oder weiterhin die alte Version verwenden und eventuell spätere Verbesserungen des Systems durch das OSS-Projekt nicht nutzen können.

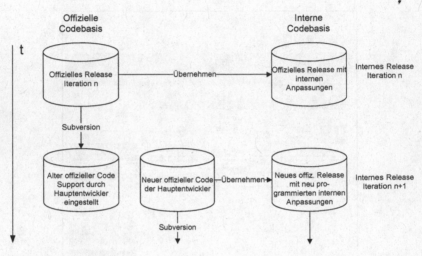

Abbildung 20: Disruptive Codeänderung

Zu einer solchen disruptiven Codeänderung kann es auch bei einer neuen Version einer proprietären Software kommen, die mit Erweiterungen von Drittanbietern inkompatibel ist. Wenn Anpassungen von SSW jedoch Gebrauch von APIs machen, wird der Code eventuell auch mit einer neuen Version zusammenarbeiten, deren Codebasis erheblich verändert worden ist, aber die gleichen APIs bietet.

Anpassungen des Quelltextes hingegen werden im Fall einer disruptiven Codeänderung mit hoher Wahrscheinlichkeit verloren sein. Nutzer von OSS werden zudem oftmals die Software nicht über eine lange Zeit ohne die Möglichkeit von Unterstützung und Updates durch Beteiligte des OSS-Projektes weiterbetreiben wollen.

Grundsätzlich ist dies möglich, da die Nutzer von OSS über den Quelltext der Software verfügen; wenngleich dieses Vorgehen die Gefahr birgt, die Unterstützung durch die OSS-Community zu verlieren, kann aufgrund der Verfügbarkeit des Quelltextes auf Support von Drittanbietern zurückgegriffen werden. Diese

Möglichkeit stellt für diesen Fall einen erheblichen Vorteil von OSS dar, da eine Anpassbarkeit einer proprietären Software in diesem Umfang nicht gegeben wäre. Eine Ausnahme ist lediglich bei einem vorhandenen Escrow-Agreement gegeben, bei dem der Quelltext eines proprietären Systems bei einem Treuhänder hinterlegt wird und der Lizenznehmer in festgelegten Situationen, wie der Insolvenz des Softwareherstellers, Zugriff auf den Quelltext der Software erhält.[481]

4.5 Ergebnisse

Die Untersuchung der unternehmensinternen Anpassung einer OSS über mehrere Iterationen hat eine Vielzahl an Besonderheiten aufgezeigt, die bei der Anpassung von OSS auftreten können. Die parallele Weiterentwicklung im OSS-Projekt sowie die Bereitstellung von Quelltext durch andere Mitglieder der OSS-Community des Projektes ermöglicht es, nach geeigneten Anpassungen zu suchen und so den Aufwand einer internen Entwicklung zu reduzieren oder vollständig zu vermeiden.

Wird externer Quelltext bspw. zur Umsetzung einer gewünschten neuen Funktionalität genutzt, führt dies zu der Notwendigkeit, die Kompatibilität des externen Quelltextes mit dem internen Entwicklungszweig zu überprüfen und ggf. herzustellen. Interne Anpassungen, die auch die vorgenannte Nutzung nicht-offiziellen externen Quelltextes umfassen, können jedoch bei jeder Überführung eines neuen offiziellen Release in den internen Entwicklungszweig zu Problemen führen.

Im Rahmen der Prüfung interner Anpassungen wurden in mehreren Iterationen Konflikte festgestellt, die aus Inkompatibilitäten von internen Anpassungen mit Änderungen des neuen offiziellen Release resultierten. Diese mussten jeweils durch eine manuelle Überarbeitung der internen Anpassung aufgelöst werden. Um diesen manuellen Aufwand zu reduzieren, wurden die durch das Konfigurationsmanagement bereitgestellten Informationen über Anpassungen des internen Quelltextes dazu genutzt, interne Anpassungen vor der Einführung eines neuen offiziellen Release in den internen Entwicklungszweig ggf. zu entfernen. Ein Grund hierfür konnte bspw. der Entfall der Notwendigkeit der Anpassung oder die Abdeckung dieser Anpassung durch das neue externe Release sein.

Wenngleich kein Feedback an das OSS-Projekt gegeben worden war, trat im Rahmen der Übernahme neuer externer Releases in den internen Entwicklungszweig mehrfach der Fall auf, dass neue externe Anpassungen eine oder mehrere interne Anpassungen obsolet machten. Dies führte zu einer Reduktion der Anzahl interner Anpassungen, was den manuellen Aufwand im Prozess der Übernahme neuer Releases in Folgeiterationen reduzierte. Die Beobachtung externer Anpassungen zeigte jedoch auf, dass auch im direkten Umfeld des OSS-Projektes (hier: im Diskussionsforum des Projektes) verfügbar gemachte Anpassungen nicht zwangsläufig Be-

---

[481] Vgl. bspw. [http://www.ironmountain.de/unsereservices/intellectual-property-management/escrow-service-deutschland.asp].

standteil eines offiziellen Release wurden. Folglich verblieb in einigen Fällen Quelltext externen Ursprungs über mehrere Iterationen im internen Quelltext, ohne Teil des offiziellen Release zu werden.

Die Nutzung von Anpassungen, die dem Versionsverwaltungssystem des OSS-Projektes entnommen waren, reduzierte die Wahrscheinlichkeit dieses Problems, da sie zum Zeitpunkt der Übernahme bereits Bestandteil des kommenden Release (bzw. dessen Entwicklerversion) waren. Es war daher anzunehmen, dass sie mit hoher Wahrscheinlichkeit bis zum nächsten offiziellen Release im Versionsverwaltungssystem verblieben und die interne Anpassung mit der späteren Übernahme des neuen offiziellen Release in den internen Entwicklungszweig obsolet werden würde. Problematisch bei der Nutzung von Quelltext aus Folgeversionen ist jedoch die unbekannte Kompatibilität mit dem Quelltext, der dem internen Release zugrunde liegt. Um das Risiko eines Kompatibilitätsproblems zu reduzieren, wurde im untersuchten Projekt die Nutzung von Quelltext aus Folgeversionen auf Anpassungen beschränkt, für die die Kompatibilität mit der dem internen Quelltext zugrunde liegenden Version des CMS durch einen Hinweis im Forum bekannt war.

Die Nutzung externen Quelltextes, der nicht Bestandteil des offiziellen Release war, erforderte eine genaue Dokumentation im Rahmen des Konfigurationsmanagements. Die Dokumentation der Herkunft des Quelltextes kann bspw. im Fehlerfall nach der Einführung eines neuen externen Release in den internen Quelltext genutzt werden, um eine externe Quelle wieder aufzusuchen und so eine neue Version des Quelltextes zu erhalten. Obwohl die Berücksichtigung der Dokumentation des Konfigurationsmanagements half, den Aufwand manueller Prüfungen im Rahmen der Überführung neuer Releases in den internen Quelltext zu reduzieren, kam es aufgrund interner Anpassungen zu einem erhöhten Testaufwand. Neben im offiziellen Release enthaltenen Funktionen mussten zusätzlich stets die internen Anpassungen nach der Übernahme eines neuen externen Release getestet werden. Dies war von erheblicher Wichtigkeit, da insbesondere bei umfangreicher OSS die umfassende Ermittlung der Auswirkung einer Anpassung oft nicht möglich ist.

Hinsichtlich des zugrunde liegenden Forschungsansatzes und der angestrebten Übertragbarkeit der Ergebnisse ist es geboten, auf die Generalisierbarkeit der Ergebnisse der dargestellten Untersuchung einzugehen. Die Generalisierbarkeit der Ergebnisse von Aktionsforschung wird von verschiedenen Autoren infrage gestellt. Eine fehlende Generalisierbarkeit wird dabei oft daraus abgeleitet, dass bspw. im Bereich der Sozialforschung und Pädagogik die Teilnehmer der Untersuchung und ihr Kontext einzigartig sind.[482] Die Aktionsforschung geht dabei nicht von der, im Bereich des Positivismus grundlegenden, Wiederholbarkeit der Forschungsergebnisse aus.

---

[482] Vgl. bspw. Baskerville und Wood-Harper (1996), S. 243.

Vielmehr wird, da sich Untersuchungsgegenstände in den Sozial- wie auch Wirtschaftswissenschaften entgegen dem Fall der Naturwissenschaften oftmals in vielerlei Hinsicht nicht gleichbleibend im Zeitverlauf verhalten, das klassische Vorgehen des Testens von Hypothesen als nicht in allen Anwendungsfällen sinnvoll angesehen.[483] Wenngleich dieses Vorgehen bei den Naturgesetzen gehorchenden Untersuchungsobjekten aufgrund der Wiederholbarkeit bewährt ist[484], so wird bei Fragestellungen der Sozial- und Wirtschaftswissenschaften oftmals eine Untersuchung über einen Zeitraum als zielführender angesehen, in dem eine möglichst umfangreiche Basis qualitativer Beobachtungen erstellt wird.

Dies ist auch in dieser Untersuchung gegeben. Wie von Melrose (2001) vorgeschlagen[485], wurden dabei der Kontext und die Besonderheiten der Untersuchung herausgestellt. So wurde bspw. die Methode zur Änderungsextraktion explizit dargestellt, da bspw. bei der Untersuchung einer objektorientierten OSS eine andere Methode vorzuziehen sein könnte. Der Ansatz der Aktionsforschung garantiert nicht, dass alle Vorfälle, die im Lebenszyklus einer modifizierten OSS auftreten können, abgedeckt sind. Aufgrund der beobachteten Anzahl an Releasewechseln ist es jedoch möglich, besondere Anforderungen im Kontext der Anpassung von OSS in Unternehmen abzuleiten. Basierend auf der Darstellung von Softwarewartung und -evolution kann hierzu ein grobgranularer Prozesses der Anpassung von OSS in Anwenderunternehmen erstellt werden, anhand dessen die durch eine Anpassung von OSS entstehenden Besonderheiten strukturiert dargestellt werden.

---

[483] Vgl. Checkland und Holwell (2007), S. 5. Sie verweisen dabei auf Keynes, der ein im Zeitverlauf gleich bleibendes Untersuchungsobjekt als Voraussetzung für eine Wiederholbarkeit ansieht.

[484] Vgl. Ibid., S. 3f.

[485] Vgl. Melrose (2001), S. 164 und 174.

5. Prozess der Anpassung von OSS in Unternehmen

5.1 Vorbetrachtung

Die ungeplante Nutzung und Modifikation von OSS kann im Unternehmensumfeld zu Problemen führen. Saleck (2005) weist auf folgende Punkte hin, die aufgrund der Freiheiten von OSS entstehen können: Verlust des Überblicks über die Nutzung von OSS, Nutzung einer Vielzahl nicht revisionssicherer Varianten, die simultane Nutzung verschiedener Versionen einer Software innerhalb einer Firma und die unnötige Wiederholung von Aufgaben.[486]

Diese Probleme können durch geeignete Koordinationsmechanismen adressiert werden. Balzert (2008) nennt folgende Koordinationsmechanismen:[487]

- Gegenseitige Abstimmung,
- persönliche Weisung,
- Standardisierung der Arbeitsprozesse,
- Standardisierung der Arbeitsprodukte und
- Standardisierung der bei den Mitarbeitern vorauszusetzenden Qualifikationen.

Während beispielsweise die Nutzung unterschiedlicher Versionen von OSS mittels Weisung auf eine Version beschränkt werden kann[488], erfordert der Prozess der internen Anpassung von OSS eine umfangreichere Betrachtung.

Wie im vorigen Kapitel dargestellt, weist die Nutzung von OSS im Fall einer Anpassung im Vergleich zur Nutzung von SSW oder individuell entwickelter Software Besonderheiten auf, die von Unternehmen berücksichtigt werden müssen.

Hierbei ist insbesondere zu beachten, dass das OSS-Projekt nicht Teil des Unternehmens ist und üblicherweise keine Abstimmung, bspw. hinsichtlich der Releasezeitpunkte, zwischen dem OSS-Projekt und den Nutzern der OSS stattfindet. Das Unternehmen muss so die oft zeitgleich stattfindende Weiterentwicklung der OSS im OSS-Projekt und im Unternehmen berücksichtigen.

Basierend auf den Beobachtungen im vorhergehenden Kapitel wird im folgenden Abschnitt ein Prozessmodell induziert, das als Grundlage der späteren Betrachtungen dient. Ein Prozessmodell „beschreibt in abstrakter und idealisierter Form die zeitlich-sachlogische Abfolge von Aktivitäten"[489].

---

[486] Vgl. Saleck (2005), S. 172.
[487] Vgl. Balzert (2008), S. 51f.
[488] Vgl. Ebert und Ruffin (2004), S. 33f.
[489] Balzert (2008), S. 446.

Aufgabe dieses grobgranularen Prozessmodells ist es, die im Rahmen der Nutzung und ggf. Anpassung von OSS auftretenden Unterschiede zur Nutzung proprietärer Software herauszustellen.

Entsprechend der zuvor getroffenen Feststellung, dass diese Unterschiede erst ab der Anpassung der Software bzw. dem Eintreten in die Wartungsphase auftreten, wird im Folgenden die Betrachtung auf die Phase der Softwarewartung als einem Teil des in Abbildung 4 auf Seite 43 dargestellten Softwarelebenszyklus eingeschränkt. Sie umfasst entsprechend der Darstellung in Abschnitt 3.1.2 korrigierende, adaptive und perfektionierende Softwarewartung.

Für Software bestehen verschiedene grundsätzliche Anpassungsmöglichkeiten. Anhand dieser kann dargestellt werden, in welchen dieser Bereiche Besonderheiten bei einer unternehmensinternen Anpassung von OSS zu erwarten sind. Den Ausgangspunkt der Betrachtung stellen die Möglichkeiten der Anpassung (engl. Customizing) von SSW nach Stahlknecht und Hasenkamp dar:[490]

- „Parametrisierung („Customizing im engeren Sinn")",
- „Konfigurierung (auch als Modularisierung bezeichnet)" und
- „Ergänzungsprogrammierung (auch als Individualprogrammierung bezeichnet)".

Die **Parametrisierung** bezeichnet die Anpassung von Software mittels Parametereinstellungen. Diese Möglichkeit ist auch bei OSS oftmals gegeben. Anpassungen von OSS mittels Parametrisierung können hinsichtlich ihrer Auswirkungen als vergleichbar mit der Parametrisierung proprietärer Software angesehen werden und sind im Kontext der Darstellung von Besonderheiten im Rahmen der Nutzung und Anpassung von OSS folglich nicht relevant.

Der Ansatz der **Konfigurierung (bzw. Modularisierung)** ermöglicht es, bestehende Softwareartefakte wie bspw. einzelne Komponenten oder Klassen für ein neues Softwaresystem zu nutzen. Diese Wiederverwendung setzt voraus, dass die Artefakte die von ihnen erwarteten Funktionen möglichst exakt abdecken und passende Schnittstellen definiert sind. Eine exakte Definition der Schnittstellen ermöglicht es zudem, dass Komponenten bei Bedarf ausgetauscht werden können.[491]

Bei proprietärer Software kann mittels einer Konfigurierung ein den Anforderungen entsprechendes System erzeugt werden. Der Funktionsumfang kann, bspw. mittels eines Bildschirmdialogs, festgelegt werden. Handelt es sich um objektorientiert entwickelte SSW, werden Klassen genutzt, die typischen Geschäftsobjekten entsprechen.[492] Eine Konfiguration findet zum Zeitpunkt des Erstellens eines An-

---

[490] Stahlknecht und Hasenkamp (2005), S. 298.
[491] Vgl. Sommerville (2007a), S. 476f.
[492] Vgl. Stahlknecht und Hasenkamp (2005), S. 298.

wendungssystems statt. Da zu diesem Zeitpunkt gerade keine Anpassungen am Quelltext durch das Anwenderunternehmen erfolgen, entstehen keine Besonderheiten bei einer ggf. möglichen Konfiguration von OSS.

SSW kann zudem definierte Schnittstellen anbieten, die Anpassungen bei oder nach der Einführung ermöglichen. Die Verfügbarkeit dieser APIs ist dabei nicht grundsätzlich abhängig davon, ob die Software proprietärer Art ist, es sich um eine Individualentwicklung oder OSS handelt; alle können mittels definierter Schnittstellen eine Möglichkeit zur Erweiterung bieten, die von der Verfügbarkeit des Quelltexts unabhängig ist.

Im Fall von Änderungen an der API können Modifikationen von Anpassungen erforderlich werden. Sollte es zu nicht dokumentierten Änderungen der API kommen, können diese nur durch entsprechende Tests vor dem Produktivbetrieb rechtzeitig erkannt werden. Aufgrund der Vergleichbarkeit dieser Anpassungsmöglichkeit mit der Anpassung proprietärer Software oder einer Individualentwicklung wird diese Anpassungsmöglichkeit nicht näher betrachtet.

Als dritte Option der Anpassung von SSW steht die *Ergänzungsprogrammierung (auch als Individualprogrammierung bezeichnet)* zur Verfügung. Der Begriff Individualprogrammierung erscheint auf den ersten Blick im Fall von OSS als naheliegend, da hier aufgrund der Verfügbarkeit des Quelltextes nicht ausschließlich eine Ergänzung der Software möglich ist; der Begriff Ergänzungsprogrammierung ist vor dem Hintergrund als zutreffend anzusehen, dass in der überwiegenden Zahl der Fälle im Rahmen der Wartung neue Funktionsanforderungen durch Nutzer adressiert werden.[493]

Im Gegensatz zu den vorgenannten Optionen der Parametrisierung sowie der Konfiguration bzw. Modularisierung kann hinsichtlich einer Ergänzungsprogrammierung eine klare Unterscheidung zwischen SSW und OSS getroffen werden. Während bei einer SSW üblicherweise nur dem Entwickler bzw. der ihn beauftragenden Firma selbst der Quelltext zur Verfügung steht, steht es bei OSS jeder Person innerhalb oder außerhalb einer Firma frei, jegliche Art von Anpassungen durchzuführen.

Hierbei ist jedoch zu beachten, dass die Entwicklung der OSS außerhalb des Unternehmens üblicherweise unabhängig von der unternehmensinternen Entwicklung weiter fortgeführt wird. Ein Prozessmodell, das den von der Wartung proprietärer Software abweichenden Prozess der Anpassung von OSS in einem Anwenderunternehmen darstellt, muss somit den Prozess der internen Modifikationen abbilden und zudem berücksichtigen, dass zu jedem Zeitpunkt neue externe Releases Änderungen beinhalten können, die in Konflikt mit der internen Weiterentwicklung der OSS stehen.

---

[493] Vgl. Abschnitt 3.1.2.

Änderungen am Quelltext einer OSS in einem Anwenderunternehmen führen zu einem internen Entwicklungszweig, der sich vom Quelltext des offiziellen Release unterscheidet. Diese Situation ist grundsätzlich vergleichbar mit der Entstehung eines Forks einer OSS, d. h. der Aufteilung eines OSS-Projekts in zwei miteinander in Wettbewerb stehende Projekte, die u. a. um Ressourcen wie Programmierer konkurrieren.[494]

Im Fall der internen Anpassung von OSS ist nicht von einem solchen Wettbewerb auszugehen. Der Prozess der internen Anpassung sollte vielmehr die externe Weiterentwicklung der OSS durch das OSS-Projekt explizit berücksichtigen. Um den Einsatz interner Ressourcen für die Anpassung der OSS möglichst gering zu halten, sollte es das Ziel sein, das angepasste System so nah wie möglich am offiziellen Quelltext zu belassen und zu versuchen, eigene Anpassungen in das offizielle OSS-Projekt aufnehmen zu lassen.[495] Dies ermöglicht es, in maximalem Umfang an der OSS-Weiterentwicklung partizipieren zu können. Dies umfasst zum einen die Vermeidung von Entwicklungsarbeit, die bereits durch das OSS-Projekt in einer neuen Version geleistet ist. Zum anderen wird hierdurch der zusätzliche Aufwand, der durch interne Anpassungen im Fall der Übernahme eines neuen externen Release entsteht, verringert.

Aufgrund der im Fall einer internen Anpassung von OSS offensichtlichen Entstehung eines internen Entwicklungszweigs und der gleichzeitigen Weiterentwicklung des Quelltexts des offiziellen OSS-Release überrascht es, dass die Behandlung dieser Situation in der Literatur bisher wenig Beachtung gefunden hat.

Eines der wenigen Beispiele stellt die Behandlung des Themas in Goldman und Gabriel (2005) dar. Sie erkennen die Problematik divergierender Codezweige, beziehen dies entsprechend ihrer Zielsetzung jedoch lediglich auf den Fall eines sogenannten *branded product*, d. h. hier, eines unternehmensintern erstellten Produktes, zu dem zusätzlich ein durch das Unternehmen erstelltes OSS-Produkt existiert. Sie stellen drei mögliche Szenarien vor:[496]

- Ein Austausch von Verbesserungen und Korrekturen der Produkte findet abhängig vom Releasezyklus des OSS-Produktes statt. Es wird dabei versucht, das *branded product* so nah wie möglich am OSS-Produkt zu halten. Das *branded product* kann Funktionserweiterungen beinhalten, der über-

---

[494] Vgl. Abschnitt 2.2.5.

[495] Es wird hierbei angenommen, dass eine Weitergabe von Quelltext an das OSS-Projekt durch das Unternehmen gewünscht ist. Dies wird insbesondere dann nicht gegeben sein, wenn sich das Unternehmen Wettbewerbsvorteile von den internen Anpassungen verspricht und diese aus diesem Grund nicht veröffentlichen möchte. Zu dem Ablauf der Einreichung von Quelltext an das OSS-Projekt vgl. Abschnitt 5.5.3.

[496] Vgl. Goldman und Gabriel (2005), S. 195-198.

wiegende Teil der Funktionalität ist jedoch in beiden Versionen enthalten und geht auf das OSS-Produkt zurück.

- Es kommt zu einem Austausch von Verbesserungen und Korrekturen der Produkte unabhängig von deren Releasezyklus. Dieser Fall wird dann angenommen, wenn die Produkte über eine starke Differenzierung verfügen. Es wird davon ausgegangen, dass die Produkte im Zeitverlauf weiter auseinander divergieren. Diese Variante wird dann empfohlen, wenn das *branded product* über proprietäre Elemente verfügt, die nicht an das OSS-Projekt zurückgegeben werden sollen.

- Die Entwicklung des *branded product* erfolgt intern; eine Herausgabe von Quelltext an das OSS-Projekt erfolgt, allerdings kommt es zu keiner Aufnahme von OSS-Code in das *branded product* („throwing code over the wall"). Diese Variante wird als am unproblematischsten für das Unternehmen angesehen; das OSS-Projekt wird jedoch mit hoher Wahrscheinlichkeit scheitern oder eine Art User Group des *branded product* darstellen.

Es ist wichtig anzumerken, dass bei der Betrachtung von Goldmann und Gabriel die Annahme zugrunde liegt, dass die Firma beide Projekte selbst initiiert hat. Sie versucht, durch die Einrichtung eines eigeninitiierten OSS-Projektes freiwillige Mitarbeiter zu gewinnen. Die in ihrem Buch dargestellten Abstufungen legen daher den Fokus darauf, das eigene *branded product* vom OSS-Produkt abzugrenzen. Dennoch liefern sie einen der wenigen Beiträge, der sich mit der Problematik der Übernahme von Anpassungen in die interne Codebasis auseinandersetzt und dabei die Nähe der Versionen zueinander sowie die Notwendigkeit einer Entscheidung hinsichtlich der Übernahme von Änderungen in einer der Versionen anspricht.

Eine weitere Untersuchung, die auch eine interne Anpassung von OSS umfasst, liegt mit Hang et al. (2005) vor.[497] Diese nutzen im Rahmen des durch das Bundesministerium für Bildung und Forschung (BMBF) geförderten NOW-Forschungsprojektes[498] eine partizipative Fallstudie, um mittels der Nutzung und Anpassung von OSS in einem Softwareunternehmen Erkenntnisse über mögliche Geschäftsmodelle, Softwareentwicklungsmethoden und das Management einer Community im Bereich OSS zu erlangen. Die Autoren stellen in ihrem Aufsatz den im Fallstudienprojekt genutzten, iterativen Entwicklungsprozess vor, der in die Phasen Analyse (die insbesondere das Finden geeigneter OSS umfasst) und Implementierung (Auswahl von Änderungsanfragen und Zuweisung dieser an Entwickler sowie Umsetzung der Änderung) unterteilt ist. Die Implementierung wird in Releasezyklen unterteilt und stellt ein iteratives Vorgehen dar. Wenngleich die Autoren darauf verweisen, dass die gleichzeitige Entwicklung im Unternehmen und OSS-Projekt von ihnen als problematisch angesehen wird, so erfolgt keine

---

[497] Vgl. Hang et al. (2005), S. 226.
[498] „NOW – Nutzung von Open Source in Wirtschaft und Industrie", siehe [http://www.c-lab.de/de/services-downloads/c-lab-now-portal/].

nähere Darstellung anhand ihrer Untersuchung. Auch im Entwicklungsmodell wird die gleichzeitige Entwicklung nicht explizit berücksichtigt.[499]

5.2   Grobgranulares Prozessmodell

Zur Darstellung der Besonderheiten im Fall der Anpassung von OSS wird in diesem Abschnitt ein grobgranulares Prozessmodell vorgestellt, das als Ausgangspunkt der folgenden Betrachtungen der internen Anpassung von OSS dient.

Die Grundlage dieses Modells stellt der in Abschnitt 3.1.2 dargestellte Prozess der Softwarewartung dar. Das vorgestellte Modell nutzt bewusst keine detaillierte Darstellung wie in den monumentalen Modellen[500], sondern stellt Prozessbereiche heraus, in denen verglichen mit dem Prozessablauf bei SSW bzw. Individualentwicklungen Besonderheiten auftreten. Um die grobgranulare Darstellung detaillierter ausarbeiten zu können, ist die Kenntnis der konkreten OSS erforderlich. Die Entwicklung von OSS weist erhebliche Unterschiede zur Entwicklung von SSW auf.[501] Im Gegensatz zu den bei monumentalen Modellen stark formalisierten Vorgehensweisen können zudem in OSS-Projekten sehr unterschiedliche Vorgehensweisen hinsichtlich der (Weiter-)Entwicklung von OSS auftreten.

Die Softwarewartung wird, wie bereits in Abschnitt 3.1.2 dargelegt, üblicherweise nicht einmalig, sondern vielmehr zu verschiedenen Zeitpunkten ab der Einführung der Software durchgeführt. Als Grundlage des Prozessmodells wird der von Arthur in diesem Kontext vorgeschlagene[502] und von Sommerville angepasste *System Evolution Process* genutzt, der in Abbildung 6 auf Seite 54 dargestellt ist.

Die mit dieser Bezeichnung verbundene Evolution eines Softwaresystems ist nicht mit der Evolution von Software gemäß der Darstellung in Abschnitt 3.2 vergleichbar. Im Gegensatz zu dieser, auf einen langen Beobachtungszeitraum bezogenen, Evolution kann gemäß der Darstellung des *System Evolution Process* eine Evolution von Software innerhalb eines Anwenderunternehmens bereits mit der Einführung der Software beginnen. Sofort benötigte Änderungen werden identifiziert, ihre Auswirkungen werden analysiert, die Anpassungen werden geplant und implementiert, was ein neues System zur Folge hat; Änderungsanforderungen nach der Einführung leiten die gleichen Schritte ein.[503] Die Softwareevolution beginnt gemäß dieser Betrachtungsweise bereits mit der ersten Iteration von Änderungen nach der Einführung der Software.

---

[499] Vgl. Hang et al. (2005), S. 228-231.
[500] Hinsichtlich monumentaler Modelle vgl. bspw. Balzert (2008), S. 516f.
[501] Vgl. Abschnitt 2.2 sowie für einen umfangreichen Vergleich der Entwicklung proprietärer Software mittels schwergewichtiger und agiler Modelle mit der OSS-Entwicklung Lehmbach (2007).
[502] Vgl. Arthur (1988).
[503] Vgl. Sommerville (2007a), S. 540f.

Der grobgranulare *System Evolution Process* nach Arthur und Sommerville trifft auf proprietäre Software wie auch auf OSS zu. Er behandelt durchzuführende Änderungen und berücksichtigt dabei die in Abschnitt 3.1.2 genannten Arten von Softwarewartung nach Swanson. Er dient im Folgenden als Grundlage für die Erstellung des grobgranularen Prozessmodells für die Anpassung von OSS in Unternehmen; basierend auf der Untersuchung des Praxisprojektes wird eine Unterscheidung in zwei Prozessketten im Rahmen der Anpassung von OSS in Unternehmen durchgeführt. Wie in Abbildung 21 dargestellt, basieren beide Prozessketten auf den Schritten des *System Evolution Process*. Sie unterscheiden sich jedoch im Vorgehen, ein neues Systemrelease zu erzeugen.

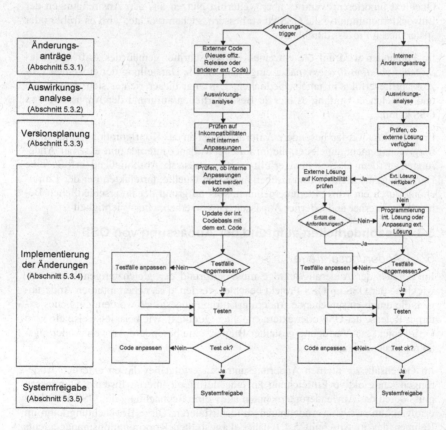

Abbildung 21: Prozessmodell für die Anpassung von OSS

Die Aufspaltung in zwei Prozessketten wird erforderlich, da als Auslöser einer Änderung interne Änderungsanfragen identifiziert werden können, jedoch auch neuer externer Quelltext, wie bspw. ein neues offizielles Release der OSS, eine Änderung des Systems erfordern kann.

Die rechte Prozesskette in Abbildung 21 wird durch Änderungsanfragen innerhalb des Anwenderunternehmens angestoßen; die linke Prozesskette wird durch neue offizielle Releases oder die Nutzung anderen externen Quelltextes notwendig gemacht, bspw. einem Bugfix, der im Supportforum des OSS-Projektes zur Verfügung steht.

Ein Anwenderunternehmen kann diese externen Releases bzw. neuen externen Quelltext ignorieren; wenn es aber weiterhin Nutzen aus den Anstrengungen der Entwicklercommunity, die OSS zu verbessern, ziehen möchte, wird es früher oder später diesen Prozess durchlaufen.

Im Folgenden wird auf die einzelnen Prozessschritte, gemäß der Aufteilung des *System Evolution Process*, näher eingegangen. Die Darstellung der einzelnen Prozessschritte erfolgt in unterschiedlichem Umfang; dieser richtet sich danach, ob und in welchem Umfang es hier zu Besonderheiten aufgrund der Anpassung von OSS kommt.

Im Anschluss werden besondere Anforderungen an das Konfigurations- und Änderungsmanagement abgeleitet, die im Fall verwobener interner und externer Änderungen an dem OSS-System erfüllt werden müssen. Abschließend erfolgt eine Darstellung möglicher Zustandsübergänge von Quelltextartefakten bei der Einreichung durch ein Anwenderunternehmen, was aufgrund der unterschiedlichen Behandlung interner und externer Anpassungen von erheblicher Wichtigkeit ist.

5.3   Besonderheiten aufgrund der Anpassung von OSS

5.3.1 Änderungsanträge

Im Bereich der Änderungsanträge muss aufgrund der gleichzeitigen Weiterentwicklung der OSS im OSS-Projekt beachtet werden, dass neben internen Änderungen, die durch entsprechende Änderungsanträge angestoßen werden, ein neues externes Release der OSS oder extern erstellter Quelltext, wie beispielsweise ein vom OSS-Projekt zur Verfügung gestellter Bugfix, eine besondere Art von Änderungsantrag auslösen kann.

Im Gegensatz zu internen Änderungsanträgen erfolgt bei diesen externen Änderungen keine aktive Einreichung an eine definierte interne Instanz. Stattdessen muss durch das Anwenderunternehmen aktiv eine Beobachtung des OSS-Projektes erfolgen, um relevante Änderungen zu identifizieren. Diese Beobachtung kann im Rahmen des in Abschnitt 5.4.1 näher dargestellten Konfigurationsmanagements umgesetzt bzw. durch dieses unterstützt werden.

Während die Behandlung interner Änderungsanträge mit dem Vorgehen im Fall einer unternehmensspezifischen Individualentwicklung vergleichbar ist[504], muss bei externen Änderungen geprüft werden, ob und in welchem Umfang diese übernommen werden sollen. Die Notwendigkeit einer Anpassung externen Quelltextes vor der Nutzung wird erst später, im Rahmen der Auswirkungsanalyse, bewertet und ggf. im Rahmen der Implementierung umgesetzt.

5.3.2 Auswirkungsanalyse

Im Rahmen der Auswirkungsanalyse muss der im Fall interner Anpassungen entstehende interne Entwicklungszweig besondere Beachtung finden. Dieser entsteht aufgrund interner Anpassungen der OSS; er kann zudem Anpassungen wie Bugfixes oder anderen Quelltext unternehmensexternen Ursprungs enthalten, die noch nicht Teil des offiziellen Release der OSS sind.[505]

Die Möglichkeit der Übernahme externen Quelltextes stellt besondere Anforderungen an die Auswirkungsanalyse, da entschieden werden muss, ob die Nutzung externen Quelltextes der internen Realisierung von Änderungen vorzuziehen ist. Soll die Nutzung eines extern verfügbaren Quelltextes realisiert werden, ist dies ähnlich der Suche nach passenden Komponenten oder Frameworks im Bereich der komponentenbasierten Softwareentwicklung; auch die Probleme finden sich wieder. So kann es dazu kommen, dass geeignete Komponenten schwer auffindbar sind sowie unbenutzter Quelltext Teil des internen Entwicklungszweiges bleibt. Weiterhin können durch den Verbund von selbst- und extern erstellter Software Probleme im Bereich des Testens und der Wartung auftreten.[506]

Ist ein geeigneter Quelltext gefunden, muss dieser trotz seines externen Ursprungs als interner Quelltext behandelt werden bis er in das offizielle Release eingeflossen ist und dieses offizielle Release in den internen Codezweig übernommen ist. Im Fall eines neuen offiziellen Release sollen bestehende interne Anpassungen überprüft und, falls möglich, durch Anpassungen des offiziellen Release wie neue Funktionalitäten oder Bugfixes ersetzt werden. Ziel dessen ist es, die Abweichung zwischen dem internen Entwicklungszweig und dem externen Release so gering wie möglich zu halten.

Die Auswirkungsanalyse ist somit nicht auf die Bewertung intern angeforderter Anpassungen wie bspw. der Erweiterung einer bestehenden Funktionalität beschränkt. Sie muss zudem für die mögliche Übernahme eines neuen OSS-Release

---

[504] Voraussetzung hierbei ist, dass der Quelltext der Individualentwicklung zur Verfügung steht und angepasst werden darf. Dies muss bspw. dann nicht gegeben sein, wenn ein externer Dienstleister die Individualentwicklung umgesetzt hat.

[505] Als ein Sonderfall der Nutzung externer Quelltexte können Teile eines neuen offiziellen Release intern genutzt werden, ohne dass hierbei dieses Release komplett übernommen wird. Auch hierbei kann ein interner Anpassungsbedarf entstehen.

[506] Vgl. Balzert (2008), S. 533f. für den Fall eines komponentenbasierten Entwicklungsmodells.

oder anderen externen Quelltextes in den internen Entwicklungszweig durchgeführt werden. Ein mögliches Ergebnis ist dabei, dass ein neues Release der OSS nicht in den internen Quelltext überführt wird.

5.3.3 Versionsplanung

Im Rahmen der Versionsplanung erfolgt die Planung der Zusammenführung eines externen Release oder anderen externen Quelltextes mit dem bestehenden internen Entwicklungszweig. Die Versionsplanung sollte in ein umfassendes Konfigurationsmanagement einbezogen sein.

Es ist hier anzumerken, dass die im Prozessmodell in Abbildung 21 auf Seite 117 dargestellte Abfolge unscharf hinsichtlich der Zuordnung zu den Prozessschritten Auswirkungsanalyse, Versionsplanung und der Implementierung der Änderungen ist. Dies resultiert insbesondere daraus, dass bspw. im Rahmen der Auswirkungsanalyse bereits Aktivitäten erfolgen können, die im Prozessmodell explizit erst im Schritt der Implementierung von Änderungen genannt sind. Es kann jedoch im Rahmen der Auswirkungsanalyse durchaus sinnvoll sein, bereits zu überprüfen, ob interne Anpassungen bei der Einführung eines neuen Release ersetzt werden können oder eine externe Lösung für eine interne Änderungsanfrage verfügbar ist.

Der Versionsplanung sind im Prozessmodell die Aktivitäten „Prüfen auf Inkompatibilitäten mit internen Anpassungen" im Fall eines externen Änderungstriggers bzw. „Prüfen, ob externe Lösung verfügbar" im Fall eines internen Änderungstriggers zugeordnet. Die Versionsplanung ist diesen beiden Aktivitäten zugeordnet, da eine umfangreichere Versionsplanung erforderlich werden kann, wenn eine OSS (auch) unternehmensintern in mehreren Quelltextzweigen weiterentwickelt wird. Dieses nicht stringente Entwicklungsvorgehen kann bspw. dazu führen, dass eine neue Version nicht auf der letzten Konfiguration, sondern auf einer älteren Konfiguration basiert.[507]

5.3.4 Implementierung der Änderungen

Im Anschluss an die Freigabe einer Änderung kann ihre Umsetzung erfolgen. Hierbei ist zwischen externem Quelltext, der angepasst oder unverändert übernommen wird und einer internen Realisierung der Änderung zu unterscheiden. Um den Quelltext im gleichen Programmierstil[508] zu halten, sollten jegliche Modifikationen dem impliziten oder expliziten Programmierstil des OSS-Projektes folgen. Dies ist auch vorteilhaft bei einer möglichen Weitergabe von Quelltexten an das OSS-Projekt.

Wird ein interner Änderungsantrag umgesetzt, so kann durch das Änderungsmanagement die Suche nach einer externen Lösung für die Änderungsanfrage erfolgen.

---

[507] Für eine umfangreichere Darstellung vgl. Sommerville (2007a), S. 748f.
[508] Vgl. Joode et al. (2008), S. 108f.

Ist eine solche verfügbar, muss diese auf Kompatibilität mit dem internen Quelltext und die Erfüllung der im Rahmen der Änderungsanfrage festgelegten Anforderungen überprüft werden. Als Resultat hieraus kann die externe Lösung entweder unverändert genutzt, angepasst oder abgelehnt werden. Ist keine externe Lösung verfügbar oder gewünscht, muss eine interne Realisierung der Änderungsanfrage erfolgen. Die interne Realisierung von Änderungen an einer OSS weist zum Zeitpunkt der Umsetzung keine weiteren Besonderheiten auf; erst bei einer späteren Nutzung externen Quelltextes wie eines neuen externen Release oder anderen externen Quelltextes können aufgrund der internen Änderung am OSS-Quelltext Probleme, bspw. in Form von Inkompatibilitäten, auftreten.

Im Fall der Integration externen Quelltextes, wie bspw. eines neuen Release der OSS, muss eine Zusammenführung des internen und externen Quelltextes erfolgen, was besondere Anforderungen an das Konfigurationsmanagement stellt und in Abschnitt 5.4 näher betrachtet wird.

Aufgrund der Nutzung externen Quelltextes und insbesondere bei der Zusammenführung internen und externen Quelltextes auftretende Konflikte führen dazu, dass in diesem Abschnitt der Bereich des Softwaretests hervorgehoben wird. Grundsätzlich dient das Testen von Software dazu, die anhand einer üblicherweise stichprobenartig durchgeführten Ausführung einer Softwarekomponente bzw. eines Software(teil-)systems beobachteten Eigenschaften mit den erwarteten Eigenschaften zu vergleichen.[509] Es kann personell von den vorhergehenden Aufgaben getrennt werden.[510]

Zur konkreten Umsetzung eines Softwaretests existiert eine Vielzahl von Ansätzen. Neben dem Test eines neuen Softwaresystems oder einer geänderten Version des Systems nach Übergabe der Software vom Entwicklungs- an das Qualitätsmanagementteam können alternativ bspw. tägliche Tests durchgeführt werden, die so zeitnah Rückmeldungen zu Änderungen des Systems geben.[511] Letztere Vorgehensweise findet sich insbesondere in der agilen Entwicklung, sie wird jedoch auch von verschiedenen OSS-Projekten, wie beispielsweise Mozilla[512], angewandt.

Hinsichtlich des Testens ergeben sich mehrere Besonderheiten, wenn OSS vom Anwenderunternehmen angepasst wird. Zum einen führt Michlmayr et al. (2005) bezüglich der Softwarequalität von OSS an, dass aufgrund der oftmals vielfältigen Möglichkeiten der Konfigurierbarkeit von OSS die Durchführung von umfassenden Tests aufgrund des hohen Aufwandes verhindert sein kann und so bestimmte Konfigurationen nicht getestet werden und evtl. nicht funktionsfähig sind.[513] Diese

---

[509] Vgl. Alpar et al. (2011), S. 370.
[510] Vgl. Stahlknecht und Hasenkamp (2005), S. 283.
[511] Vgl. Sommerville (2007a), S. 30f.
[512] Vgl. Holck und Jørgensen (2004) sowie [https://wiki.mozilla.org/QA/Automation_Services].
[513] Vgl. Michlmayr et al. (2005), S. 26.

Beschränkung des Testens ist jedoch auch bei proprietärer Software oftmals gegeben. Das Testen wird dabei auf ein angemessenes Maß beschränkt, wodurch nicht die Fehlerfreiheit des Programms bewiesen wird. Stattdessen werden in wirtschaftlich sinnvollem Umfang vorhandene Fehler aufgedeckt. Vorteilhaft hinsichtlich des Tests von OSS im Anwenderunternehmen ist es, wenn OSS-Produkte bereits mit Testfällen geliefert werden, beispielsweise Unit- und Component-Tests. Jeglicher Quelltext, der in eine Software eingebracht wird, muss Teil des Testplans werden.[514]

Die Verfügbarkeit des Quelltextes ermöglicht es zudem, Tests bei OSS im Gegensatz zu proprietärer Software als Whitebox-Test durchführen. Blackbox-Tests, d. h. Tests, bei denen kein Zugriff auf den Quelltext gegeben ist, können erforderlich sein, wenn eine proprietäre Software einbezogen wird, die bspw. mittels eines öffentlichen Interfaces angebunden wird.[515]

Der Ablauf eines Tests besteht aus der Abfolge von Testplanung, der Testspezifikation, der Durchführung und Protokollierung des Tests sowie der Auswertung des Tests sowie ggf. der Folgeplanung.[516] Das Testen stellt ein analytisches Verfahren dar.[517] Das Bestehen aller Tests ist das Kriterium zur Beendigung des Tests. Ein Nichtbestehen kann dazu führen, dass neue Testfälle spezifiziert werden müssen und die Abfolge an diesem Punkt neu startet.

Für bereits im Einsatz befindliche Programme werden Änderungstests durchgeführt, bei denen weder die Originaldaten noch die Originalversionen des Programms zum Testen eingesetzt werden sollten, sondern vielmehr Duplikate bzw. Auszüge genutzt werden.[518]

Vor dem Hintergrund der zuvor bereits dargestellten gleichzeitigen Entwicklung innerhalb und außerhalb des OSS-Projektes ist zu beachten, dass durch Tests nicht nur während der Anpassung der Software Fehler vermieden werden sollen, sondern, dass die Tests auch selbst durch interne und externe Änderungen beeinflusst werden.[519] Neben dem Erfordernis neuer Tests aufgrund hinzugefügter neuer Funktionalität kann es zu einer Entwertung von Tests dahingehend kommen, dass diese entweder einen Fehler nicht erkennen oder validen Code als falsch ansehen.

5.3.5 Systemfreigabe

Die Einführung der OSS kann analog zur Einführung einer angepassten Individualentwicklung oder einer SSW erfolgen. Spätestens bei der Freigabe der OSS

---

[514] Vgl. Norris (2004), S. 5f.
[515] Vgl. Moonen et al. (2008), S. 174.
[516] Vgl. Alpar et al. (2011), S. 371f.
[517] Vgl. Stahlknecht und Hasenkamp (2005), S. 288f.
[518] Vgl. Ibid., S. 292.
[519] Vgl. Moonen et al. (2008), S. 173ff.

sollte geprüft werden, ob eine Einreichung der Anpassung an das OSS-Projekt gewünscht und erfolgsversprechend ist. Wird die Anpassung in das offizielle Release aufgenommen, so kann die interne Anpassung mit der Überführung des neuen offiziellen Release der OSS in den internen Codezweig durch den nun offiziellen Quelltext ersetzt werden.[520]

5.4 Anforderungen an das Konfigurations- und Änderungsmanagement

Ziel des Konfigurationsmanagements ist es, die Entwicklung von Softwarekonfigurationen im Zeitverlauf nachvollziehbar zu machen. Die Entstehung des Konfigurationsmanagements erfolgte bereits in den 1950er-Jahren im Bereich der Raumfahrtindustrie, da hier nicht dokumentierte Änderungen und eine demzufolge unvollständige Dokumentation des Baus von Raumfahrzeugen deren Serienfertigung bzw. Reproduktion verhinderten.[521]

Aufgabe des Konfigurationsmanagements ist es, eine eindeutige Identifizierbarkeit eines Produktes hinsichtlich seiner funktionalen wie äußeren Merkmale jederzeit sicherzustellen und so die Entwicklung des Softwareproduktes transparent zu machen.[522] Das Konfigurationsmanagement beinhaltet zudem die kontinuierliche Dokumentation der System- und Programmanforderungen.[523] In diesem Zusammenhang wird von Konfigurationen gesprochen, die aus Konfigurationseinheiten bestehen.

> *„Eine Softwarekonfiguration ist eine benannte und formal freigegebene Menge von Softwareelementen, mit den jeweils gültigen Versionsangaben, die zu einem bestimmten Zeitpunkt im Produktlebenszyklus in ihrer Wirkungsweise und ihren Schnittstellen aufeinander abgestimmt sind und gemeinsam eine vorgesehene Aufgabe erfüllen sollen."*[524]

Eine Konfigurationseinheit kann Hardware, Software oder Dienstleitungen sowie beliebige Kombinationen aus diesen bezeichnen.[525] Es entsteht somit eine fortlaufende Dokumentation der Systementwicklung.[526] Das Konfigurationsmanagement überwacht die Konfigurationen und stellt die Integrität des Produktes während der Entwicklungs- wie auch Nutzungsphase sicher.[527]

---

[520] Brügge et al. (2004), S. 104 nennt als Beispiel die Einreichung eines Gerätetreibers, der nach Annahme durch das OSS-Projekt durch die Maintainer gepflegt wird. Siehe hierzu auch Abschnitt 5.5.
[521] Vgl. Balzert (2008), S. 427.
[522] Vgl. Alpar et al. (2011), S. 337.
[523] Vgl. Stahlknecht und Hasenkamp (2005), S. 221.
[524] Balzert (2008), S. 431.
[525] Vgl. Alpar et al. (2011), S. 337.
[526] Vgl. Stahlknecht und Hasenkamp (2005), S. 221.
[527] Vgl. Alpar et al. (2011), S. 336f.

Das Konfigurationsmanagement steht in engem Zusammenhang zu dem Änderungsmanagement, da jede Änderung zu einer neuen Konfiguration führt, die dokumentiert werden muss.[528] Das Änderungsmanagement kann daher gemäß Balzert (2008) als eine Aufgabe des Konfigurationsmanagements angesehen werden.[529] Die Aufgaben im Kontext des Konfigurationsmanagements umfassen daher

- die Planung des Konfigurationsmanagements,
- die Produkt- und Konfigurationsverwaltung,
- das Änderungsmanagement und
- die Realisierung verschiedener Konfigurationsmanagementdienste wie bspw. Datensicherung und die Erstellung einer Projekthistorie.[530]

Eine Nachvollziehbarkeit von getroffenen Entscheidungen und Abhängigkeiten zwischen Artefakten[531] und/oder Personen im Rahmen von Softwareentwicklung und -wartung kann im Rahmen des Konfigurationsmanagements über die Ablage von Traceability-Informationen realisiert werden.[532] Traceability wird von Hansen und Neumann wie folgt definiert:

> *„Unter dem Begriff Traceability (deutsch: Nachverfolgbarkeit) versteht man im Wesentlichen die Möglichkeit, Verbindungen zwischen verschiedenen Personen, Entscheidungen, Modellen und Systembestandteilen zu speichern, um auch im Nachhinein noch genau feststellen zu können, wie diese zusammengehören und warum ein bestimmtes Vorgehen den übrigen Alternativen vorgezogen wurde."[533]*

Sie weisen darauf hin, dass es nicht pauschal möglich ist, die zur Umsetzung einer Traceability benötigten Informationen festzulegen; dies muss somit abhängig vom konkreten Projekt erfolgen.

Wenngleich die genaue Dokumentation von Änderungen in der Softwareentwicklung und -wartung bereits seit langer Zeit üblich ist, muss im Rahmen der zuvor dargestellten verschränkten Einführung interner und externer Anpassungen bei einer Anpassung von OSS in Unternehmen ein besonderes Augenmerk auf die genaue Dokumentation der genutzten Quelltexte gelegt werden. Trotz der zuvor dargelegten starken Verknüpfung von Konfigurations- und Änderungsmanagement

---

[528] Vgl. Balzert (2008), S. 432.

[529] Auch weitere Autoren sehen das Änderungsmanagement als Teil des Konfigurationsmanagements an, so z.B. Henrich (2002), S. 411-414 sowie Hansen und Neumann (2009), S. 362f.

[530] Vgl. Balzert (2008), S. 441. Ähnlich äußert sich Henrich (2002), der als Hauptfunktionen des Konfigurationsmanagements die Konfigurationsbestimmung, die Änderungssteuerung und die Änderungsüberwachung ansieht. Vgl. Henrich (2002), S. 411f.

[531] Ein Artefakt bezeichnet hier nicht explizit ein Quelltextartefakt, sondern alle im Laufe der Systementwicklung erstellten Produkte. Vgl. Hansen und Neumann (2009), S. 363.

[532] Vgl. Ibid., S. 362f.

[533] Ibid., S. 363.

erfolgt aus Strukturierungsgründen eine Aufteilung der Betrachtung in Konfigurations- und Änderungsmanagement.

5.4.1 Spezielle Anforderungen an das Konfigurationsmanagement

Um ein Konfigurationsmanagement zu realisieren, werden Softwareelemente zwecks eindeutiger Identifikation meist mit Versionsnummern versehen. Hierüber werden zeitlich aufeinander folgende Ausprägungen von Softwareelementen bezeichnet. Alternativ ist eine Identifikation durch Attribute wie Auftraggeber und Erzeugungsdatum sowie eine änderungsorientierte Identifikation über die Assoziation zu Änderungsanforderungen möglich.[534] Die Speicherung der Konfigurationselemente und ggf. weiterer Information bezüglich des Softwareentwicklungsprozesses erfolgt üblicherweise in einer Entwicklungsdatenbank (engl. Repository).[535]

Arbeiten mehrere Mitarbeiter parallel oder nebenläufig am gleichen Konfigurationselement, so erstellt man Entwicklungszweige (engl. branches), die durch das Konfigurationsmanagement gekennzeichnet werden müssen.[536] In diesem Kontext wird von verschiedenen Autoren, wie bspw. Henrich (2002), der Begriff der Variante genutzt. Gemäß Henrich entsteht eine Variante, wenn die Version eines Dokumentes zwei Nachfolgeversionen hat. Er bezieht sich somit nicht auf die Menge der in einer Konfiguration verwalteten Objekte, sondern auf ein einzelnes Dokument in einer bestimmten Version.[537] Der Begriff der Variante ist jedoch nicht eindeutig definiert[538], weshalb in dieser Arbeit der Begriff des internen Entwicklungszweiges genutzt wird.

Auch im Rahmen der Behandlung von Entwicklungszweigen wird in der Literatur auf Probleme bei der Zusammenführung hingewiesen. Die Zusammenführung von Entwicklungszweigen kann durch Konfigurationsmanagementwerkzeuge unterstützt werden, was jedoch gemäß Balzert (2008) lediglich auf den Hinweis auf einen Konflikt zwischen Konfigurationselementen zweier Zweige beschränkt ist.[539] Bereits McDermid (1991) verweist recht umfangreich auf das Problem, Entwicklungszweige wieder zusammenzuführen und bezeichnet das Zusammenführen von Entwicklungszweigen mit dem Begriff Merging. Aufgrund der nicht gegebenen Möglichkeit, umfangreichere Änderungen automatisiert zusammenzuführen, sieht er den Vorgang des Merging mit wenigen Ausnahmen als interaktiv an.[540] Wenngleich somit die automatisierte Unterstützung der Zusammenführung der Codezweige oftmals nicht möglich ist, da eine einfache Verschmelzung nicht zu reali-

---

[534] Vgl. Balzert (2008), S. 435f.
[535] Vgl. Stahlknecht und Hasenkamp (2005), S. 294.
[536] Vgl. Balzert (2008), S. 436f.
[537] Vgl. Henrich (2002), S. 410.
[538] Vgl. Balzert (2008), S. 437, der eine Vielzahl möglicher Definitionen von Varianten darstellt.
[539] Vgl. Ibid., S. 437.
[540] Vgl. McDermid (1991), Abschnitt 34, S. 8.

sieren ist[541], ist eine teilweise Automatisierung in begrenztem Umfang dann möglich, wenn für eine Änderung aufgrund vorliegender Informationen Konflikte ausgeschlossen werden können.[542]

Interne Quelltextänderungen einer OSS in einem Anwenderunternehmen bedingen, wie bereits dargestellt, die Etablierung eines internen Entwicklungszweiges, der vom offiziellen Entwicklungszweig des OSS-Projektes abweicht. Im Fall der Anpassung von OSS wird ein Konfigurationsmanagement benötigt, um die verschiedenen Entwicklungszweige zu managen und Ineffizienzen zu minimieren, indem die Integration von internen und externen Releases unterstützt wird.

Im Gegensatz zur Entwicklung proprietärer Software oder der Individualentwicklung von Software, bei denen eine Nutzung mehrerer Entwicklungszweige üblicherweise nur durch den Softwareentwickler zu erwarten ist, entsteht bei der internen Anpassung von OSS diese Situation auch bei Unternehmen, die nicht gewerblich Software erstellen, sondern „nur" OSS intern anpassen.

Hinsichtlich der Erfassung im Rahmen des Konfigurationsmanagements reicht eine Unterscheidung in interne und externe Änderung dabei nicht aus. Vielmehr muss stets der Ursprung des externen Quelltextes, der für die interne Version genutzt wird, aufgezeichnet werden. Neben der Nutzung externen Quelltextes, der Teil des offiziellen Release ist, ist eine Nutzung externen Quelltextes denkbar, der (noch) nicht Teil des offiziellen Release ist. Dies umfasst bspw. Quelltext, der Teil einer dedizierten Entwicklungsversion der OSS in einem eigenen Entwicklungszweig ist[543], oder der in einem Supportforum des OSS-Projektes, oder an anderer Stelle, von Projektmitgliedern oder anderen Personen verfügbar gemacht wird.

Diese Anpassungen müssen als interner Quelltext behandelt werden bis dieser Quelltext in das offizielle Release eingeflossen ist und dieses wiederum in den internen Entwicklungszweig integriert worden ist. Jede Modifikation an dem internen Entwicklungszweig kann ein Grund für eine Inkompatibilität zwischen dem internen und externen Release während des nächsten Updates darstellen. Eine Darstellung der möglichen Zustandsübergänge von Quelltexten, die für das Konfigurationsmanagement aufgrund der unterschiedlichen Handhabung interner und externer Quelltexte hohe Relevanz haben, erfolgt in Abschnitt 5.5.

Um eine Ablage der zusätzlich benötigten Informationen bezüglich der Herkunft der Quelltexte zu ermöglichen, kann eine Strukturierung des Konfigurationsmana-

---

[541] Vgl. Henrich (2002), S. 410.
[542] Vgl. McDermid (1991), Abschnitt 34, S. 7.
[543] Ein Beispiel hierfür stellt der Linux-Kernel dar, für den eine ganze Reihe verschiedener Entwicklungszweige existieren. Vgl. [http://www.kernel.org].

gementsystems, wie beispielsweise in Sommerville (2007a) vorgeschlagen[544], hierarchisch ausgehend von dem Projektnamen erfolgen. Die auf der untersten Ebene enthaltenen formellen Dokumente, die im Beispiel von Sommerville die Objektbeschreibung, den Programmcode und eine Reihe von Tests für diesen Programmcode umfassen, könnten im Fall von OSS bspw. den Quelltext, Tests für den Quelltext sowie ein Dokument mit der expliziten Angabe der Quelle des Quelltextes umfassen. Dies muss für den gesamten Quelltext eines Softwaresystems, wie auch für jegliche Änderungen daran, umgesetzt werden.

Alternativ kann eine Abbildung dieser Information direkt im Versionsverwaltungssystem erfolgen. Diese Vorgehensweise ist der Angabe von Informationen im Komponentenkopf[545] ähnlich; der Vorteil des Hinzufügens der Informationen mittels eines Versionsverwaltungssystems ist darin zu sehen, dass keine Modifikation des Ursprungsdokuments erfolgt. Dies kann sich u. a. dann als vorteilhaft erweisen, wenn ein automatisierter Vergleich der internen, evtl. angepassten, Version eines Quelltextes externen Ursprungs mit dem entsprechenden externen Quelltext durchgeführt werden soll.

Neben der Information hinsichtlich des Ursprungs von Quelltexten können zudem Informationen bezüglich der Lizenz von Quelltexten hinterlegt werden. Dies ist insbesondere interessant, wenn mehrere OSS, oder Teile davon, zusammengeführt werden, die über unterschiedliche Lizenzen verfügen. Hier kann eine durchgängige Hinterlegung der Lizenz dafür sorgen, Transparenz hinsichtlich der jeweiligen durch die Lizenz ggf. gegebenen Einschränkungen zu schaffen.[546]

Bei einer Anpassung von OSS in Unternehmen kann im Rahmen des Konfigurationsmanagements die Umsetzung einer Traceability eine Nachvollziehbarkeit von Entscheidungen und eine Abbildung von Abhängigkeiten und Beziehungen sicherstellen.

5.4.2 Spezielle Anforderungen an das Änderungsmanagement

Im Fall der Durchführung von Änderungen an einer OSS ist es aufgrund von zusätzlich zu dem offiziellen Release frei verfügbarem Quelltext möglich, im Fall einer internen Änderungsanforderung zuerst in externen Quellen nach einer passenden Lösung zu suchen. Auf diese Weise kann der interne Programmieraufwand minimiert werden. Die Anpassung bestehender OSS-Komponenten ermöglicht zudem oftmals, Kosten für die Realisierung gewünschter Funktionalitäten besser abzuschätzen.[547] Im Rahmen des Änderungsmanagements erfolgt die Suche, Bewer-

---

[544] Vgl. Sommerville (2007a), S. 742. Es sei angemerkt, dass Sommerville diesem Vorschlag u. a. aufgrund möglicher Probleme im Bereich der Wiederverwendbarkeit nicht unkritisch gegenübersteht.

[545] Vgl. Ibid., S. 746f.

[546] Vgl. hierzu auch Abschnitt 2.3 sowie German und González-Barahona (2009).

[547] Vgl. Norris (2004), S. 3f., Pizka (2004), o. S.

tung sowie ggf. Integration externer Quelltexte. Nur wenn kein tauglicher externer Quelltext gefunden wird, muss eine interne Entwicklung erfolgen. Im Fall der Nutzung eines externen Quelltextes verbleibt dieser mindestens so lange im internen Entwicklungszweig bis ein neues offizielles Release der OSS verfügbar wird. Bei Verfügbarkeit eines neuen offiziellen Release werden interne Anpassungen gegen Änderungen im externen Release geprüft und können ggf. durch neue Funktionalitäten des offiziellen Release der OSS ersetzt werden.

Die Suche kann eine Vielzahl von Ressourcen einbeziehen, die durch das OSS-Projekt oder Dritte zur Verfügung gestellt werden. Im Fall des OSS-Projektes bieten sich bspw. das Versionsverwaltungssystem des OSS-Projektes, Kommunikationswerkzeuge wie Diskussionsforen und Mailinglisten sowie Bugtrackingsysteme wie Bugzilla[548] an. Wie zuvor angemerkt, nutzen viele OSS-Projekte Versionsverwaltungssysteme zur Realisierung ihres Konfigurationsmanagements. Üblicherweise werden alle Änderungen am Quelltext in diesen Systemen abgebildet und der Lesezugriff zu diesen Systemen ist unbeschränkt, sodass diese Systeme eine wichtige Ressource für relevanten Quelltext darstellen. Wird Quelltext vor einem neuen Release der OSS aus dem Versionsverwaltungssystem des OSS-Projektes entnommen, so ist die Wahrscheinlichkeit, dass dieses mit dem nächsten Release Teil des offiziellen Quelltextes der OSS wird, vergleichsweise hoch.[549]

Neben der zuvor dargestellten Informationsbeschaffung bezüglich geeigneter externer Quelltexte zur Realisierung von Änderungsanfragen ist das Änderungsmanagement auch für die Integration neuer Releases in den internen Codezweig zuständig. Diese Aufgabe kann aufgrund der i. d. R. nicht automatisierbaren Auflösung von Konflikten zwischen intern und extern angepasstem Quelltext sehr umfangreich sein. Die Integration der Releases kann durch das Konfigurationsmanagement mit Informationen über Vorreleases und interne Anpassungen unterstützt werden.

Das Konfigurations- und Änderungsmanagement sollte, insbesondere wenn das Ziel einer schnellen Entwicklung besteht, durch geeignete Werkzeuge wie Versions- oder Konfigurationsmanagementsysteme unterstützt werden.[550] Hierbei können die bereits im Bereich der OSS-Entwicklung dargestellten Systeme wie CVS, SVN und Bugzilla auch unternehmensintern eingesetzt werden. Alternativ stehen integrierte Systeme wie bspw. IBM Rational ClearCase und ClearQuest zur Verfü-

---

[548] Vgl. hierzu auch Abschnitt 2.2.4.
[549] Siehe auch die Darstellung von Zustandsänderungen von Quelltextartefakten im folgenden Abschnitt.
[550] Vgl. Sommerville (2007a), S. 29.

gung, die eine integrierte Lösung für das Konfigurations- und Änderungsmanagement bieten.[551]

Die zusätzlichen Anforderungen an das Konfigurations- und Änderungsmanagement werden in Tabelle 9 zusammenfassend dargestellt.

Konfigurationsmanagement	Änderungsmanagement
Aufbau und Archivierung von Baselines[552] relevanter Konfigurationselemente im Fall der Anpassung externer Komponenten	Beurteilung externer Komponenten: Einführung, wenn brauchbar; Anpassung, wenn nötig
Korrekte Abbildung der Herkunft und Lizenz von Konfigurationselementen	Informationen betreffend neuer Releases von dem OSS-Projekt beziehen (Website, Newsgroup, Mailingliste, etc.)
Separate Entwicklungszweige verwalten und deren Zusammenführung unterstützen	Zusammenführung des internen und externen Entwicklungszweiges im Fall eines neuen externen Release

Tabelle 9: Besondere Anforderungen an das Konfigurations- und Änderungsmanagement im Fall der Anpassung von OSS

Wenngleich eine Weitergabe von Quelltext an das OSS-Projekt im Verlauf der in Kapitel 4 dargestellten Untersuchung nicht praktiziert wurde, wird im Folgenden dargestellt, welche Zustandsänderungen für ursprünglich internen Quelltext bei einer Einreichung an das OSS-Projekt stattfinden können.

Die Weitergabe intern erstellter bzw. angepasster Quelltexte an das OSS-Projekt kann, wie bereits zuvor dargestellt, von Vorteil für das Anwenderunternehmen sein. Die Zustände von Quelltextartefakten sowie mögliche Übergänge zwischen diesen sind einerseits hinsichtlich des Vorgehens bei einer Einreichung von Quelltextartefakten an ein OSS-Projekt relevant, zusätzlich jedoch auch hinsichtlich des Konfigurationsmanagements, da der Quelltext eines neuen offiziellen Release später den korrespondierenden internen Quelltext ersetzen und dadurch den Aufwand im Rahmen des Konfigurationsmanagements reduzieren kann.

---

[551] Vgl. [http://www.ibm.com/software/products/de/de/clearcase/] und [http://www-01.ibm.com/software/awdtools/clearquest/] sowie Ibid., S. 755.

[552] Der Begriff Baseline bezeichnet an einem bestimmten Zeitpunkt definierte und freigegebene Softwarekonfigurationen, auf die im gesamten Softwarelebenszyklus, beispielsweise aufgrund eines Fehlers in einer Folgeversion, zurückgegangen werden kann. Sie bilden den Ausgangspunkt für weitere Baselines. Vgl. Balzert (2008), S. 432.

5.5   Zustände und Zustandsübergänge von Quelltextartefakten

5.5.1 Relevanz von Zustandsänderungen bei einer Anpassung von OSS

Im Rahmen der in Kapitel 4 dargestellten Begleitung des Praxisfalls erfolgte kein Feedback an das OSS-Projekt. Es kam im Rahmen der Beobachtung des Diskussionsforums jedoch mehrfach dazu, dass Quelltextartfakte, die im Diskussionsforum des OSS-Projektes zur Verfügung gestellt wurden, Eingang in das offizielle Release des OSS-Projektes fanden. Für Quelltextartefakte kann es folglich zu Zustandsübergängen kommen, beispielsweise, wenn ein Quelltextartefakt veröffentlicht oder in das offizielle Release aufgenommen wird.

Die im vorhergehenden Abschnitt herausgestellte Wichtigkeit der Unterscheidung hinsichtlich des offiziellen und internen Entwicklungszweiges führt dazu, dass ein besonderes Augenmerk auf den Status des im Rahmen einer Anpassung genutzten Quelltextartefaktes gelegt werden muss. Die Betrachtung hat deutlich gemacht, dass im Rahmen der Anpassung einer OSS in Unternehmen der Zustand eines Quelltextartefaktes im Konfigurationsmanagement festgehalten werden muss; zudem kann eine Änderung des Status direkte Auswirkungen auf das Management von Updates sowie das Vorgehen im Fall einer Änderung an der OSS haben.

Im Folgenden wird daher anhand eines Zustandsübergangsdiagramms dargestellt, welche Zustände ein Quelltextartefakt annehmen kann und welche Zustandsübergänge auftreten können.

5.5.2 Darstellung von Zustandsübergangsdiagrammen mittels UML

Zustandsübergangsdiagramme gehen auf Arbeiten von Mealy[553] und Moore[554] Mitte der 1950er-Jahre zurück. Sie bieten eine grafische Möglichkeit, Zustände eines Systems sowie die möglichen Übergänge zwischen diesen darzustellen.[555] Grundsätzlich betrachtet wird ein Endlicher Automat dargestellt, der ausgehend von einem Anfangszustand anhand einer endlichen, nicht-leeren Menge von Zuständen und Ereignissen in eine Menge von Endzuständen überführt wird.[556]

Um die Zustände und möglichen Zustandsübergänge von einzelnen Objekten[557] (hier: Quelltextartefakten) darzustellen, wird in dieser Arbeit auf die Unified Modeling Language (UML) zurückgegriffen. Die UML geht auf die Mitte der 1990er-Jahre von Grady Brooch und James Rumbaugh entwickelte Unified Method zurück, die trotz ihrer Bezeichnung keine Methode, sondern primär eine Notation zur

---

[553] Vgl. Mealy (1955).
[554] Vgl. Moore (1956).
[555] Vgl. Desharnais et al. (2006), S. 153.
[556] Vgl. Oesterreich (2009), S. 350.
[557] Vgl. Staudt (2010), S. 285.

objektorientierten Modellierung darstellt.[558] Nachdem Ivar Jacobson dem Team beigetreten war, erfolgte im Jahr 1997 die Einreichung der UML zur Standardisierung bei der Object Management Group (OMG); diese ist nach Annahme der UML als Standard auch für deren Weiterentwicklung zuständig.[559]

Wenngleich die UML ihren Ursprung in der Objektorientierung hat und sehr gut als Notation im Bereich der objektorientierten Programmierung geeignet ist, so impliziert ihre Nutzung in dieser Arbeit nicht, dass die Darstellungen lediglich für objektorientiert entwickelte OSS zutreffend sind. Vielmehr stellt die UML mit dem Zustandsdiagramm eine für die Visualisierung von Zustandsübergängen in dieser Arbeit sehr gut geeignete Teilnotation zur Verfügung.

Die Zustandsdiagramme der UML werden der Gruppe der UML-Verhaltensdiagramme zugeordnet.[560] Für die Modellierung von Zustandsautomaten stellt die UML zwei Arten zur Verfügung, Protokoll-Zustandsautomaten und Verhaltens-Zustandsautomaten. Protokoll-Zustandsautomaten stellen eine Spezialisierung der Verhaltens-Zustandsautomaten dar; sie fokussieren auf Protokolle.[561] Aufgrund dieser hier nicht notwendigen Spezialisierung werden zur Darstellung im Folgenden Verhaltens-Zustandsautomaten genutzt. In diesen fokussiert das UML-Zustandsdiagramm auf das Verhalten einzelner Objekte und geht davon aus, dass Objekte für gewisse Zeiträume in einem Zustand verbleiben und auf Ereignisse warten.[562] Diese Sichtweise entspricht der hier gewünschten Darstellung des Verhaltens einzelner Quelltextartefakte; der Darstellung mittels UML-Zustandsdiagrammen[563] wurde daher der Vorzug gegenüber alternativ möglichen Darstellungsoptionen wie der Darstellung von Zustandsübergängen mittels Petrinetzen oder Markov-Ketten gegeben.

Ein Zustand kann statische wie auch dynamische Situationen wiedergeben[564] und wird gemäß Oesterreich (2009) wie folgt definiert:

> *„Ein Zustand gehört zu einem Zustandsautomaten, beispielsweise einer Klasse und stellt eine fachlich motivierte Abstraktion bzw. Zusammenfassung einer Menge von möglichen Attributwerten dar, die die Objekte dieser Klasse einnehmen können. Zustandsdiagramme beschreiben das innere Zustandsmodell eines Objektes.“*[565]

---

[558] Vgl. Oesterreich (2009), S. 17f.
[559] Vgl. Ibid., S. 21.
[560] Vgl. Ibid., S. 243.
[561] Vgl. Pilone und Pitman (2006), S. 90.
[562] Vgl. Staudt (2010), S. 285f.
[563] Für detaillierte Ausführungen bezüglich der Unterscheidung von Verhaltenszustandsautomaten und Protokollzustandsautomaten vgl. Ibid., S. 285 sowie S. 323-325.
[564] Vgl. Pilone und Pitman (2006), S. 92, ebenso Störrle (2005), S. 173.
[565] Oesterreich (2009), S. 351.

Die Objekte verbleiben in einem Zustand bis ein Ereignis einen Zustandsübergang hervorruft.[566] Ereignisse definiert Oesterreich (2009) wie folgt:

> *„Ein Ereignis ist ein zu beachtendes Vorkommnis, das in einem gegebenen Kontext eine Bedeutung hat, sich räumlich und zeitlich lokalisieren lässt und gewöhnlich einen Zustandsübergang (Transition) auslöst. "[567]*

Als eine spezielle Ausprägung eines Zustandes stellen Start- sowie Endzustand absolute Punkte dar; es gibt keine Übergänge vor einem Startzustand sowie keine Ereignisse nach einem Endzustand.[568]

Ziel des Zustandsdiagramms ist es insbesondere, darzustellen, durch welche Ereignisse welche Aktionen ausgelöst werden und wann diese zulässig sind. Ein Zustand kann dabei als Zeitraum zwischen zwei Ereignissen angesehen werden.

5.5.3 Zustände und Zustandsübergänge von Quelltextartefakten

Als Ausgangspunkt der Betrachtung möglicher Zustandsübergänge dient die Menge der Zustände, die ein Quelltextartefakt üblicherweise einnehmen kann. Diese Menge wird hier auf die Zustände reduziert, die relevant für ein einreichendes Unternehmen sind. Können Sonderfälle dieser Zustände auftreten, erfolgt die Darstellung dieser im Rahmen der textuellen Darstellung, die an die grafische Darstellung anschließt.

Die Ableitung dieser Zustände gründet auf Schlüsselelementen der OSS-Entwicklung, deren auf der Untersuchung der OSS-Projekte Mozilla und FreeBSD basierende grafische Darstellung nach Holck und Jørgensen (2004) in Abbildung 22 auf der folgenden Seite wiedergegeben wird.

Im Rahmen der Betrachtung mit Fokus auf die Einreichung eines OSS-Quelltextartefaktes an das OSS-Projekt durch ein Anwenderunternehmen kann der Umfang der Betrachtung eingeschränkt werden. Elemente, die ausschließlich projektinterne Auswirkungen im OSS-Projekt haben, wie insbesondere Softwaretests, müssen nicht als Zustand erfasst werden.

---

[566] Vgl. Staudt (2010), S. 285f.
[567] Oesterreich (2009), S. 353.
[568] Vgl. Ibid., S. 352.

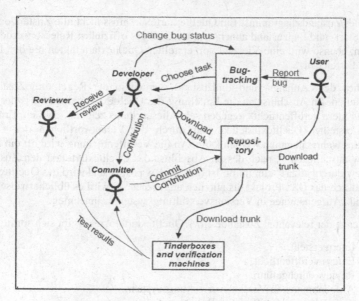

Abbildung 22: Schlüsselelemente des OSS-Entwicklungsprozesses[569]

Dies betrifft hier die in Abbildung 22 dargestellten *Tinderboxes and verification machines*, bei denen es sich um Computer handelt, die häufige Builds des aktuellen Quelltextes erstellen und basierend darauf automatisiert Tests durchführen.[570]

Für die Einreichung von Quelltextartefakten können je nach OSS-Projekt ein oder mehrere Entwicklungszweige zur Verfügung stehen. Ob diese Entwicklungszweige eigene Releases hervorbringen oder der in ihnen enthaltene Quelltext vor dem Release ganz oder teilweise in nur eine offizielle Version überführt wird, ist dabei von dem jeweiligen OSS-Projekt abhängig. Eine diesbezügliche Untersuchung verschiedener OSS-Projekte findet sich beispielsweise in Ye et al. (2005)[571].

Den Ausgangspunkt der Betrachtung sowie den Startzustand des Zustandsdiagramms stellt bei der Übergabe eines in einem Anwenderunternehmen erstellten Quelltextartefakts stets der Zustand „Intern erstellt" dar. Neben diesem Ausgangszustand gibt es eine Reihe weiterer Zustände, die grundsätzlich sequentiell durchlaufen werden können sowie den Zustand „Aufgenommen in offizielles Release" als von einem Unternehmen üblicherweise gewünschten Zielzustand und Endzu-

---

[569] Holck und Jørgensen (2004), Fig. 1.
[570] Vgl. Holck und Jørgensen (2004), S. 8f.
[571] Vgl. Ye et al. (2005), S. 68.

stand des Zustandsdiagramms. Ein Quelltextartefakt muss nicht alle Zustände zwischen Start- und Endzustand annehmen, um Teil des offiziellen Release werden zu können; ebenso wird eine Vielzahl von erstellten Quelltextartefakten nie den Endzustand erreichen.

Zwischen dem Anfangs- und Endzustand werden in der Regel drei Zustände durchlaufen. Im Anschluss an die Erstellung des Quelltextartefaktes muss der Zustand „Extern veröffentlicht" gegeben sein; dieser Status zeigt an, dass ein firmenintern erstelltes Quelltextartefakt nun durch die Verantwortlichen des OSS-Projektes wahrgenommen werden kann. An die Veröffentlichung wird oft ein Peer Review anschließen[572], nach dessen Abschluss das Quelltextartefakt den Zustand „Review durchgeführt" einnimmt. Ist das Review positiv und wird das Quelltextartefakt durch das OSS-Projekt als nützlich angesehen, so wird es üblicherweise den Zustand „Aufgenommen in Versionsverwaltungssystem" einnehmen.

Als Menge der relevanten Zustände eines Quelltextartefaktes ergibt sich somit:

- Intern erstellt,
- Extern veröffentlicht,
- Review durchgeführt,
- Aufgenommen in Versionsverwaltungssystem,
- Aufgenommen in offizielles Release.

Geht man von der Erstellung des Quelltextartefaktes durch Personen aus, die keinen direkten Zugriff auf das Versionsverwaltungssystem haben, was bei einem unternehmensintern erstellten Quelltextartefakt den Regelfall darstellen wird, so werden die genannten Zustände im Fall der Aufnahme in das offizielle Release sequentiell durchlaufen. Eine interne, nicht-veröffentlichte Erweiterung kann somit über eine Veröffentlichung zu einer externen, veröffentlichten, aber inoffiziellen Erweiterung werden. Diese kann im Anschluss durch Aufnahme in das Versionsverwaltungssystem und eine ggf. folgende Veröffentlichung als Teil des offiziellen Release zu einem offiziellen Quelltextartefakt als Teil des Gesamtrelease werden.

Für ein Unternehmen, dass das Quelltextartefakt erstellt und veröffentlicht hat, stellt letzteres den Zustand dar, bei dem das Quelltextartefakt nicht länger unternehmensintern gepflegt und als interner Quelltext behandelt werden muss. Die Transaktionskosten von Updates werden folglich sinken, da eine manuelle Behandlung des Quelltextartefaktes bei Übernahme eines neuen Release entfällt.

Das in Abbildung 23 auf der folgenden Seite dargestellte UML-Zustandsdiagramm nutzt die zuvor dargestellte Menge der möglichen Zustände, um die Zustände und mögliche Übergänge als Sequenz darzustellen. Die Darstellung ist bewusst einfach gehalten; im Text wird sie um die Beschreibung von Sonderfällen ergänzt.

---

[572] Vgl. Raymond (2001), S. 30-33.

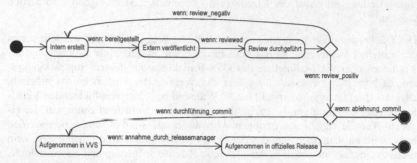

Abbildung 23: Zustandsübergänge von Quelltextartefakten

„Intern erstellt" als Ausgangszustand

Der Zustand „Intern erstellt" stellt im Rahmen dieser Betrachtung den Ausgangszustand eines Quelltextartefaktes dar. Nimmt das Quelltextartefakt diesen Zustand
ein, ist erstmals eine interne Nutzung möglich. Die Bezeichnung des Zustandes
beinhaltet dabei bewusst „intern", da im Fall der Erstellung eines Quelltextartefaktes im Rahmen eines OSS-Projektes einer oder mehrere Zustandsübergänge über-
sprungen werden können.

Der hier dargestellte Ablauf zielt explizit auf die Abbildung von Zustandsübergängen für Quelltextartefakte ab, die unternehmensintern erstellt worden sind. Befin-
det sich das Quelltextartefakt in diesem Zustand, kann es in den internen Entwicklungszweig eingeführt und genutzt werden. Bei der Übernahme neuen externen
Quelltextes, wie eines Bugfixes oder im Fall der Übernahme eines neuen offiziellen Release, ist dieses Quelltextartefakt stets neu zu testen und ggf. anzupassen.

Zustandsübergang zu „Extern veröffentlicht"

Dieser Zustandsübergang wird durch die externe Veröffentlichung des intern erstellten Quelltextartefakts ausgelöst. Die Bereitstellung kann unterschiedliche
Gründe haben. Neben einer Bereitstellung, die uneigennützigen Gründen dient und
bspw. die Weiterentwicklung der OSS fördern soll, kann eine Bereitstellung ebenso mit dem Hintergedanken erfolgen, dass das intern entwickelte Quelltextartefakt
eventuell in das offizielle Release aufgenommen wird. Ebenso kann eine Zurver-

fügungstellung aufgrund der Lizenz (vgl. Abschnitt 2.3) zwingend erforderlich werden.[573]

Das Quelltextartefakt kann über unterschiedliche Wege angeboten werden; neben der gezielten Weitergabe an das OSS-Projekt, wie mittels einer Einreichung des Artefaktes über die Mailingliste des OSS-Projektes oder dessen Bugtrackingsystem ist bspw. eine Bereitstellung über die Website des Unternehmens möglich, dass das Quelltextartefakt erstellt hat.[574] Während bei einer verpflichtenden Veröffentlichung aufgrund von Lizenzbestimmungen eine Veröffentlichung auf der eigenen Website wegen des geringen Aufwandes als sinnvoll angesehen werden kann, wird ein Unternehmen, das das OSS-Projekt unterstützen möchte bzw. sein Quelltextartefakt möglichst in das offizielle Release aufgenommen haben möchte, den durch das OSS-Projekt bevorzugten Weg wählen.[575] Die Veröffentlichung über die eigene Website adressiert hingegen einen unbestimmten Empfängerkreis; die Teilnehmer des OSS-Projektes werden das Quelltextartefakt auf diesem Wege möglicherweise nicht wahrnehmen.

Im Folgenden wird davon ausgegangen, dass das Quelltextartefakt durch das OSS-Projekt wahrgenommen worden ist; es wird sich in diesem Fall oftmals ein Peer Review des Quelltextartefaktes durch Teilnehmer des OSS-Projektes anschließen.

Zustandsübergang zu „Review durchgeführt"

Wie bereits im Rahmen der Darstellung des OSS-Entwicklungsprozesses in Abschnitt 2.2.5 dargestellt, stellt das Peer Review ein zentrales Element der OSS-Entwicklung dar. Wird ein Quelltextartefakt bspw. an die Mailingliste eines OSS-Projektes gesandt, so steht es jedem Leser dieser Mailingliste frei, es zu kommentieren und dabei auf Fehler hinzuweisen. Die Sichtung durch mehrere Personen soll sicherstellen, dass Bugs bereits vor der Aufnahme in das Versionsverwaltungssystem umfangreich aufgedeckt und behoben werden.[576] Die eigentliche Be-

---

[573] Die Motivation hinsichtlich der Beteiligung an OSS-Projekten wurde umfangreich untersucht. Für eine Übersicht siehe Hang et al. (2005).

[574] Die Veröffentlichung auf der eigenen Website ist nicht in allen Fällen ausreichend, da zwischen „online verfügbar machen" und „verbreiten" unterschieden werden kann. Vgl. hierzu Ebert und Ruffin (2004), S. 35.

[575] Siehe bspw. Norris (2004), S. 5; Hubbard (2004), S. 29; Kleen (o. J.), S. 1 und S. 4. Mannaert und Ven (2005) sehen mögliche Ablehnungen aufgrund einer zu hohen Spezifität von Anpassungen sowie die an eine Einreichung anschließende Übernahme der Wartung als Gründe an, die gegen eine Einreichung von Quelltextartefakten an das OSS-Projekt sprechen. Wenngleich sie ihre Argumentation auf unabhängige Softwarehersteller beziehen, können diese Gründe auch für andere Personengruppen zutreffend sein.

[576] Die Kommentierung bspw. durch Mitglieder der Mailingliste im Sinne eines Peer Reviews schließt nicht aus, dass ein zusätzliches Review durch die hierfür zuständigen Personen des OSS-Projektes durchgeführt wird.

hebung gefundener Fehler ist jedoch nicht Teil des Reviewprozesses; die Verantwortlichkeit für die Umsetzung von Fehlerbebungen oder Verbesserungsvorschlägen liegt üblicherweise vielmehr bei dem Einreichenden.[577] Ist das Review daher negativ, wird ein Zustandsübergang zu „Intern erstellt" durchgeführt. Wenngleich das Quelltextartefakt veröffentlicht ist, ist es zugleich abgelehnt und muss intern angepasst und neu eingereicht werden.

Auch eine Verbesserung bzw. Fehlerbehebung muss nicht zwangsläufig zur Aufnahme des Quelltextartefaktes in das offizielle Release der OSS führen. Unabhängig vom Ausgang des Reviewprozesses liegt die Entscheidung über die Aufnahme in das Versionsverwaltungssystem, die später zur Einführung in das offizielle Release führen kann, ausschließlich bei dem bzw. den Reviewer(n).[578]

Eine Vielzahl von Quelltextartefakten wird auf unbestimmte Zeit in diesem Zustand verbleiben bzw. diesen als letzten Zustand beibehalten. Es kann in diesem Fall von einem veröffentlichten, aber dauerhaft nicht-offiziellen Quelltextartefakt gesprochen werden. Für das Unternehmen heißt dies, dass das Quelltextartefakt weiter intern gepflegt werden muss, das Unternehmen jedoch ggf. einen Vorteil aus dem durchgeführten Peer Review ziehen kann.[579]

Es sei angemerkt, dass nicht immer ein Review durchgeführt wird. Wie bereits weiter oben dargestellt, unterscheiden sich die Möglichkeiten, Quelltextartefakte einzureichen, von Projekt zu Projekt. Neben der Einreichung an eine Mailingliste, bei der ein Review möglicherweise die übliche Praxis darstellt[580], verfügen andere OSS-Projekte nur über ein Forensystem, das zudem bei kleineren Projekten, wie dem in Kapitel 4 untersuchten Projekt, evtl. nicht in ein Support- und Entwicklerforum aufgeteilt ist. Aufgrund der zentralen Bedeutung von Peer Reviews für OSS-Projekte wird hier jedoch davon ausgegangen, dass ein solches Review stattfindet.

Zustandsübergang zu „Aufgenommen in Versionsverwaltungssystem"

Hat das Quelltextartefakt das Peer Review, ggf. nach Nachbesserung durch den Einreicher, erfolgreich durchlaufen, wird über die Aufnahme in das Versionsverwaltungssystem entschieden. Die Verantwortlichkeit für die Aufnahme eingereich-

---

[577] Kleen (o. J.), S. 5 verweist darauf, dass im Fall des Linux-Kernels erwartet wird, dass derjenige, der eine umfangreichere Anpassung einreicht, zumindest für einige Zeit auch für deren Pflege verantwortlich sein wird.

[578] Vgl. Lussier (2004), S. 69.

[579] Vgl. Kleen (o. J.), S. 6.

[580] Dies muss nicht immer der Fall sein. So verweist Ibid., S. 5 darauf, dass die Linux-Kernel-Reviewer ein Review davon abhängig machen, ob sie die Einreichung als interessant ansehen; nur in diesem Fall wird ein Review durchgeführt.

ter Quelltextartefakte in das Versionsverwaltungssystem des OSS-Projektes liegt bei den Committern, d. h. den Personen, die Schreibrecht auf dem Repository des OSS-Projektes haben. Wie in Abschnitt 2.2.3 dargestellt, verfügen in OSS-Projekten insbesondere die Mitglieder des Kernteams über dieses Schreibrecht. Die Ausweitung des Schreibrechts auf weitere Mitglieder des OSS-Projektes wird projektabhängig unterschiedlich gehandhabt.

Ist die Aufnahme eines Quelltextartefaktes in das Versionsverwaltungssystem des OSS-Projektes entschieden, so muss insbesondere bei größeren OSS-Projekten beachtet werden, dass diese oft über mehrere Entwicklungszweige verfügen. Einreichungen können hierbei bspw. zuerst in eine speziell dafür vorgesehene Entwicklerversion eingeführt werden, bevor sie nach einiger Zeit in die als stabil angesehene Version (beispielsweise mit *stable* bezeichnet) überführt werden.[581]

Einen Sonderfall in diesem Kontext stellt ein besonderer Entwicklungszweig dar, der für den Linux-Kernel zur Verfügung steht. Der sogenannte Staging-Zweig wird als eine Art Zwischenstation für Quelltextartefakte zur Verfügung gestellt; in diesen Zweig werden Quelltextartefakte aufgenommen, die als vielversprechend für die Aufnahme in das offizielle Release angesehen werden, aber die Qualitätsanforderungen des OSS-Projektes noch nicht erfüllen. Wenngleich der Quelltext im Staging-Zweig Qualitätserfordernisse nicht erfüllt, ist dieser Zweig Teil des Hauptentwicklungszweiges von Linux.[582]

Lehnt der Committer die Aufnahme des Quelltextartefaktes trotz eines positiven Reviews ab, bspw. da er das Quelltextartefakt für nicht relevant hält, führt dies zum Abbruch der Einreichung. Seitens des Einreichenden muss eine ggf. umfangreiche Bearbeitung erfolgen oder das Bemühen um eine Aufnahme in das offizielle Release abgebrochen werden.

Zustandsübergang zu „Aufgenommen in offizielles Release"

Die Aufnahme eines Quelltextartefaktes in das Versionsverwaltungssystem eines OSS-Projektes muss nicht zwangsläufig gleichbedeutend damit sein, dass sich dieser auch im nächsten offiziellen Release des OSS-Projektes wiederfindet. Einige OSS-Projekte vergeben explizit die Rolle eines Releasemanagers, während andere diese Aufgabe den Committern oder einem Teil dieser zuordnen.[583] Der Releasemanager bzw. die Personen, die diese Position wahrnehmen, sind in dieser Rolle nicht für die laufende Aufnahme von Quelltext in das Repository zuständig. Ihre Zuständigkeit liegt hierbei ausschließlich bei dem Releasemanagement, was bei-

---

[581] Vgl. exemplarisch Holck und Jørgensen (2004), S. 6f.
[582] Vgl. Leemhuis (2010), S. 154-157.
[583] Vgl. Erenkrantz (2003), S. 51.

spielsweise die Einhaltung geplanter Releasetermine[584] sowie die abschließende Entscheidung, welchen Umfang das neue Release hat, umfasst. Ist dies für eine OSS der Fall, ist somit auch ihre positive Entscheidung über die Aufnahme des Quelltextartefaktes erforderlich, damit dieser zum Teil des offiziellen Release wird.[585]

Gemäß des in Abbildung 23 auf Seite 135 dargestellten Zustandsdiagramms stellt der Zustand „Aufgenommen in offizielles Release" den Endzustand dar, den ein Quelltextartefakt erreichen kann. Es ist folglich für das Quelltextartefakt nicht möglich, diesen Zustand wieder zu verlassen. Diese in der Abbildung 23 genutzte Interpretation folgt der Sichtweise, dass das Quelltextartefakt bei Übergang in den offiziellen Quelltext seine Eigenschaft als eigenständiges Quelltextartefakt verliert. Für ein Anwenderunternehmen ergibt sich somit die oben angeführte Reduzierung des Aufwands bei einem Update.

Es kann jedoch nicht ausgeschlossen werden, dass eine über die Aufnahme eines unternehmensintern erstellten Quelltextartefaktes in das offizielle Release der OSS hinzugefügte Funktionalität später wieder aus dem offiziellen Release entfernt wird. Entsprechend muss das Unternehmen im Rahmen der Einführung neuer offizieller Releases prüfen, ob relevante Funktionalitäten des offiziellen Release weiterhin Bestandteil des Release sind. Sieht man die Möglichkeit des Entfernens einer Funktionalität aus dem offiziellen Release als gegeben an, so kann man den OSS-Quelltext statt als ein großes Quelltextartefakt als eine Aneinanderreihung von Anpassungen eines Ausgangszustandes ansehen, von denen einzelne Anpassungen mittels Quelltextartefakten auch nach Aufnahme in das offizielle Release dieses wieder verlassen können.

Der Fall, dass ein Quelltextartefakt durch das OSS-Projekt wieder aus dem offiziellen Quelltext entfernt wird, ist für Unternehmen von hoher Relevanz, da als Folge dessen das Quelltextartefakt im Fall eines Updates auf ein neues Release der OSS wieder manuell integriert werden muss, sollte es vom Unternehmen weiterhin benötigt werden.

Beispiele für diesen Fall sind auch in großen Projekten zu finden. Ordnet ein OSS-Projekt sein Produkt in Pakete (engl. Packages), so wird diesen üblicherweise ein sogenannter Maintainer zugeordnet, d. h. eine Person, die für die Wartung eines oder mehrerer Pakete zuständig ist. Ist dieser nicht länger aktiv, so kann es dazu

---

[584] Vgl. bspw. Holck und Jørgensen (2004), S. 12.
[585] Vgl. Erenkrantz (2003), S. 54 sowie Koponen und Hotti (2005), S. 32. Die Handhabung des Releasemanagements wird unterschiedlich gehandhabt; so ist bspw. der Releasemanager des Apache-Webservers für den Releasezeitpunkt, jedoch explizit nicht für den Umfang des Release zuständig. Vgl. [http://httpd.apache.org/dev/release.html].

kommen, dass diese Pakete aus dem offiziellen Release entfernt werden. Michlmayr et al. (2008) nennen als Beispiel das Debian-Projekt, bei dem nicht weiter gepflegte Pakete aus Qualitätssicherungsgründen entfernt werden. Wenngleich in ihrer quantitativen Studie über 60 % der vom ursprünglichen Maintainer nicht mehr gepflegten Pakete von anderen Maintainern „adoptiert" wurden, so kann die Einstellung eines Paketes kritisch für ein Unternehmen sein, das dieses nutzt.[586] Hilfreich bezüglich der Bestimmung der für das Quelltextartefakt bzw. das Paket zuständigen Person ist die Gewohnheit, eine namentliche Nennung der Ersteller bzw. zuständigen Personen durchzuführen.[587]

Alternativ ist es möglich, dass sich das einreichende Unternehmen auch nach der Übernahme des Quelltextartefaktes in das offizielle Release aktiv an dessen Pflege als Bestandteil der OSS beteiligt. Wenngleich hierdurch der Aufwand der Pflege des Quelltextartefaktes durch die Aufnahme in das offizielle Release nicht entfällt, wird sichergestellt, dass das Quelltextartefakt Teil der OSS bleibt und somit eine Verminderung des Aufwands im Fall eines Updates gegeben ist.

Die möglichen Zustände und Zustandsübergänge von Quelltextartefakten im Fall der Einreichung an ein OSS-Projekt werden in Tabelle 10 auf der folgenden Seite zusammenfassend dargestellt. Ergänzend erfolgt hier die Angabe einer alternativen Zustandsbezeichnung, die mögliche Zustände eines Quelltextartefaktes auf die folgenden, für einreichende Unternehmen im Rahmen des Konfigurations- und Änderungsmanagements relevanten, Zustände reduziert:

- Internes Quelltextartefakt (IQA),
- Nicht-offizielles externes Quelltextartefakt (NOEQA),
- Offizielles, externes Quelltextartefakt (Teil des offiziellen Release, OEQA).

Die mit (X) markierten Felder stellen keine regulären Zustandsübergänge dar, sondern dienen dazu, deutlich zu machen, dass Funktionalitäten das offizielle Release wieder verlassen können.

---

[586] Vgl. Michlmayr et al. (2008), S. 18-19.
[587] Vgl. Joode et al. (2008), S. 111.

Von \ Nach	Anfangszustand	Intern erstellt	Extern veröffentlicht	Review durchgeführt	Aufgenommen in Versionsverwaltungssystem	Aufgenommen in offizielles Release
Anfangszustand	-	-	-	-	-	-
Intern erstellt	X IQA	-	-	X NOEQA	-	-
Extern veröffentlicht	-	X NOEQA	-	-	-	(X) NOEQA
Review durchgeführt	-	-	X NOEQA	-	-	(X) NOEQA
Aufgenommen in Versionsverwaltungssystem	-	-	-	X NOEQA	-	(X) NOEQA
Aufgenommen in offizielles Release	-	-	-	-	X OEQA	-
Endzustand	-	-	-	-	-	X OEQA

Tabelle 10: Mögliche Zustandsübergänge von Quelltextartefakten

5.6 Zusammenfassung

Eine Anpassung von OSS in Unternehmen führt zu der Entstehung eines internen Entwicklungszweiges. Bei dessen Handhabung muss zwischen internen Anpassungen und Anpassungen, die externen Ursprungs sind, unterschieden werden. Die Fundierung des vorgestellten grobgranularen Prozessmodells auf dem *System Evolution Process* verdeutlicht dabei, dass beide Fälle auf einen bereits bekannten Prozess zurückzuführen sind, der jedoch erweitert werden muss. Dieser Prozess ist im Bereich von Softwarebetrieb und -wartung verortet.

Die auftretenden Besonderheiten erfordern besondere Aufmerksamkeit in den Bereichen Konfigurations- und Änderungsmanagement. Dieses unterstützt insbesondere die Zusammenführung von externem Quelltext mit dem internen Entwicklungszweig und sorgt für eine Nachverfolgbarkeit von Änderungen. Die Zusammenführung erfolgt dabei überwiegend manuell, was u. U. erheblichen Aufwand erzeugt. Eine Reduzierung der Zahl interner Anpassungen ohne Verlust der hierdurch implementierten Funktionalität wird daher für Unternehmen von erheblichem Interesse sein.

Zusätzlich zu der Darstellung einer unternehmensinternen Handhabung der Besonderheiten im Fall der Anpassung von OSS, die zu Erweiterungen des Konfigurations- und Änderungsmanagements führen, wurde daher eine Betrachtung von Zuständen und Zustandsübergängen von Quelltextartefakten durchgeführt. Die Möglichkeit einer Einreichung von Quelltextartefakten an ein OSS-Projekt kann für Unternehmen von erheblichem Interesse sein. Unternehmen müssen dabei jedoch berücksichtigen, dass hierbei die für eine Einreichung nötigen Schritte, die durch das jeweilige OSS-Projekt festgelegt werden, berücksichtigt werden müssen.

Eine Einreichung von Quelltext kann für Unternehmen verschiedene Vorteile bieten. Wird der Quelltext in das offizielle Release der OSS übernommen, so entsteht für das Unternehmen ein entsprechend geringerer Aufwand bei Updates, da die entsprechende interne Anpassung nicht weiter unternehmensintern gepflegt werden muss. Die Anzahl interner Anpassungen wird dadurch reduziert und somit überschaubarer. Eine Einreichung von Quelltext an das OSS-Projekt kann zudem zu einem Lerneffekt für das Unternehmen führen. Im Rahmen eines potenziell durchgeführten Peer Reviews des eingereichten Quelltextes kommt es zu einem Austausch mit Teilnehmern des OSS-Projektes, der für das Unternehmen Einsicht in dessen Arbeitsweise bietet. Dies kann helfen, unternehmensinterne Änderungen an die Arbeitsweise des OSS-Projektes anzupassen und zu einer höheren Erfolgsquote bei folgenden Einreichungen von Quelltext an das OSS-Projekt führen.

6. Anpassung von OSS und Best-Practice-Frameworks

6.1 Best-Practice-Frameworks im Kontext des Softwarebetriebs

Softwareentwicklung, -wartung und ihre fortwährende Nutzung sind intellektuelle Aufgaben, die schwierig zu steuern sind. Aufgrund der wirtschaftlichen und rechtlichen Wichtigkeit dieser Aufgaben müssen sie jedoch gesteuert und kontrolliert werden; das Mindestergebnis sollte die Nachvollziehbarkeit der Ergebnisse sein.[588] Die in Abschnitt 3.1.1 vorgestellten Ansätze zur Softwareentwicklung nutzen dabei ein unterschiedlich stark formalisiertes Vorgehen, um die Software ähnlich einer Ingenieursarbeit in gleichbleibender Qualität zu erstellen. Somit soll Software von hoher Qualität effizient produziert werden.[589] Diese Charakteristika wurden in der Softwareentwicklung und in Softwareprodukten dennoch oft vermisst.[590]

Mit Abschnitt 2.2 wurde diesen Softwareentwicklungsansätzen die OSS-Entwicklung gegenübergestellt. Beide Ansätze sind offensichtlich zur Erstellung qualitativ hochwertiger Software geeignet. Der Schwerpunkt liegt jedoch jeweils auf der Entwicklung von Software, wohingegen die Phase des Softwarebetriebs bei diesen Ansätzen nicht im Fokus steht.

Es ist folglich noch zu klären, ob Modelle bzw. Frameworks zur Verfügung stehen, die den Betrieb von OSS unter Berücksichtigung der Anpassung dieser OSS in Anwenderunternehmen unterstützen können. Als potenzielle Frameworks, die im Kontext des Betriebs und der Anpassung von Software Anwendung finden können, steht eine Vielzahl von Referenzmodellen und Standards zur Verfügung. Die meisten der Managementmodelle haben sich basierend auf den Erfahrungen vieler Projekte in vielen Organisationen weiterentwickelt.

Vorgehensweisen, die zu den gewünschten Ergebnissen geführt haben, wurden gesammelt und weiter verbessert, sodass die daraus resultierenden Frameworks als Best Practice angesehen werden.[591] Ebenso kann eine Best Practice im Rahmen der Zusammenarbeit von Experten aus Wissenschaft und Praxis entstehen. Ein Best-Practice-Prozess bezeichnet einen Prozess, der den effektivsten und effizientesten Prozess für eine bestimmte Aufgabe darstellt. Eine Sammlung solcher Prozesse

---

[588] Vgl. Alpar et al. (2011), S. 285.
[589] Vgl. Sommerville (2007a), S. 692-695.
[590] Vgl. Boehm (2006).
[591] Der Nutzung des Begriffs Best Practice wird von verschiedenen Autoren kritisch gesehen und von diesen die Nutzung des Begriffes Good Practices vorgeschlagen, vgl. bspw. Harrison (2004). Aufgrund der weiterhin umfangreichen Nutzung des Begriffs Best Practices, z. T. auch in den hier vorgestellten Frameworks selbst, wird dennoch diesem Begriff der Vorzug gegeben.

kann der Standard für eine bestimmte Aufgabe werden und in unterschiedlichen Organisationen angewandt werden.

Der Detaillierungsgrad der Best-Practice-Modelle ist oftmals niedrig, um eine branchenübergreifende Einsetzbarkeit zu ermöglichen; folglich ergibt sich die Notwendigkeit einer unternehmensspezifischen Anpassung.[592] Dennoch stellen sie aufgrund des Einbezugs der Betriebsphase von Software einen vielversprechenden Ausgangspunkt für diese Untersuchung dar.

Im Rahmen dieser Arbeit werden vier oft genutzte Frameworks untersucht, die z. T. unterschiedliche Verwendungszwecke adressieren. Sie enthalten jedoch stets Richtlinien, die den Softwarebetrieb und die Anpassung von Software betreffen; folglich werden zum Teil die gleichen Aufgaben behandelt (bspw. das Konfigurationsmanagement).[593]

Die ersten drei Frameworks werden dem Bereich der IT-Governance zugeordnet und decken dort unterschiedliche Schwerpunkte ab. Die IT-Governance ist auf die Corporate Governance zurückzuführen, die eine verantwortungsbewusste Unternehmensführung zum Ziel hat.[594]

> *„IT-Governance beinhaltet Regeln und Methoden zur Planung, Steuerung und Kontrolle des Einsatzes von IS in einer Unternehmung, die sicher stellen, dass sie an Unternehmenszielen ausgerichtet sind und unter Beachtung von Risiken effizient und effektiv eingesetzt werden.“[595]*

Eine Einordnung der Frameworks erfolgt in Abbildung 24 auf der folgenden Seite. Weitere in dieser Abbildung dargestellte Referenzmodelle und Standards dienen der Einordnung im Kontext der IT-Governance, werden jedoch nicht weiter betrachtet.

---

[592] Vgl. Johannsen und Goeken (2007), S. 48f.
[593] Es ist daher möglich, dass mehrere Frameworks eingesetzt werden, dies jedoch jeweils nicht in vollem Umfang, vgl. Walter und Krcmar (2006). Auf durch den Einsatz mehrerer Frameworks resultierende Probleme weisen u. a. Johannsen und Goeken hin, vgl. Johannsen und Goeken (2007), S. 205f.
[594] Vgl. Alpar et al. (2011), S. 68.
[595] Ibid., S. 69.

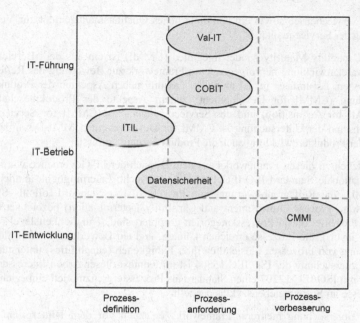

Abbildung 24: Einordnung und Vergleich der Referenzmodelle und Standards[596]

Das erste untersuchte Framework, Control Objectives for Information and Related Technology (COBIT), soll Entscheidungsträger in die Lage versetzen, die Umsetzung der aus den Geschäftszielen abgeleiteten IT-Ziele zu überprüfen.[597] Dics wird durch 34 Prozesse unterstützt, mittels derer die Domänen Planen und Organisieren, Beschaffen und Implementieren, Ausliefern und Unterstützen sowie Überwachen und Bewerten abgedeckt werden.[598] COBIT umfasst somit den Bereich der hier vorliegenden Untersuchung; aufgrund der geringen Granularität werden in COBIT weitere Frameworks und Modelle genannt, die einer Detaillierung dienen können. Zwei dieser Frameworks wurden für die vorliegende Untersuchung ausgewählt.

Die Information Technology Infrastructure Library (ITIL) ist ein Framework aus dem Bereich des IT-Servicemanagements. In diesem Rahmen können bspw. Softwaresysteme in Form eines Service für interne und externe Nutzer angeboten werden. Das ITIL-Framework umfasst die Bereiche Servicestrategie und Servicedesign, die Überführung neuer oder geänderter Services in den Betrieb, den eigentli-

---

[596] Vgl. Johannsen und Goeken (2007), Abb. 7-3, S. 209.
[597] Vgl. IT Governance Institute (2007), S. 5.
[598] Siehe Abbildung 25 auf S. 148.

chen Servicebetrieb sowie ein kontinuierliches Qualitätsmanagement zur Verbesserung der Servicequalität.[599]

Das Capability Maturity Model Integrated (CMMI) ist ein aus dem Bereich der Softwareentwicklung hervorgegangenes Framework zur Bewertung der Reife von Prozessen. Es umfasst in der aktuellen Fassung neben Aspekten der Produktentwicklung (CMMI for Development) zudem Aspekte der Produktbeschaffung (CMMI for Acquisition) und des Servicemanagements (CMMI for Services).[600] Gegenstand der Untersuchung ist CMMI for Development (CMMI-Dev), das neben der Produktentwicklung auch die Produktwartung umfasst.

Zusätzlich zu diesen Frameworks aus dem Bereich der IT-Governance wurde der internationale Standard ISO/IEC 15504[601] untersucht. Er ermöglicht, ähnlich wie CMMI, eine Reifegradbewertung von Prozessen. Der Standard, oft als SPICE (Software Process Improvement and Capability Determination) bezeichnet, definiert Prozesse, die in Prozesskategorien gruppiert sind, Tauglichkeitslevel (capability levels), die Prozesse erreichen können, und ein Bewertungsmodell, das die Messung von Prozessen hinsichtlich ihrer Fähigkeiten (capabilities) unterstützt.[602] Die Untersuchung der ISO/IEC 15504 ist im Kontext dieser Arbeit interessant, da diese mit ISO/IEC 12207 einen Standard als Prozessreferenzmodell einbezieht, der Prozesse im Softwarelebenszyklus darstellt.

Eine Untersuchung mehrerer Frameworks erscheint vor dem Hintergrund ihrer Anzahl, inhaltlichen Überlappung sowie Unterschiede in Struktur und Terminologie[603] angebracht. Es ist auch für Organisationen, die ein angemessenes Maß an betriebswirtschaftlicher Steuerung ihrer IT erreichen möchten, nicht einfach, eine angemessene Kombination von Frameworks zu wählen.

6.2 Analyse der Frameworks

6.2.1 Control Objectives for Information and Related Technology

Das vom IT Governance Institute herausgegebene Framework COBIT stellt Best Practices für IT und verwandte Technologien bereit.[604] Ziel ist es, die Umsetzung der IT-Governance zu unterstützen.

---

[599] Vgl. Böttcher (2010), S. 2-4.
[600] Vgl. Carnegie Mellon SEI (2010), S. 7.
[601] Vgl. ISO/IEC 15504-5 (2006).
[602] Eine Darstellung des Konzepts der ISO 15504 steht mit ISO/IEC 15504-1 (2004) zur Verfügung.
[603] Vgl. Paulk (2004).
[604] Als Best Practice werden dabei die Kontrollziele angesehen, die den einzelnen Prozessen zugeordnet sind. Siehe IT Governance Institute (2007), S. 195.

COBIT wurde unter Berücksichtigung einer Vielzahl von Referenzmodellen und Standards entwickelt und soll für diese eine „verbindende Klammer"[605] darstellen. Die berücksichtigten Referenzmodelle und Standards umfassen bspw. die später behandelten Frameworks ITIL und CMMI.[606] Das Framework soll u. a. helfen, Investitionen im IT-Bereich zu optimieren, die Bereitstellung von Services sicher-zustellen sowie im Falle eines Problems die Einschätzung des Problems zu unter-stützen.

In der COBIT-Version 4.1 werden ausgehend von den Geschäftszielen IT-Ziele, Prozessziele und Aktivitätsziele abgeleitet. Hinsichtlich der Prozessziele werden 34 Prozesse[607] zur Verfügung gestellt, die zu den folgenden vier Domänen grup-piert sind:[608]

- **„Plan and Organise (PO) -** Provides direction to solution delivery (AI) and service delivery (DS)
- **Acquire and Implement (AI) -** Provides the solutions and passes them to be turned into services
- **Deliver and Support (DS) -** Receives the solutions and makes them usable for end users
- **Monitor and Evaluate (ME) -** Monitors all processes to ensure that the direc-tion provided is followed"

Den Domänen ist eine unterschiedliche Anzahl von Prozessen zugeordnet. Die Zuordnung ist in Abbildung 25 auf der folgenden Seite dargestellt.

COBIT unterstützt eine Reifegradbewertung der Prozesse mittels eines jeweils prozessspezifischen Reifegradmodells.[609] Die Domänen umfassen die Phasen des IT-Lebenszyklus.[610] Die enthaltenen Prozesse können als generisches Prozessmo-dell angesehen werden und enthalten Kontrollziele. Nicht alle der Prozesse müssen in einem Unternehmen umgesetzt werden.[611]

---

[605] Johannsen und Goeken (2007), S. 44.

[606] Vgl. IT Governance Institute (2007), S. 177.

[607] Insbesondere in kleinen und mittelständischen Unternehmen kann es sinnvoll sein, nur einen Teil dieser Prozesse abzudecken. Das von ISACA bereitgestellte Dokument Quickstart ([http://www.isaca.org/Knowledge-Center/Research/ResearchDeliverables/Pages/COBIT-Quickstart-2nd-Edition.aspx]) stellt eine Variante von COBIT zur Verfügung, die insbesondere kleine und mittelständische Unternehmen adressiert und weniger Prozesse umfasst. Vgl. auch Johannsen und Goeken (2007), S. 100f.

[608] IT Governance Institute (2007), S. 12.

[609] Vgl. Ibid., S. 17f.

[610] Vgl. Johannsen und Goeken (2007), S. 86.

[611] Vgl. IT Governance Institute (2007), S. 13f.

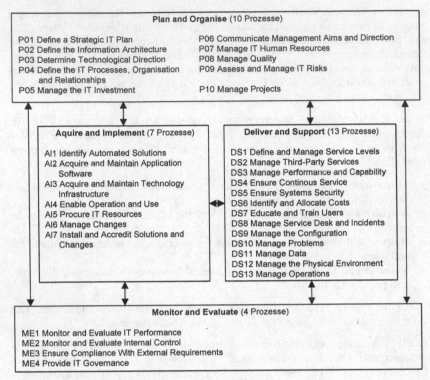

Abbildung 25: COBIT-Domänen und ihre Prozesse[612]

Für jeden der 34 in COBIT enthaltenen Prozesse werden auf jeweils vier Seiten High-Level-Kontrollziele, detaillierte Kontrollziele, Managementrichtlinien und das o. g. Reifegradmodell dargestellt. Im Rahmen der Darstellung der High-Level-Kontrollziele erfolgt einleitend eine Beschreibung des Prozesses in Textform. Die Darstellung in COBIT erfolgt auf einem hohen Abstraktionslevel. Für jeden Prozess stehen Beispiele bereit; diese sind jedoch weder als erschöpfend, noch als präskriptiv anzusehen.[613] Es ist nicht das Ziel, vorzugeben, *wie* etwas durchgeführt werden muss, sondern vielmehr, *was* durchgeführt werden muss. Zur Detaillierung

---

[612] Basierend auf Ibid., Abb. 8.
[613] Vgl. Ibid., S. 14f.

wird vorgeschlagen, die vorgenannten, spezifischeren Frameworks wie ITIL und CMMI einzusetzen.[614]

6.2.1.1 Untersuchung

Die Darstellung der Untersuchung folgt der Gruppierung von Prozessen zu Domänen. Die Prozesse werden genannt und näher dargestellt, wenn sie im Kontext der Anpassung von OSS als relevant angesehen werden.

Plan and Organise (PO)   /

Die Domäne PO umfasst zehn Prozesse. Sie deckt den Bereich der Planung und Organisation ab. Der Prozess PO1 „Define a Strategic IT Plan" behandelt die Umsetzung von Geschäftsanforderungen an IT-Services; als Control Objectives (im Folgenden mit „Kontrollziele" bezeichnet) umfasst dieser Prozess u. a. die Erstellung eines strategischen IT-Plans (PO1.4), taktischer IT-Pläne (PO1.5) sowie das IT-Portfoliomanagement (PO1.6). Weitere Prozesse dienen der Definition der Informationsarchitektur (PO2), der Bestimmung der technologischen Ausrichtung (PO3)[615], der Definition von Prozessen, Organisation und Beziehungen (PO4) und dem Management des IT-Investments (PO5).

Die folgenden Prozesse adressieren die Kommunikation von Zielen und Anweisungen des Managements (PO6), das Personalmanagement (PO7), das Qualitätsmanagement (PO8), das Risikomanagement (PO9) und das Projektmanagement (PO10).

Prozesse, die im Kontext der Anpassung von OSS relevante Inhalte umfassen, stellen die Prozesse PO4 und PO8 dar. Im Prozess PO4 „Define the IT Processes, Organisation and Relationships" stellt die Einrichtung und Aufrechterhaltung einer optimalen Koordinations-, Kommunikations- und Verbindungsstruktur sowie verschiedener anderer Belange innerhalb und außerhalb der IT-Funktion eines der Kontrollziele dar.[616] Als Teil des Kontrollziels werden explizit Lieferanten genannt. Dies stellt einen möglichen Ansatzpunkt zum Beziehungsmanagement mit dem OSS-Projekt dar. Ziel in diesem Kontext sollte es sein, insbesondere bei einer OSS-Lösung mit hoher Wichtigkeit für das Unternehmen eine Beziehung zu dem OSS-Projekt herzustellen. Im Reifegradmodell des Prozesses wird ab der Stufe 3 explizit ein definiertes Lieferantenmanagement gefordert.[617] Auf Grund der üblicherweise nicht gegebenen vertraglichen Bindung eines OSS-Projektes als Liefe-

---

[614] Vgl. Ibid., S. 177.
[615] Eine Entscheidung, die in diesen Bereich fällt, ist bspw. die grundsätzliche Entscheidung für oder gegen den Einsatz und die Anpassung von OSS.
[616] Vgl. IT Governance Institute (2007), Kontrollziel PO4.15 „Relationships", S. 43.
[617] Vgl. Ibid., S. 46.

rant kann alternativ die ebenfalls in diesem Prozess beschriebene Einrichtung von Beziehungen zu Stakeholdern genutzt werden.[618]

Im Prozess PO8 „Manage Quality" adressieren mehrere Kontrollziele explizit Standards für verschiedene Bereiche. Das Kontrollziel PO8.2 nennt „IT Standards and Quality Practices", das Kontrollziel PO8.3 „Development and Acquisition Standards". Problematisch ist hierbei die nicht standardisierte Entwicklung von OSS, der gerade kein einheitliches Prozessmodell zugrunde liegt.[619] Für eine Bewertung von OSS im Rahmen der Beschaffung stehen Ansätze zur Verfügung, die zusätzlich oder alternativ zu Qualitätsbewertungsansätzen für proprietäre Software eingesetzt werden können.[620] Eine explizite Einbeziehung des Qualitätsmanagements für Prozesse, die auf Dritte angewiesen sind, erfolgt erst ab Stufe 4 des Reifegradmodells.[621]

Acquire and Implement (AI)

Die Domäne AI umfasst sieben Prozesse. Diese adressieren die Identifikation, Entwicklung und Beschaffung von IT-Lösungen (AI1), die Beschaffung und Wartung von Anwendungssoftware (AI2) und Infrastruktur (AI3) und die Sicherstellung von Dokumentation und Training (AI4). Mit dem Prozess AI5 steht ein Prozess für die Beschaffung von IT-Ressourcen zur Verfügung, der Prozess AI6 behandelt das Änderungsmanagement und der Prozess AI7 die Implementation neuer oder geänderter Systeme.

Als relevant im Kontext der Anpassung von OSS wurden die Prozesse AI1 und AI2 sowie AI5-AI7 identifiziert. Im Folgenden wird dargestellt, in welchem Umfang diese Besonderheiten von OSS abdecken. Der Prozess AI1 „Identify Automated Solutions" führt zu einer „Make or buy"-Entscheidung für IT-Lösungen.[622] Für diese werden eine Anforderungs-, Risiko- und Machbarkeitsstudie sowie die anschließende Entscheidung und ggf. Freigabe als Kontrollziele festgelegt. Es wird nicht näher dargelegt, wie eine „Buy"-Entscheidung ausgestaltet ist, beispielsweise anhand einer Erwähnung von SSW. Ein festgelegtes Vorgehen hinsichtlich der gezielten Identifikation von IT-Lösungen ist erst ab dem Reifegrad 3 gegeben.

---

[618] Vgl. Ibid., S. 45.
[619] Vgl. Abschnitt 2.2.
[620] Vgl. Abschnitt 2.4.3.
[621] Vgl. IT Governance Institute (2007), S. 62.
[622] Vgl. Ibid., S. 73. Die Nutzung des Begriffes „Automated Solutions" kann zu falschen Schlüssen bzgl. des Umfangs des Prozesses führen. Er bezieht sich auf IT-Lösungen, was u. a. Software und Services umfasst. Vgl. IT Governance Institute (2007), S. 76.

Der Prozess AI2 „Acquire and Maintain Application Software" adressiert die Anschaffung und die Wartung von Anwendungssoftware.[623] Hierfür werden zehn Kontrollziele vorgegeben. Dies umfasst im Rahmen des Kontrollziels AI2.6 „Major Upgrades to Existing Systems" die Empfehlung, bei der einer erheblichen Änderung von Designs bzw. Funktionalitäten vorhandener Systeme einen ähnlichen Softwareentwicklungsprozess einzusetzen, wie dies bei einem neuen System der Fall wäre.[624] Dies ist im Fall einer Nutzung von OSS aufgrund des von der traditionellen Softwareentwicklung deutlich abweichenden Entwicklungsprozesses als problematisch anzusehen, wenngleich wie am Ende des Abschnitts 2.2.1 dieser Arbeit dargestellt Ansätze hierfür existieren. Hinsichtlich der Übernahme von Entwicklungen Dritter erfolgt in Kontrollziel AI2.7 „Development of Application Software" der Hinweis, alle rechtlichen Aspekte und Vertragsaspekte zu beachten. Dies ist im Rahmen der Anpassung von OSS, wie in Abschnitt 2.3 dieser Arbeit dargestellt, von besonderer Wichtigkeit. Die Softwarewartung wird über das Kontrollziel AI2.10 „Application Software Management" erfasst. Dieses Kontrollziel verweist darauf, eine Strategie und einen Plan für die Wartung von Anwendungssoftware zu erstellen, konkretisiert dies aber nicht.[625]

Der Prozess AI5 „Procure IT Resources" behandelt die Beschaffung von IT-Ressourcen.[626] Unter diesen Begriff fallen gemäß COBIT Personal, Hardware, Software und Services. Die Behandlung im Rahmen von COBIT soll eine kosteneffiziente Realisierung der IT sicherstellen, was u. a. über den Anteil an der Senkung der Anschaffungskosten bemessen wird[627]. Die Kontrollziele umfassen neben der Durchführung und Kontrolle der Beschaffung die Lieferantenauswahl sowie das Vertragsmanagement mit den Lieferanten. Bei einer Nutzung von OSS setzt dies u. a. die Kenntnis der weiter oben dargestellten Aspekte OSS-Geschäftsmodelle[628] sowie der rechtlichen Fragen[629] voraus. Wird die OSS direkt von einem OSS-Projekt bezogen, wird oftmals keine vertragliche Vereinbarung bspw. hinsichtlich des Supports der OSS mit diesem möglich sein. Eine explizite Behandlung von an die Anschaffungen anschließenden Anpassungen erfolgt im Rahmen dieses Prozesses nicht.

Der Prozess AI6 „Manage Changes" umfasst das Änderungsmanagement, das eine kontrollierte Durchführung von Änderungen an Anwendungen und Infrastruktur sicherstellen soll.[630] Für diesen Prozess stehen fünf Kontrollziele bereit. Neben der

---

[623] Vgl. IT Governance Institute (2007), S. 77-80.
[624] Vgl. Ibid., S. 78.
[625] Vgl. Ibid., S. 78.
[626] Vgl. Ibid., S. 89-92.
[627] Vgl. Ibid., S. 89 sowie zur Kostensenkung mittels des Einsatzes von OSS Abschnitt 2.1.2 dieser Arbeit.
[628] Vgl. Abschnitt 2.1.3.
[629] Vgl. Abschnitt 2.3.
[630] Vgl. IT Governance Institute (2007), S. 93-96.

Bereitstellung von Änderungsstandards und -prozeduren, die eine Abschätzung der Auswirkungen, Priorisierung und Autorisierung enthalten, soll zudem die Durchführung von Notfalländerungen möglich sein. Diese können von den üblichen Standards und Prozeduren für Änderungen abweichen. Neben dem Tracking und dem Reporting von Änderungen stellen zudem die Anpassung von Nutzerdokumentation und ggf. Prozessen nach dem Abschließen einer Änderung ein Kontrollziel dar. Änderungsanfragen als Prozessinputs können ihren Ursprung in verschiedenen Prozessen der Domäne Deliver and Support haben. Der Umfang eines automatisierten Trackings von Änderungen wird im Rahmen der Darstellung von Zielen und Metriken im Bereich der Management Guidelines als mögliches Erfolgskriterium angeführt. Bemerkenswert ist die in diesem Rahmen angeführte Nutzung der Anzahl unterschiedlicher Versionen der jeweiligen Geschäftsanwendung als Erfolgsmetrik.[631] Hervorzuheben ist, dass eine strukturierte Herangehensweise an das Änderungsmanagement erst ab der Reifegradstufe 3 gefordert wird, wenngleich es auch auf dieser Stufe zu Abweichungen von geplanten Vorgehensweisen kommt. Erst auf der Reifegradstufe 5 werden ein computerbasiertes Konfigurationsmanagement sowie eine Versionskontrolle erwartet.[632]

Der Prozess AI7 „Install and Accredit Solutions and Changes" behandelt die Einführung von Lösungen in den operativen Betrieb.[633] Dies beinhaltet ausdrücklich auch die Einführung von Änderungen im laufenden Betrieb. Als Schwerpunkt kann der umfangreiche Test der Lösungen bzw. Änderungen angesehen werden. Für den Prozess sind neun Kontrollziele vorgegeben. Neben Zielen, die die Einführung neuer Systeme wie auch die Änderung bestehender Systeme betreffen, bezieht sich das Kontrollziel AI7.6 „Testing of Changes" explizit auf Änderungen.[634]

Deliver and Support (DS)

Die Domäne DS umfasst dreizehn Prozesse. Die ersten sechs Prozesse decken den Bereich Deliver ab. Sie umfassen die Definition und das Management von Service Levels (DS1), das Management von Services, die von Dritten zur Verfügung gestellt werden (DS2)[635], das Management von Leistung und Kapazität (DS3), die

---

[631] Vgl. Ibid., S. 95.
[632] Vgl. Ibid., S. 96.
[633] Vgl. Ibid., S. 97-100.
[634] Vgl. Ibid., S. 98.
[635] Wenngleich dieser Prozess auf Beziehungen zu Lieferanten eingeht, ist er jedoch im Bereich OSS als üblicherweise nicht relevant anzusehen. Dies begründet sich darin, dass dieser Prozess explizit Lieferanten von Services („qualified third-party service providers", Ibid., S. 105) adressiert. Auch das im Rahmen des Prozesses angeführte Monitoring von Providern bezieht sich auf Services („monitor service delivery", IT Governance Institute (2007), S. 106).

Sicherstellung eines ununterbrochenen Service (DS4) und der Systemsicherheit (DS5) sowie der Identifizierung und Zuordnung von Kosten (DS6).

Die folgenden Prozesse decken den Bereich Support ab. Die umfasst die Schulung und das Training von Nutzern (DS7), die Einrichtung eines Service Desk und die Behandlung von Störungen (DS8), das Konfigurationsmanagement (DS9), das Problemmanagement (DS10), das Management von Daten (DS11) sowie der physischen Umgebung (DS12) und des Betriebs (DS13).

Der Prozess DS8 „Manage Service Desk and Incidents" behandelt die Einrichtung eines Servicedesks als zentrale Anlaufstelle für Benutzeranfragen sowie die Behandlung hier eingereichter Meldungen.[636] Benutzeranfragen können zu einem Änderungsbedarf an Software, bspw. aufgrund eines Bugs, führen. Der Service Desk stellt somit einen Ausgangspunkt für interne Änderungsanfragen dar, was dem ersten Punkt der rechten Prozesskette in Abbildung 21 auf Seite 117 dieser Arbeit entspricht. Er ist gemäß COBIT zudem Anlaufstelle für weitere Anfragen, wie bspw. bei der Behandlung reiner Informationsbedarfe.[637] Alle Anfragen sowie deren Status und Verlauf sollen dokumentiert werden.[638] Ungelöste Störungsmeldungen führen zu einer Nachverfolgung, deren Ziel die Lösung des zugrunde liegenden Problems ist.[639] Die Erstellung von Änderungsanforderungen findet sich auch in den Management Guidelines des Prozesses wieder, Änderungsanfragen (Requests for Change, RFCs) werden hier als Prozessoutput genannt. Die Weitergabe der RFCs erfolgt an das Änderungsmanagement, das durch den Prozess AI6 adressiert wird.

Der Prozess DS9 „Manage the Configuration" dient der Einrichtung und Pflege einer zentralen Repository aller Konfigurationselemente einer Unternehmung.[640] Dies umfasst Software- und Hardwarekonfigurationen.[641] Ziel ist dabei bspw. auch, die nicht autorisierte Nutzung von Software im Unternehmen zu unterbinden. Die in Kontrollziel DS9.2 „Configuration Integrity Review" geforderte periodische Prüfung der korrekten Lizenzierung von Software[642] kann im Kontext der Anpassung von OSS dazu dienen, die Einhaltung diesbezüglicher Lizenzen zu prüfen. Dies kann bspw. eine Prüfung hinsichtlich der erfolgten Weitergabe von Quelltext bedeuten. Das Konfigurationsmanagement soll so realisiert werden, dass eine Baseline für jedes System und jeden Service geführt wird[643] und mit den Än-

---

[636] Vgl. IT Governance Institute (2007), S. 129-132.
[637] Vgl. Ibid., S. 130, Kontrollziel DS8.1.
[638] Vgl. Ibid., S. 130, Kontrollziel DS8.2.
[639] Vgl. IT Governance Institute (2007), S. 130, Kontrollziel DS8.4.
[640] Vgl. Ibid., S. 133-136.
[641] Vgl. Ibid., S. 133.
[642] Vgl. Ibid., S. 134.
[643] Vgl. Ibid., S. 134, Kontrollziel DS9.1.

derungs-, Incident- und Problemmanagementmaßnahmen integriert werden[644]. Bei der Bearbeitung der zuvor genannten RFCs ist das Konfigurationsmanagement dafür zuständig, „wo und wie" Änderungen durchgeführt werden.[645] Diese Informationen stellen einen Output des Konfigurationsmanagements dar und werden, ebenso wie die RFCs durch den vorhergehenden Prozess DS8, an das Änderungsmanagement weitergegeben.

Monitor and Evaluate (ME)

Die Domäne ME umfasst vier Prozesse. Diese adressieren Anforderungen, die ein Monitoring und eine Beurteilung im Rahmen der Realisierung der IT-Governance unterstützen. Hinsichtlich der Anpassung von OSS ist lediglich der Prozess ME3 „Ensure Compliance With External Requirements" als potenziell relevant anzusehen, der die Compliance mit externen Anforderungen adressiert.[646] Im Kontext der Anpassung von OSS könnte das Konfigurationsmanagement hierzu bspw. hinterlegte Lizenzbestimmungen bereitstellen, deren Einhaltung mittels dieses Prozesses überprüft werden können.

6.2.1.2 Ergebnis

Die COBIT-Prozesse decken die IT umfangreich ab und können so den Bereich der IT-Governance gut unterstützen. Die Darstellung einzelner Prozesse erfolgt jedoch in einer sehr niedrigen Granularität. So wird bspw. auf die Wartung von Anwendungssoftware in Kontrollziel AI2.10 der COBIT hingewiesen, dies aber nicht konkretisiert.

Im Kontext der Anpassung von OSS müssen die Prozesse der COBIT daher zumindest verfeinert werden, um die Besonderheiten einer Anpassung von OSS zu adressieren. Ein Beispiel stellt der Prozess PO4 dar, der Beziehungen zu einem OSS-Projekt darstellen kann, wenn das OSS-Projekt als Lieferant definiert ist. Eine Einschränkung stellt jedoch die Erwartung einer klassischen Kunde-Lieferanten-Beziehung in COBIT dar. Diese wird u. a. in Prozess AI5 deutlich, der für die Anschaffung von IT-Ressourcen zuständig ist. Ein Vertragsmanagement ist in einer Beziehung zu einem OSS-Projekt, wie in dieser Arbeit dargestellt, nicht sinnvoll, da dieses üblicherweise nicht vertraglich zu binden ist. Die Beziehung zu diesem entspricht daher gerade nicht der Beziehung in einer Kunde-Lieferanten-Beziehung, die beispielsweise durch den Verweis auf „Qualified third-party service providers" offensichtlich wird. Alternativ kann eine Definition des OSS-Projektes als ein Stakeholder sinnvoll sein, die im Prozess PO4 erfolgen kann.

---

[644] Vgl. Ibid., S. 134, Kontrollziel DS9.2.
[645] Vgl. Ibid., S. 135, Outputs.
[646] Vgl. Ibid., S. 161-164.

Aufgrund der geringen Granularität bestehen hohe Anforderungen hinsichtlich einer Konkretisierung der Prozesse, um Besonderheiten der Anpassung von OSS abzudecken. Aufgrund des in COBIT explizit gegeben Verweises auf weitere Frameworks ist es sinnvoll, eine umfangreichere Abdeckung durch diese Frameworks zu prüfen. Dies erfolgt im Folgenden anhand der Frameworks ITIL und CMMI.

6.2.2 IT Infrastructure Library

Die IT Infrastructure Library (ITIL) ist ein Beispiel für Best Practices im IT-Servicemanagement. Servicemanagement bezeichnet hierbei die prozessorientierte und zielgerichtete Ausrichtung des IT-Betriebs.[647]

Die erste Version der ITIL wurde im Jahr 1994 fertiggestellt. Sie umfasste zu diesem Zeitpunkt 24 Publikationen, von denen zehn die Kernbereiche Service Support und Service Delivery adressierten. Ziel war es, zusätzlich zu den bereits umfangreich zur Verfügung stehenden Vorgehensweisen der Softwareentwicklung auch den IT-Betrieb mittels einer auf Best Practices basierenden Bibliothek mehrerer Bücher professionell zu unterstützen.[648] Die Entwicklung der ITIL wurde ursprünglich durch die Central Computer & Telecommunications Agency (CCTA) der britischen Regierung durchgeführt[649] und ging später auf das Office of Government Commerce (OGC), ebenfalls eine Regierungsorganisation, über. Das OGC wurde im Juni 2010 Teil der Efficiency and Reform Group des britischen Cabinet Office.[650]

In der hier betrachteten Version 3 der ITIL (ITIL v3) sind die Best Practices fünf Kernbänden zugeordnet. Die in Abbildung 26 auf der folgenden Seite dargestellten Hauptbände der ITIL v3 decken die Bereiche Servicestrategie und Servicedesign, die Serviceüberführung in den laufenden Betrieb und den Servicebetrieb ab. Der Band Continual Service Improvement verfolgt das Ziel einer kontinuierlichen Serviceverbesserung. Er umfasst alle vier zuvor genannten Bereiche und zielt somit nicht nur auf Verbesserungen des Betriebs, sondern bspw. auch auf eine Verbesserung des Servicedesigns ab.[651]

---

[647] Vgl. Disterer und Rose (2007), S. 85; Johannsen und Goeken (2007), S. 150.
[648] Vgl. Central Computer and Telecommunications Agency (1995), S. 7.
[649] Vgl. Niessink und van Vliet (2000).
[650] Vgl. http://www.cabinetoffice.gov.uk. Die OGC-Webinhalte werden unter [http://webarchive.nationalarchives.gov.uk/20100503135839/http://www.ogc.gov.uk/index.asp] archiviert.
[651] Vgl. Office of Government Commerce (2008a), S. 7. Eine sequenzielle Abfolge von Service Strategy, Service Design, Service Transition und Service Operation (unter Einbeziehung des Continual Service Improvements) stellt dabei gemäß Office of Government Commerce (2008a), S. 14 nicht das einzige, aber das vorherrschende Aktionsmuster dar.

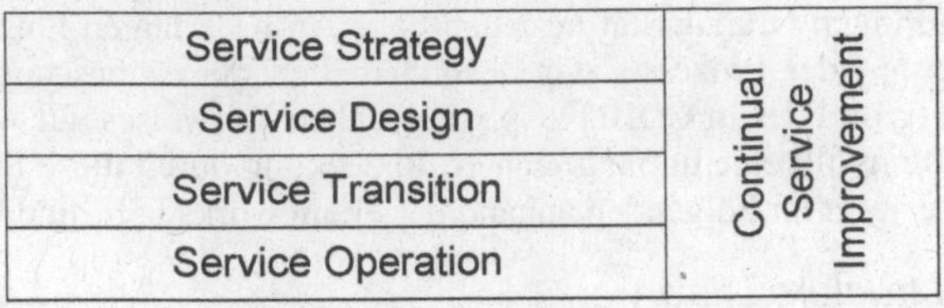

Service Strategy	
Service Design	Continual Service Improvement
Service Transition	
Service Operation	

Abbildung 26: Hauptbände von ITIL Version 3

Ein Service ist in ITIL nur generisch definiert:

„Ein Service ist die Möglichkeit, einen Mehrwert für Kunden zu erbringen, indem das Erreichen der von den Kunden angestrebten Ergebnisse erleichtert oder gefördert wird. Dabei müssen die Kunden selbst keine Verantwortung für bestimmte Kosten und Risiken tragen."[652]

Der größte Nutzen von ITIL entfaltet sich, wenn eine dynamische IT-Umgebung gegeben ist.[653] Aufgrund des Umfangs spricht die ITIL insbesondere größere Unternehmen an. Das OGC stellt jedoch eine Veröffentlichung zur Verfügung, die eine Nutzung der ITIL in Unternehmen mit kleinen IT-Einheiten unterstützen soll.[654]

Die ITIL selbst stellt keinen Standard dar. Für die Realisierung eines IT-Servicemanagements auf der Basis von ITIL wurde der British Standard (BS) 15000 entwickelt[655], der mittels eines „Fast-Track"-Verfahrens zu einem ISO/IEC-Standard überführt wurde[656] und in Folge als ISO/IEC 20000[657] geführt wird.[658]

Dieser Standard stellt in Teil 1 Anforderungen an einen Serviceanbieter auf, der für Kunden ein Servicemanagement in einer „akzeptablen Qualität"[659] erbringen

---

[652] Office of Government Commerce (2007b), S. 18.

[653] Vgl. Central Computer and Telecommunications Agency (1995), S. 13-15.

[654] Die CCTA stellte bereits kurz nach Veröffentlichung der ITIL mit CCTA (1995) ein solches Handbuch zur Verfügung. Eine neuere Version des Handbuchs stellt die OGC mit Office of Government Commerce (2009) zur Verfügung.

[655] Vgl. Alpar et al. (2011), S. 86.

[656] Vgl. ISO/IEC 20000-1 (2005), S. IV sowie ISO/IEC 20000-2 (2005), S. IV.

[657] Bestehend aus den Teilen ISO/IEC 20000-1 (2005) und ISO/IEC 20000-2 (2005).

[658] Es sei hier auch auf das Open-ITIL-Projekt verwiesen, vgl. Brandstätter und Peruzzi (2006). Das im vorgenannten Thesenpapier skizzierte Ziel war es, die Nutzung von ITIL in kleinen und mittelständischen Unternehmen durch eine günstigere Zertifizierung von OSS-ITIL-Tools zu unterstützen. Dieses Projekt wurde jedoch bereits im Jahr 2007 eingestellt; als Ergebnis ist dabei insbesondere die Marktübersicht von OSS-Tools zu nennen, die eine Umsetzung von ITIL-Prozessen unterstützen; vgl. Gulden (2007).

[659] ISO/IEC 20000-1 (2005), S. 1.

möchte. Der Kunde kann dabei unternehmensextern oder auch unternehmensintern sein. Im Rahmen der Spezifikation in Teil 1 werden Prozesse in verschiedenen Bereichen definiert, die zur Realisierung eines Servicemanagements nach ISO/IEC 20000 umgesetzt werden müssen. Zusätzlich werden Anforderungen an die Unternehmensleitung gestellt, um das Servicemanagement orientiert an den Unternehmens- und Kundenanforderungen zu entwickeln, zu implementierten und zu verbessern. Dies beinhaltet Anforderungen hinsichtlich Dokumentation, Überwachung der vorhandenen Kompetenzen und des Trainings der Mitarbeiter.[660] Die Umsetzung der Prozessgruppen erfolgt nach einem Plan-Do-Check-Act-Schema, das basierend auf einem Servicemanagementplan die Implementierung, das Controlling und die laufende Verbesserung des Servicemanagements sicherstellen soll.[661]

Teil 2 des Standards zeigt Qualitätsstandards für IT-Servicemanagementprozesse auf. Diese können als Leitfaden („code of practice") für ein Assessment des IT-Servicemanagements nach ISO/IEC 20000-1 als auch für eine Verbesserung des Servicemanagements genutzt werden.

6.2.2.1 Untersuchung

Die Untersuchung der ITIL v3 fokussiert auf das Buch Service Transition, das den für die Arbeit wesentlichen Bereich der Anpassung abdeckt. Um den Kontext zu wahren, werden auch die weiteren Bücher kurz dargestellt.

Die Inhalte des Buchs **Service Strategy** sind dem Service Design vorgelagert und sollen Serviceanbieter in die Lage versetzen, basierend auf den Benutzerbedürfnissen ein ökonomisch sinnvolles Serviceportfolio wirtschaftlich und nachfrageadäquat anzubieten.[662] Der Band behandelt u. a. interne und externe Märkte, die organisatorische Entwicklung und strategische Risiken.[663] Es wird im Rahmen der Darstellung des Serviceportfoliomanagements aufgezeigt, dass unterschiedliche Granularitäten von Services auftreten können sowie in unterschiedlichem Umfang die Technologie oder das Business den Prozesskontext darstellen können.[664]

Das im gleichnamigen Buch behandelte **Service Design** ist in der ITIL definiert als das „Design geeigneter und innovativer IT Services, einschließlich der zugehörigen Architekturen, Prozesse, Richtlinien und Dokumentationen zur Erfüllung aktueller und zukünftiger vereinbarter Business-Anforderungen"[665]. Die Service-Design-Prozesse umfassen das Service Catalogue Management, Service Level Management, Capacity Management, Availability Management, IT Service Conti-

---

[660] Vgl. Ibid., S. 3.
[661] Vgl. Ibid., S. 5. Siehe insb. Abb. 2.
[662] Vgl. Alpar et al. (2011), S. 82.
[663] Vgl. Office of Government Commerce (2007b), S. 9f. sowie Böttcher (2010), S. 19.
[664] Vgl. Office of Government Commerce (2007b), S. 137-141.
[665] Office of Government Commerce (2008b), S. 25.

nuity Management, Information Security Management und das Supplier Management[666]. Letzteres berücksichtigt die Lieferanten bereits im Rahmen des Service Designs. Als Beispiele werden die Lieferung von Komponenten wie Netzwerke, Hardware und Software genannt.[667] Dem Supplier Management liegt die Annahme einer Kunden-Lieferanten-Beziehung zugrunde.[668] Die Servicedefinition muss die einzelnen Service-Assets[669] beinhalten, um diese im Rahmen der Einführung und Optimierung steuern zu können.[670]

Das Studium der Bücher Service Strategy sowie Service Design führt zu der Notwendigkeit, die Rolle der OSS im Rahmen des Service näher zu definieren. Grundsätzlich wäre es beispielsweise möglich, die Wartung der OSS als Service zu realisieren. Niessink und van Vliet (2000) stellen hinsichtlich des Charakters der Softwarewartung fest, dass dieser dem eines Service entspricht, während im Fall einer Softwareentwicklung eine Produktentwicklung gegeben ist.[671]

Im Rahmen dieser Untersuchung stellt die Betrachtung jedoch darauf ab, dass die OSS Teil eines Service ist. Sie stellt somit eine Servicekomponente in einem IT- oder Business-Service dar.[672] Es wird untersucht, in welchem Umfang die Besonderheiten der Anpassung von OSS im Rahmen der Anpassung von Servicekomponenten abgedeckt sind.

Service Transition (ST)

Ziel der ST ist es, die Überführung von neuen oder geänderten IT-Services in den Betrieb zu unterstützen. Die Aufnahme von neuen oder geänderten Services in den Katalog der Services erfolgt vorbehaltlich der Genehmigung durch die Service Transition.[673] Anwendungen stellen eines der möglichen Service-Assets dar.[674] Die

---

[666] Vgl. Ibid., S. 170-187.
[667] Vgl. Ibid., S. 27.
[668] Vgl. Böttcher (2010), S. 79-85.
[669] Die Service-Assets umfassen jegliche Fähigkeit oder Ressource eines Serviceproviders, vgl. Office of Government Commerce (2007b), S. 299.
[670] Vgl. Böttcher (2010), S. 19f.
[671] Vgl. Niessink und van Vliet (2000).
[672] Softwareentwicklungsansätze wie auch die Nutzung von Standardsoftwarelösungen werden im Buch Service Design angesprochen. Dies erfolgt jedoch nur in einer geringen Granularität. Vgl. Office of Government Commerce (2008b), S. 58-60 sowie S. 206-212.
[673] Vgl. Office of Government Commerce (2007b), S. 88.
[674] Vgl. Office of Government Commerce (2007a), Abb. 3.1 auf S. 23.

Zuständigkeit der Service Transition für die Implementierung aller Änderungen an Services ist über die ST-Richtlinie 3.2.2 in Abschnitt 3.2 belegt.[675]

Bereits die Darstellung von „Prinzipien der Service Transition"[676] beinhaltet Best Practices, die sich auf die Einbeziehung von Stakeholdern[677] und die Nutzung eines Konfigurationsmanagements im Kontext von Release und Deployment[678] beziehen. Der Umfang der diesbezüglichen Inhalte ist an diesem Punkt jedoch gering. Eine umfangreichere Darstellung ist im Rahmen der Darstellung der Prozesse der ST zu erwarten, die in Kapitel 4 des Buches ST erfolgt.

Die enthaltenen Prozesse sind:

- Transition Planning and Support,
- Change Management,
- Service Asset and Configuration Management,
- Release and Deployment Management,
- Service Validation and Testing,
- Evaluation und
- Knowledge Management.

Die Prozesse Change Management, Service Asset and Configuration Management sowie Release and Deployment Management stellen den inhaltlichen Schwerpunkt des Buches ST dar[679] und decken einen großen Teil des *System Evolution Process* (vgl. Abbildung 6 auf Seite 54) ab, beginnend mit einer Änderungsanfrage und abgeschlossen durch die Systemfreigabe.[680] Bereits im Rahmen des ersten Prozesses, **Transition Planning and Support**, ist eine Berücksichtigung von Stakeholdern als Teil der Transition-Strategie gegeben. Als mögliche Stakeholder werden u. a. explizit Zulieferer genannt.[681]

Der Prozess **Change Management** behandelt das Änderungsmanagement. Service-Changes können sich aus unterschiedlichen Gründen ergeben und die Ände-

---

[675] Vgl. Ibid., S. 25f. Die zweite Best Practice der Richtlinie 3.2.2 auf dieser Seite fordert, dass zwischen internen und externen Änderungen unterschieden wird. Bei einer Anpassung von OSS ist es essentiell, bei einer Nutzung externen Quelltextes, der nicht Teil des offiziellen Release ist, diesen als interne Änderung zu behandeln. Dies kann als Sonderfall angesehen werden, der entfällt, sobald die Anpassung Teil des offiziellen Release wird und dieses in den internen Quelltext übernommen ist.

[676] Vgl. Ibid., S. 23-33.

[677] Vgl. Best Practices zu „Herstellen und Pflegen von Beziehungen zu Stakeholdern", Ibid., S. 27f. sowie Best Practices zu „Sicherstellen der Qualität des neuen oder geänderten Service", Office of Government Commerce (2007a), S. 31f.

[678] Vgl. Best Practices zu „Planen von Release and Deployment Packages", Office of Government Commerce (2007a), S. 29.

[679] Vgl. Böttcher (2010), S. 3.

[680] Vgl. Office of Government Commerce (2007a), Abb. 2.3 auf S. 17.

[681] Vgl. Ibid., S. 40f.

rung eines Service oder einer Servicekomponente umfassen. Böttcher (2010) nennt mit der Behebung von Fehlerursachen von Betriebssystem- und Applikationssoftware sowie dem Einspielen von Softwareaktualisierungen Punkte, die im Bereich der Softwarewartung verortet sind.[682] Der im Rahmen dieses Prozesses als Beispiel gezeigte Prozessfluss eines normalen Change[683] umfasst den Prozess von der Aufnahme eines RFCs bis zur Implementierung des Rollouts. Änderungen an Services können ihren Ursprung in allen Bereichen des Servicemanagements haben. Beispiele sind strategische Service-Changes, die auf die Service Strategy zurückgehen sowie korrigierende Service-Changes, die ihren Ursprung in der Service Operation haben.[684]

Die Definition von Änderungen beinhaltet die Definition einer Standardänderung[685]. Ein neues offizielles OSS-Release weist einige Merkmale einer Standardänderung auf, insbesondere den definierten Trigger. Ohne einen Standardprozess zur Zusammenführung der neuen offiziellen Version im externen Codezweig mit dem internen Codezweig teilt diese spezielle Änderung jedoch nicht das Kriterium *geringes Risiko* mit einer Standardänderung und muss aus diesem Grund jeweils als spezielle Änderung angesehen werden.

Im Rahmen der Darstellung des Änderungsmanagement-Prozesses wird mehrfach auf die Einbeziehung von Stakeholdern verwiesen. Lieferanten stellen dabei einen möglichen Stakeholder dar.[686] Hinsichtlich OSS ist die Nutzung der Lieferantenbeziehung jedoch nicht zutreffend, da das Produkt eines i. d. R. vertraglich ungebundenen Dritten genutzt wird. Ein OSS-Projekt muss daher als spezieller Stakeholder definiert werden. Erfolgt dies, bieten verschiedene Inhalte Ansatzpunkte für die Abbildung der Beziehung eines Unternehmens zu einem OSS-Projekt. So können Quelltexteinreichungen oder andere Feedbacks an das OSS-Projekt über diese Stakeholderbeziehung abgebildet werden.[687] Der Prozess sieht die Definition von Schnittstellen hinsichtlich Sourcing und Partnerschaften explizit vor.[688] Die Art des Feedbacks an das OSS-Projekt sollte neben der Weitergabe von Erfahrungen (bspw. in Form einer Teilnahme in dem OSS-Supportforum oder über die Einreichung von Bugreports) die Einreichung von Quelltext an das OSS-Projekt beinhalten.

---

[682] Vgl. Böttcher (2010), S. 94.
[683] Vgl. Office of Government Commerce (2007a), S. 53.
[684] Vgl. Ibid., S. 47.
[685] Vgl. Ibid., S. 50.
[686] Vgl. bspw. Ibid., Abb. 4.1 auf S. 46.
[687] Beispiele sind die Kommunikation von Changes an Stakeholder, vgl. Ibid., S. 49 und die Weitergabe von Ergebnisses eines Change an Stakeholder, vgl. Office of Government Commerce (2007a), S. 62.
[688] Vgl. Office of Government Commerce (2007a), S. 67f.

Im Kontext der Anpassung von OSS bemerkenswert ist die im Rahmen des Änderungsmanagements geforderte Definition verschiedener Typen von Change Requests.[689] Bei einer Anpassung von OSS kann ein Typ speziell für neue offizielle Releases der OSS angelegt werden und einer vereinbarten Behandlung, bspw. hinsichtlich der Autorisierungsberechtigung, zugeführt werden. Es ist im Rahmen des Änderungsmanagements explizit vorgesehen, dass RFCs auch durch Stakeholder ausgelöst werden können.[690] Die Darstellung des Änderungsmanagements beinhaltet zudem den Hinweis, dass bei einer Bewertung von Änderungen deren Auswirkungen auf bestehende Tests beachtet werden muss.[691]

Der Prozess **Service Asset and Configuration Management** umfasst eine umfangreiche Darstellung des Konfigurationsmanagements.[692] Alle Updates eines Release sollen im Konfigurationsmanagementsystem aufgezeichnet werden.[693] Dies entspricht der benötigten Archivierung aller Änderungen von Konfigurationselementen durch das Konfigurationsmanagement.

Die Konfigurationselemente werden als Configuration Items (CIs) bezeichnet. Gemäß der im Rahmen des Prozesses dargestellten Kategorien von CIs werden Releases von Zulieferern als externe CIs klassifiziert.[694] Wenngleich die Ablage der Lizenzinformationen von Software im Rahmen einer Definitive Media Library vorgesehen ist[695], kann es bei OSS dazu kommen, dass bei einer Software auf Grund der Zusammenführung von Quelltext unterschiedliche Lizenzen zugrunde liegen. Es ist daher sinnvoll, die Lizenz als mögliches Attribut von CIs festzulegen.[696] Neben der Lizenz kann zudem die Herkunft des Quelltextes ein Attribut darstellen. Die Vorgehensweise des Konfigurationsmanagements wird in einem Configuration Management Plan dokumentiert.[697]

Wenngleich in Abschnitt 7.3 „Technological considerations of the configuration management system" des Buches ST Kopien des gleichen Konfigurationselementes genannt werden, ist unklar, ob dies eigenständige Kopien des gleichen Konfigurationselementes umfasst.

Das Releasemanagement ist über den Prozess **Release and Deployment Management** abgedeckt.[698] Im Kontext der Anpassung von OSS ist hervorzuheben, dass mehrfach auf eine Prüfung von Lizenzen hingewiesen wird. Wenngleich sich

---

[689] Vgl. Ibid., S. 50.
[690] Vgl. Ibid., S. 66.
[691] Vgl. Ibid., S. 57.
[692] Vgl. Ibid., S. 70-92.
[693] Vgl. Ibid., Best Practice zu Richtlinie 3.2.9 auf S. 29.
[694] Vgl. Ibid., S. 73f.
[695] Vgl. Ibid., S. 75.
[696] Beispiele für Attribute von CIs werden in Ibid., S. 82 dargestellt.
[697] Vgl. Ibid.
[698] Vgl. Ibid., S. 92-127.

dies nicht explizit auf OSS bezieht, kann an diesen Punkten für OSS eine, ggf. angepasste, Prüfung der Lizenzsituation erfolgen.[699]

Tests, die bspw. Bestandteil der Prozesse Release and Deployment Management und Change Management sind, werden im Prozess **Service Validation and Testing** behandelt.[700] Software ist explizit Bestandteil dieser Tests.[701] Es wird darauf hingewiesen, dass Typ und Häufigkeit von Releases den Testansatz beeinflussen; dies wird jedoch insbesondere auf den Fall täglicher Tests bezogen.[702] Lieferanten werden im Rahmen des Testens explizit als Stakeholder einbezogen.[703] Die Zuständigkeit für Changes, die aus Testergebnissen resultieren, liegt bei dem Testmanagement, was Verzögerungen vermeiden soll und zu einer Berücksichtigung von Abhängigkeiten führen soll.[704] Die Darstellung dieses Prozesses erfolgt generisch. Wenngleich Teile des Prozesses Anwendung im Kontext von Softwaretests finden können, sind keine detaillierten Hinweise zu Softwaretests enthalten.

Im Rahmen des Prozesses **Evaluation** erfolgt eine Beurteilung von RFCs hinsichtlich deren Werts für das Business.[705] Wird dieser Prozess bei Anpassungen von OSS genutzt, kann hinsichtlich der Evaluation von internen RFCs, sowie der Evaluation der Nutzung von externem Quelltext, wie bspw. eines neuen Release, unterschieden werden. Während interne RFCs explizit einen unternehmensinternen Änderungswunsch artikulieren, ist hinsichtlich der Einbringung externen Quelltextes bei Verfügbarkeit zu beurteilen, ob ein Wert für das Business vorhanden ist. Wenngleich dies vor dem Hintergrund einer gleichbleibenden Servicedefinition in Abrede gestellt werden kann, kann die Nutzung externen Quelltextes bspw. zu einer Verbesserung der Service-Performance[706] beitragen. Weiterhin kann die Übernahme eines neuen Release einer OSS aufgrund neuer Funktionen u. U. eine Erweiterung des Serviceumfangs zulassen. Dennoch kann das Ergebnis der Evaluation im Kontext der Anpassung von OSS durchaus die Ablehnung eines RFCs umfassen und so bspw. zu der Ablehnung der Einführung eines neuen OSS-Release in den internen Entwicklungszweig führen. Output der Evaluation ist der Evaluations-Bericht, der an das Änderungsmanagement weitergegeben wird.[707]

Im Anschluss an die Darstellung der Prozesse im Buch ST folgen in diesem weitere Inhalte. Dies beinhaltet die Einführung einer Stakeholder-Managementstrategie

---

[699] Vgl. bspw. Ibid., S. 105, 107, 109
[700] Vgl. Ibid., S. 128-154.
[701] Vgl. Ibid., S. 128.
[702] Vgl. Ibid., S. 132.
[703] Vgl. Ibid., S. 134-136.
[704] Vgl. Ibid., S. 148f.
[705] Vgl. Ibid., S. 155.
[706] Vgl. Ibid., S. 157f.
[707] Vgl. Ibid., S. 161.

mit Bezug auf die Lieferanten von Services und Produkten.[708] Hierbei wird deutlich, dass u. a. Service- wie auch Produkt-Supplier als potenzielle Stakeholder angesehen werden.[709] Das OSS-Projekt würde hier eine besondere Art von Produkt-Supplier darstellen, da üblicherweise keine vertragliche Bindung zu dem OSS-Projekt besteht. Im Rahmen der technologischen Überlegungen, die im siebten Kapitel der Buches ST dargestellt werden, werden neben Konfigurationsmanagementsystemen und -tools u. a. auch Tools für den Vergleich von Software-Dateien, Verzeichnissen und Datenbanken als geeignete Support-Tools genannt.[710]

Das Buch **Service Operation (SO)** widmet sich insbesondere der Schnittstelle zwischen Serviceanbieter und Kunde.[711] Es beinhaltet die Prozesse Event Management, Incident Management, Request Fulfilment, Problem Management und Access Management.[712] Die Anlaufstelle für Nutzeranfragen im Servicebetrieb stellt dabei der Service Desk als Funktion der SO dar, welcher u. a. für die Aufnahme von Störungsmeldungen und Service Requests zuständig ist.[713] Im Rahmen der vorgenannten Prozesse können RFCs generiert werden, die zu einer Änderung bspw. an einem Anwendungssystem als Teil eines IT-Services führen. Folglich würde ein RFC an das Change Management, das im Buch Service Transition behandelt wurde, gesandt. Die Eröffnung eines Incidents, Problems oder RFCs kann auch aufgrund von Events, die bspw. im Rahmen des automatisierten Monitorings eines Anwendungssystems auftreten können, erfolgen.[714]

Das Monitoring kann bei der Nutzung von OSS zudem dazu genutzt werden, die Aktivitäten des OSS-Projektes zu verfolgen und so bspw. zeitnah auf die Verfügbarkeit eines Bugfixes oder neuen offiziellen Release mittels eines RFCs zu reagieren. Die Darstellung im Buch SO nennt explizit ein internes und externes Monitoring.[715] Die Darstellung des Prozesses Problem Management beinhaltet den Hinweis, dass Zulieferer die Erfassung von Problem Records auslösen können, bspw. mittels des Hinweises auf Fehler in ihren Produkten.[716] Bei der Nutzung von OSS wird dies jedoch ein Monitoring des OSS-Projektes erfordern, um dessen Hinweise auf Fehler wahrnehmen zu können.

---

[708] Vgl. Ibid., S. 196-199.
[709] Vgl. Ibid., Abb. 5.5 auf S. 196.
[710] Vgl. Ibid., S. 219.
[711] Vgl. Böttcher (2010), S. 3.
[712] Vgl. Office of Government Commerce (2007c), S. 41.
[713] Vgl. Ibid., S. 18. Der Begriff Service Request wird als allgemeine Bezeichnung für Anfragen an die IT-Abteilung bzw. den Service Desk genutzt. Zur Unterscheidung von Störungsmeldungen (Incidents) und Service Requests vgl. Office of Government Commerce (2007c), S. 64.
[714] Vgl. Office of Government Commerce (2007c), S. 92f.
[715] Vgl. Ibid., S. 97-100.
[716] Vgl. Ibid., S. 74.

Neben dem Service Desk ist das Application Management als eine der SO-Funktionen hervorzuheben.[717] Diese bietet bspw. Hilfestellungen hinsichtlich funktionaler Anforderungen und Managementanforderungen an Anwendungssoftware und kann so u. a. „Make or buy"-Entscheidungen unterstützen.[718] Die Verortung im Bereich des Servicebetriebs führt zu der Verfügbarkeit detaillierter Kenntnisse, die z. B. im Rahmen des Lieferantenmanagements genutzt werden können.[719]

Ziel des Buchs **Continual Service Improvement (CSI)** ist die laufende Verbesserung von Services. Hierzu wird ein Verbesserungsprozess vorgeschlagen, bei dem der Identifikation von Vision, Strategie, taktischer und operativer Ziele sieben Phasen folgen. Diese umfassen die Datendefinition, -erfassung, -verarbeitung, -analyse, die Präsentation und Nutzung u. a. von Informationszusammenfassungen und Aktionsplänen sowie die Implementierung korrigierender Maßnahmen.[720] Das CSI greift dabei auch auf das Konfigurationsmanagementsystem zurück. Störungen und diesen ggf. zugeordnete Probleme dienen als Input; die aufgezeichneten Änderungen helfen, mögliche Probleme schnell zu identifizieren.[721] Es wird in diesem Kontext angemerkt, dass die Informationen der Software-Versionssteuerung „nahtlos" in das Konfigurationsmanagementsystem und das Releasemanagement integriert sein müssen[722], sowie dass das Software-Testmanagement in das Incidentmanagement integriert sein soll[723].

6.2.2.2 Ergebnis

Die IT Infrastructure Library deckt mit dem Buch Service Transition den Bereich der Wartung umfangreich ab. Aufgrund der Fokussierung auf Services stellt die Anwendungssoftware (maximal) nur eine Servicekomponente dar; eine umfangreiche Behandlung der Spezifika von Software erfolgt nicht.

Dennoch bietet die ITIL verschiedene Ansatzpunkte, Besonderheiten im Kontext einer Anpassung von OSS abzubilden. So kann das OSS-Projekt als Stakeholder definiert werden; dieses Konzept findet sich an mehreren Stellen der ITIL und kann so auch für ein Beziehungsmanagement hinsichtlich eines OSS-Projektes genutzt werden.

Die Service Transition beinhaltet keine spezifischen Implementierungsmethoden für Änderungen an Software. Aus diesem Grund muss ein detaillierter Änderungsprozess für OSS innerhalb des Unternehmens spezifiziert werden. Hierbei ist wie-

---

[717] Für eine Darstellung der SO-Funktionen vgl. Ibid., Abb. 6.1 auf S. 121.

[718] Vgl. Ibid., S. 146f.

[719] Vgl. Ibid., S. 151.

[720] Vgl. Office of Government Commerce (2008b), S. 34.

[721] Vgl. Office of Government Commerce (2008a), S. 158f. Vergleiche Abbildung 7.1 auf S. 158 von Ibid. für eine grafische Darstellung eines Configuration Management Systems.

[722] Vgl. Ibid., S. 162.

[723] Vgl. Ibid., S. 162.

derum die Kenntnis der Besonderheiten des Änderungsprozesses von OSS wichtig. So finden sich bspw. keine Best Practices für das Management und die Zusammenführung von Codezweigen, die aus der gleichzeitigen Entwicklung im Fall der Anpassung von OSS in Unternehmen resultieren.

Ist die Notwendigkeit des Managements dieser Entwicklungszweige hingegen bekannt, so können Entwicklungszweige bspw. als unterschiedliche Baselines gehandhabt werden oder der Quelltext des offiziellen Release als spezielles Konfigurationselement geführt und so im Konfigurationsmanagementsystem abgelegt werden. Die Definition der im Konfigurationsmanagement hinterlegten Informationen erfolgt über Configuration-Management-Pläne.[724] Es ist somit wichtig, einen solchen Plan spezifisch für OSS zu definieren, um die Spezifika der Anpassung von OSS in Unternehmen zu berücksichtigen.

6.2.3 Capability Maturity Model Integrated for Development

Das Capability Maturity Model Integrated (CMMI) for Development, im Folgenden als CMMI-Dev bezeichnet, stellt ein Best-Practice-Modell für den Bereich der Produktentwicklung und -instandhaltung dar. Das Modell ist somit nicht auf den Bereich der Softwareentwicklung beschränkt; vielmehr sind bspw. auch Hardwareentwicklungen durch das Modell erfasst.

Mittels einer Steigerung der Prozessqualität sollen Capability Maturity Models (CMMs) zu einer Verbesserung der Qualität von Produkten und Services führen. Dem liegt die Prämisse zugrunde, dass deren Qualität in hohem Maße von der Qualität der genutzten Entwicklungs- und Wartungsprozesse beeinflusst wird.[725] CMMs enthalten zentrale Bestandteile effektiver Prozesse und beschreiben die Verbesserung von Ad-hoc-Prozessen zu Prozessen mit einem hohen Reifegrad.[726]

Die zugrunde liegende Entwicklung erfolgte als Capability Maturity Model am Software Engineering Institute (SEI) der CarnegieMellon University in Pittsburgh, Pennsylvania. Das erste CMM, veröffentlicht als „The Capability Maturity Model: Guidelines for Improving the Software Process"[727], adressiert Prozesse in Softwareorganisationen und erschien im Jahr 1995.[728] Im Laufe der Weiterentwicklung kam es zu einer Integration weiterer Modelle, die eine gemeinsame Basis nutzen[729], was zur Umbenennung in Capability Maturity Model Integrated (CMMI) führte. Das erste veröffentlichte CMMI erschien im Jahr 2000. Das Hinzufügen eines expliziten Bezuges auf Entwicklung mittels des Suffix -Dev begründet sich

---

[724] Vgl. Böttcher (2010), S. 107f.
[725] Vgl. Carnegie Mellon SEI (2010), S. 5.
[726] Vgl. Ibid., S. 5.
[727] Vgl. Carnegie Mellon SEI (1995).
[728] Vgl. Carnegie Mellon SEI (2010), S. 5.
[729] Diese wird als CMMI Model Foundation bezeichnet, vgl. Ibid., S. 7.

in der Erweiterung des CMMI auf die Bereiche Acquisition (CMMI for Acquisition) im Jahr 2007 und Services (CMMI for Services) im Jahr 2009.

Die Betrachtung im Rahmen dieser Arbeit beschränkt sich auf das CMMI-Dev. Die aktuelle Version 1.3 des CMMI-Dev wurde vom SEI im November 2010 als Technical Report freigegeben. Sie deckt 22 Prozessbereiche ab, die den Kategorien Process Management, Project Management, Support und Engineering zugewiesen werden.[730] 13 der 22 Prozessbereiche sind Teil aller CMMI-Modelle[731], vier Prozessbereiche finden sich in CMMI-Dev und einem weiteren CMMI; bei fünf Prozessbereichen handelt es sich um entwicklungsspezifische Prozessbereiche.[732]

Die Prozessbereiche können mittels eines CMMI hinsichtlich ihrer Fähigkeiten (engl. Capability) und ihrer Reife (engl. Maturity) beurteilt werden. Die Fähigkeitsbeurteilung findet im Rahmen der sogenannten Continuous Representation statt und umfasst ausgewählte Prozessbereiche, die jeweils gewünschte Kapazitätsstufen erreichen. Die Reifebeurteilung findet im Rahmen der Staged Representation statt. Das Ziel hierbei ist es nicht, spezifische Reifegradstufen für einzelne Prozessbereiche zu erreichen, sondern gleiche Reifegradstufen für Gruppen von Prozessbereichen zu erreichen.[733] Ein Vergleich erfolgt in Abbildung 27.

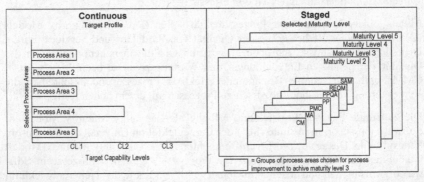

Abbildung 27: Prozessbereiche in Continuous und Staged Representation[734]

---

[730] Vgl. Ibid., S. 33f.

[731] Wenngleich diese Prozessbereiche Teil aller CMMIs sind, sind nicht alle Inhalte dieser Prozessbereiche gleich. Vgl. Ibid., S.9.

[732] Bei den entwicklungsspezifischen Prozessbereichen handelt es sich um „Product Integration", „Requirements Development", „Technical Solution", „Verification" und „Validation". Die Prozessbereiche „Integrated Project Management", „Project Monitoring and Control" und „Project Planning" finden sich in CMMI-Dev sowie CMMI for Acquisition. Der Prozessbereich „Supplier Agreement Management" ist Teil von CMMI-Dev und CMMI for Services.

[733] Vgl. Carnegie Mellon SEI (2010), S. 31.

[734] Basierend auf Ibid., S. 31, Fig. 3.2.

Für die Prozessbewertung wird eine mit „Standard CMMI Appraisal Method for Process Improvement" (SCAMPI) bezeichnete Methode zur Verfügung gestellt, deren Bewertung zu einem „capability level profile" bzw. „maturity level rating" führt.[735]

Die 22 Prozessbereiche werden dem

Process Management (2 Gruppen, 5 Prozessbereiche) mit

- Basic Process Management Process Areas (3 Prozessbereiche) und
- Advanced Process Management Process Areas (2 Prozessbereiche),

Project Management (2 Gruppen, 7 Prozessbereiche) mit

- Basic Project Management Process Areas (4 Prozessbereiche) und
- Advanced Project Management Process Areas (3 Prozessbereiche),

Support (2 Gruppen, 5 Prozessbereiche) mit

- Basic Support Process Areas (3 Prozessbereiche) und
- Advanced Support Process Areas (2 Prozessbereiche) sowie

Engineering (5 Prozessbereiche)

zugeordnet.[736] Eine Darstellung der Beziehungen zwischen den einzelnen Prozessbereichen erfolgt in CMMI-Dev[737].

Das CMMI-Dev stellt aufgrund seines Produktbezuges sowie des Ursprungs im Softwarebereich im Kontext der vorliegenden Arbeit ein interessantes Untersuchungsobjekt dar, auch wenn durch die aktuelle Version des CMMI-Dev nicht allein Softwareprodukte abgedeckt sind. Die Wahl eines Modells mit Ausrichtung auf die Entwicklung und anschließende Wartung im Rahmen des Produktlebenszyklus[738] ergänzt die zuvor durchgeführte Untersuchung von COBIT und ITIL sinnvoll. CMMI-Dev fokussiert im Vergleich zu ITIL in geringerem Maße auf den Bereich der IT-Services. Die Serviceentwicklung wird unterstützt, eine spezifische Behandlung von Services findet jedoch nur im Band CMMI for Services statt.

6.2.3.1 Untersuchung

Analog zur den vorhergehenden Untersuchungen folgt auch hier die Darstellung der Strukturierung des Frameworks. Es erfolgt daher eine Aufteilung der Betrach-

---

[735] Vgl. Ibid., S. 34 sowie S. 59-61 für eine Darstellung von SCAMPI.
[736] Die Gruppierung unterstützt Unternehmen bei der Umsetzung der Continuous Representation, bei der ein Zielprofil zu erreichen ist, das aus separaten Capability Levels für verschiedene Prozessbereiche besteht. Vgl. Ibid. S. 31, Fig. 3.2 sowie S. 32.
[737] Vgl. Ibid., S. 39-53.
[738] Vgl. Ibid., S. 3.

tung in Prozessmanagement, Projektmanagement, Engineering und Support. Innerhalb der Gruppen wurde zum Teil die Reihenfolge der Darstellung der Prozessbereiche angepasst, um eine bessere Lesbarkeit zu erreichen.

Einleitend sei angemerkt, dass CMMI im Rahmen der Darstellung der Prozessbereiche keine explizite Unterscheidung hinsichtlich Entwicklungs- und Wartungstätigkeiten trifft. Dennoch können verschiedene relevante Prozessbereiche identifiziert werden, die Aktivitäten im Kontext der Nutzung und Anpassung von OSS betreffen.

Prozessmanagement

Das Prozessmanagement umfasst die Prozessbereiche „Organizational Process Definition", „Organizational Process Focus", „Organizational Performance Management", „Organizational Process Performance" und „Organizational Training". In diesen Prozessbereichen wurden keine im Kontext der vorliegenden Arbeit relevanten Inhalte identifiziert.

Projektmanagement

Das Projektmanagement umfasst die Prozessbereiche

- Integrated Project Management (IPM),
- Project Monitoring and Control (PMC),
- Project Planning (PP),
- Quantitative Project Management (QPM),
- Requirements Management (REQM),
- Risk Management (RSKM) und
- Supplier Agreement Management (SAM).

Mehrere Prozessbereiche des Projektmanagements adressieren Beziehungen zu Stakeholdern. Der Prozessbereich **Project Planning (PP)**, der sich mit der Erstellung und Pflege eines oder mehrerer Pläne zur Steuerung eines Projektes befasst, bezieht Stakeholder im Specific Process (SP) 2.6 ein. Dies umfasst insbesondere die Identifikation und Dokumentation der relevanten Stakeholder.[739] Wie bereits zuvor dargestellt, kann das OSS-Projekt als ein relevanter Stakeholder definiert werden. Entsprechend der Ausrichtung dieses SP auf die Identifikation von Stakeholdern wird der „Stakeholder involvement plan" als einziges Beispielarbeitsprodukt aufgeführt.

---

[739] Vgl. Ibid., S. 295f.

Der Prozessbereich **Integrated Project Management (IPM)** umfasst neben der Nutzung eines definierten Prozesses für das Projekt im Specific Goal (SG) 1[740] auch die Koordination der und Zusammenarbeit mit relevanten Stakeholdern im SG 2[741]. Je nach Definition der Stakeholder können die zugehörigen Ausführungen auch bei einem OSS-Projekt als Stakeholder Anwendung finden. Die zugehörigen SPs umfassen das Management der Einbeziehung von Stakeholdern in das Projekt (SP 2.1), die Zusammenarbeit mit Stakeholdern, um kritische Abhängigkeiten zu identifizieren, zu überwinden und zu verfolgen (SP 2.2) sowie die Behebung von Koordinationsproblemen (SP 2.3).

Weiterhin werden die Beziehungen zu Lieferanten im Bereich des Projektmanagements behandelt. Das **Supplier Agreement Management (SAM)** nennt als Grundlage von Beziehungen zu Lieferanten vertragliche Vereinbarungen; eine Voraussetzung, die bei einer Zusammenarbeit mit OSS-Projekten üblicherweise nicht zu realisieren ist. Es ist jedoch hervorzuheben, dass im Rahmen der Darstellung von Beispielarbeitsprodukten die Möglichkeit der Zusammenarbeit mit externen Lieferanten bei der Entwicklung angesprochen wird.[742] Eine Entwicklung, die intern und extern erfolgt, wird somit in Betracht gezogen; es wird jedoch angenommen, dass diese mittels eines Vertrages geregelt ist.

Abgedeckt sind durch diesen Prozessbereich explizit „modifications to COTS components, government off-the-shelf components, or freeware, that are of significant value to the project or that represent significant project risk"[743]. Die SGs und SPs dieses Prozessbereichs sprechen explizit jedoch nur Standardprodukte an, die bereits angepasst angeschafft wurden.[744] Die Inhalte beziehen sich somit lediglich auf Produkte, die in einer Kunden-Lieferantenbeziehung geliefert werden. Eine Nutzung von Produkten oder Produktkomponenten eines nicht vertraglich gebundenen Dritten wird hingegen nicht explizit adressiert. Verschiedene Inhalte können jedoch genutzt werden, um Besonderheiten im Kontext der Anpassung von OSS abzudecken. Beispiele bieten die Bestimmung eines Risikos für einzelne Lieferanten[745], der Hinweis, dass angepasste Produkte zu Problemen bei der Einstellung des Supports nach Freigabe einer neuen Version führen können[746] sowie die Beachtung von Lizenzen der eingebrachten Produkte[747].

---

[740] Vgl. Ibid., S. 159-171.
[741] Vgl. Ibid., S. 171-173.
[742] Vgl. Ibid., S. 365.
[743] Ibid., S. 363. COTS steht für Commercial-of-the-shelf; im Fall von Software bezeichnet dies SSW.
[744] Vgl. Ibid., S. 365. SP 1.1.
[745] Vgl. Ibid., S. 366. SP 1.2, Subpractice 4.
[746] Vgl. Ibid., S. 367. SP 1.2, Anmerkung zu Subpractice 5.
[747] Vgl. Ibid., S. 372. SP 2.3, Subpractice 3.

Bei einer Anpassung von OSS kann zudem das in CMMI angeführte Monitoring von Prozessen des Zulieferers, die kritisch für den Projekterfolg sind[748], genutzt werden, um die externe Entwicklung der OSS zu überwachen. Die Beziehung zu dem OSS-Projekt sowie die Entwicklung der OSS durch dieses kann zudem als Risiko erfasst werden. Die Berücksichtigung von Risiken erfolgt in CMMI-Dev bereits bei der Projektplanung durch den Prozessbereich PP und wird durch die Bereiche PMC und RSKM unterstützt.[749]

Der Prozessbereich **Requirements Management (REQM)**, der für das Management von Produkt- und Produktkomponentenanforderungen sowie die Abstimmung der Anforderungen mit den Projektplänen und Arbeitsprodukten zuständig ist, kann im Fall der Änderung von Anforderungen im Lebenszyklus des Produktes Änderungsanfragen auslösen.[750]

Engineering

Bei den fünf entwicklungsspezifischen Prozessbereichen handelt es sich um:

- Product Integration (PI),
- Requirements Development (RD),
- Technical Solution (TS),
- Validation (VAL) und
- Verification (VER).

Der Prozessbereich **Product Integration (PI)** deckt die Zusammenstellung eines Produktes aus Produktkomponenten ab. Die SP 1.3 des Prozesses behandelt die „Etablierung und Pflege von Prozeduren und Kriterien zur Integration der Produktkomponenten"[751]. Wenngleich in dieser SP keine explizite Berücksichtigung von Abhängigkeiten zwischen internen und externen Komponenten erfolgt, kann diese über den Prozessbereich Configuration Management abgebildet werden. Eine Berücksichtigung einer Kombination interner und externer Komponenten erfolgt im Rahmen des SG 2, das die Interfacekompatibilität sicherstellen soll.[752] Die Wichtigkeit dieses Ziels wird im SP 2.2 nochmals betont, in dem darauf hingewiesen wird, dass das Interfacemanagement kritisch für den Projekterfolg ist.[753] Die Nutzung von Interfaces ist bspw. bei einer Nutzung von APIs relevant[754], trifft aber

---

[748] Vgl. Ibid., S. 367. SP 1.3.
[749] Vgl. Ibid., S. 290-292. SP 2.2.
[750] Vgl. Ibid., S. 341f.
[751] Ibid., S. 262.
[752] Vgl. Ibid., S. 263-266.
[753] Vgl. Ibid., S. 265.
[754] Diese werden im zugehörigen SP 2.2 auch als ein Beispielarbeitsprodukt genannt. Vgl. Ibid., S. 265.

nicht die Anpassung des Quelltextes einer OSS. Wenngleich somit die Integration von internen und externen Codeteilen durch diesen Prozessbereich grundsätzlich unterstützt wird, erfolgt hier gerade keine Behandlung der Spezifika einer Anpassung von OSS, d. h. der Anpassung von Quelltext und der parallelen Weiterentwicklung im OSS-Projekt.

Besondere Wichtigkeit im Rahmen einer Anpassung von OSS erlangt der bei der Behandlung von Paketierung und Auslieferung des Produktes gegebene Hinweis auf Copyright sowie Lizenzbereitstellung.[755] Wie in Abschnitt 2.3 dieser Arbeit dargestellt, bedürfen diese Aspekte im Fall angepasster OSS besonderer Beachtung.[756]

Der Prozessbereich **Requirements Development (RD)** adressiert die Erhebung, Analyse und Umsetzung der Kunden-, Produkt- und Produktkomponentenanforderungen.[757] Hierbei wird explizit darauf hingewiesen, dass die Anforderungen im Produktlebenszyklus Anpassungen unterliegen können.[758] Folglich wird hiermit ein Aspekt abgedeckt, der zu Änderungsanträgen führen kann. Während die Administration der Änderung von Anforderungen dem zuvor kurz dargestellten Prozessbereich REQM zugeordnet ist, fällt die Anpassung der Produkt- bzw. Produktkomponentenanforderungen aufgrund genehmigter Änderungen in den Prozessbereich RD.[759]

Der Prozessbereich **Technical Solution (TS)** umfasst die Auswahl, das Design und die Implementierung von Lösungen für Anforderungen. Die Lösungen können Produkte, Produktkomponenten, produktbezogene Lebenszyklusprozesse oder Kombinationen dieser sein.[760] Der Prozessbereich TS wird nicht nur im Bereich der Entwicklung, sondern auch bei der Wartung genutzt.[761] Die SGs dieses Prozessbereiches umfassen die Auswahl von Produkt- bzw. Produktkomponentenlösungen, die Entwicklung von Designs sowie die Implementierung von Designs.[762] Im Rahmen der Auswahl von Produkten und Produktkomponenten[763] wird u. a. auf die mögliche Nutzung von Standardprodukten bzw. Standardproduktkomponenten eingegangen und angemerkt, dass diese angepasst sein können. Dies findet sich auch in den SPs wieder, bspw. in Form des Hinweises auf die mögliche Nutzung von Standardprodukten im Bereich der Entwicklung. Allerdings werden auch hier

---

[755] Vgl. Ibid., S. 269.
[756] Vgl. Abschnitt 2.3.
[757] Vgl. Carnegie Mellon SEI (2010), S. 325-340.
[758] Vgl. Ibid., S. 325.
[759] Vgl. Ibid., S. 331-333.
[760] Vgl. Ibid., S. 373.
[761] Vgl. Ibid., S. 374.
[762] Vgl. Ibid., S. 375.
[763] Vgl. Ibid., S. 375f., SG 1.

vertragliche Verpflichtungen des Lieferanten, wie bspw. Garantien, gefordert.[764] Eine adäquate Abdeckung der Anpassung von OSS ist hier folglich nicht gegeben, da von einer Anschaffung bereits angepasster Standardprodukte bzw. Standardproduktkomponenten ausgegangen wird.[765]

Neben der Auswahl von Produkten und Produktkomponenten umfasst der Prozessbereich TS auch die Beurteilung, ob ein Kauf, eine Wiederverwendung oder eine Eigenentwicklung durchgeführt werden soll.[766] Im Rahmen der Anpassung von OSS entsteht diese Fragestellung bspw. bei der Entscheidung, ob externer OSS-Quelltext genutzt bzw. angepasst werden oder eine interne Entwicklung erfolgen soll.[767] Die SP merkt hinsichtlich der Nutzung von COTS-Produkten an, dass die Einstellung des Supports für diese Produkte problematisch sein kann. Für den OSS-Bereich wurde diese Problematik in dieser Arbeit u. a. in Abschnitt 4.4.5 dargestellt. Weiterhin werden in diesem Prozessbereich Tests im Rahmen der Implementierung angesprochen. Im Rahmen der Darstellung wird auch die Durchführung von Peer Reviews als eine Subpractice genannt.[768]

Eine umfangreichere Abdeckung des Bereichs Test ist durch den Prozessbereich **Verification (VER)** gegeben. Dieser soll sicherstellen, dass die Arbeitsprodukte den Anforderungen entsprechen. Die Anforderungen umfassen Kunden-, Produkt- und Produktkomponentenanforderungen.[769] Der Prozessbereich VER wird in verschiedenen anderen Prozessbereichen referenziert, u. a. im Prozessbereich PI. Die im Rahmen der Verifikation anwendbaren Methoden sind nicht auf Tests beschränkt; es werden als weitere Beispiele Inspektionen, Peer Reviews, Audits, Walkthroughs, Analysen, Architekturbewertungen, Simulationen und Demonstrationen genannt.[770]

Support

Der Support umfasst die Prozessbereiche

- Causal Analysis and Resolution (CAR),
- Configuration Management (CM),
- Decision Analysis and Resolution (DAR),
- Measurement and Analysis (MA) und
- Process and Product Quality Assurance (PPQA).

---

[764] Vgl. Ibid., S. 376-378, SP 1.1.
[765] Dies entspricht der Beobachtung im Bereich SAM.
[766] Vgl. Carnegie Mellon SEI (2010), S. 386f. SP 2.4.
[767] Vgl. Abschnitt 5.2f.
[768] Vgl. Carnegie Mellon SEI (2010), S. 389. SP 3.1, Subpractice 3.
[769] Vgl. Ibid., S. 401.
[770] Vgl. Ibid., S. 403. SG 1.

Die Prozessbereiche des Supports umfassen Prozesse, die im Kontext anderer Prozesse genutzt werden.[771] Sie erhalten Inputs von allen anderen Prozessbereichen und geben Outputs an diese zurück.[772] Der Prozessbereich **Causal Analysis and Resolution (CAR)** adressiert die proaktive oder reaktive Ermittlung und Behebung von Problemen oder Defekten[773] zugrunde liegender Ursachen.[774] Die Zielsetzung ist mit der des Problem Managements in ITIL vergleichbar. Problemlösungen sollen aufgezeichnet und von verschiedenen Projekten genutzt werden. Änderungen zur Behebung der zugrunde liegenden Probleme können in Bereichen wie Training und Werkzeuge, aber auch bei Arbeitsprodukten erforderlich sein.[775] Dieser Prozessbereich kann somit eine Quelle von Änderungsanfragen darstellen. Die Einbeziehung von Stakeholdern u. a. bei der Kausalanalyse[776] ermöglicht die Einbeziehung des OSS-Projektes, wenn dieses, wie oben vorgeschlagen, als relevanter Stakeholder definiert ist.

Von besonderem Interesse im Rahmen der Anpassung von OSS ist der Prozessbereich **Configuration Management (CM)**. Das CM bezieht explizit Quelltext („Code") ein, was die bei einer Anpassung von OSS benötigte Granularität sicherstellt. Es wird zudem explizit erwähnt, dass das Konfigurationsmanagement auch erworbene Produkte („acquired products"[777]) umfasst und dass es ggf. dazu kommen kann, dass der Lieferant wie auch der Abnehmer ein Konfigurationsmanagement für diese Produkte durchführen muss.[778] Dies ist hilfreich bei einer Bewertung von OSS, die hier als kostenfrei erworbenes Produkt angesehen werden kann.

Das erste SG dieses Prozessbereiches zielt auf die Erstellung von Baselines ab. In der diesem SG zugeordneten SP 1.1 wird in Subpractice 3 gefordert, die wichtigen Charakteristiken jedes Konfigurationselementes zu spezifizieren. Im Fall einer Anpassung von OSS kann hier bspw. die Lizenz des Konfigurationselements sowie seine Herkunft spezifiziert werden. Eine Berücksichtigung von Abhängigkeiten wird in der Subpractice 6 explizit angesprochen und kann genutzt werden, um die Abhängigkeit von internem und externem Entwicklungszweig explizit im Konfigurationsmanagementsystem abzubilden. Als ein Beispielarbeitsprodukt, das Teil eines Konfigurationsitems sein kann, werden neben Quelltext auch Testpläne und -prozeduren genannt.[779] Die SP 1.2 adressiert die Einrichtung und den Betrieb eines Konfigurations- und Änderungsmanagements zur Kontrolle von Arbeitsprodukten. Im Rahmen der Subpractices dieses SP wird darauf hingewiesen, dass unterschied-

---

[771] Vgl. Ibid.
[772] Vgl. Ibid., Abb. 4.6 auf S. 51 und Abb. 4.7 auf S. 53.
[773] „defects or problems", Ibid., S. 127.
[774] Vgl. Ibid., S. 127f.
[775] Vgl. Ibid., S. 131.
[776] Vgl. Ibid., S. 94.
[777] Vgl. Ibid., S. 138.
[778] Vgl. Ibid., S. 137f.
[779] Vgl. Ibid., S. 141. SP 1.1, Subpractice 1.

liche Ebenen der Kontrolle umgesetzt werden können, die von unkontrollierten Änderungen bis zu einem formellen Änderungsmanagement reichen können.[780]

Das zweite SG dieses Prozessbereiches ist, Änderungen an Arbeitsprodukten unter Konfigurationsmanagement zu verfolgen und zu kontrollieren. Dies umfasst die Verfolgung von Change Requests, welche gemäß der SP 2.1 neue oder geänderte Anforderungen sowie Fehler und Defekte in Arbeitsprodukten adressieren können sowie die Durchführung einer Auswirkungsanalyse.[781] Weiterhin werden im Rahmen der SP 2.2 Reviews, die unerwünschte Auswirkungen von Änderungen auf Baselines verhindern sollen[782] sowie der Releaseprozess adressiert. Es wird darauf hingewiesen, dass Änderungen erst nach einem Release als offiziell gelten.[783]

Der Hinweis in dieser SP, dass eine Änderungen an einem Element, das in mehreren Produkten genutzt wird, ein Problem in einem Produkt beheben und zugleich zu Problemen in anderen Produkten führen kann[784] hat auch Geltung bei der Anpassung von OSS, da zumindest Teile des Quelltextes Bestandteil des internen und externen Entwicklungszweiges sind. Interne Änderungen können in diesem Fall negative Konsequenzen hinsichtlich der Kompatibilität mit dem externen Quelltext haben.

Das dritte SG dieses Prozessbereiches umfasst die Sicherstellung der Integrität der Konfigurationsinformationen. Im Kontext dieser Untersuchung ist hervorzuheben, dass in der SP 3.1 „Establish Configuration Management Records" als beispielhaftes Arbeitsprodukt 5 „Differences between baselines"[785], sowie als Subpractice 5 „Describe differences between successive baselines"[786] genannt wird. Eine ausreichend hohe Granularität vorausgesetzt, kann dieses bei dem Vergleich von internen und externen OSS-Releases genutzt werden.

Sollen Anpassungen von OSS durchgeführt werden, die einen formellen Entscheidungsprozess durchlaufen müssen, wie bspw. hinsichtlich der Integration eines neuen externen Release oder einer Entscheidung für oder wider der Integration einer extern verfügbaren Lösung im Rahmen einer Änderungsanfrage, kann dies durch den Prozessbereich **Decision Analysis and Resolution (DAR)** unterstützt werden. Dieser dient dazu, Entscheidung mittels eines formellen Beurteilungsprozesses zu treffen.[787] Die formelle Beurteilung von Entscheidungsalternativen

---

[780] Vgl. Ibid., S. 142. SP 1.2, Subpractice 1.
[781] Vgl. Ibid., S. 144. SP 2.1.
[782] Vgl. Ibid., S. 145. SP 2.2, Subpractice 4.
[783] Vgl. Ibid., S. 146. SP 2.2, Subpractice 5.
[784] Vgl. Ibid., S. 144. SP 2.1.
[785] Ibid., S. 146. SP 3.1, Example Work Products.
[786] Ibid., S. 146. SP 3.1, Subpractice 5.
[787] Vgl. Ibid., S. 149.

kommt nicht für alle Entscheidungen in Betracht[788], jedoch werden in CMMI-Dev als Beispiel u. a. Änderungen an Arbeitsprodukten genannt, die unter Konfigurationsmanagement stehen. Der Grad an Formalität, die Auswahl der einbezogenen Kriterien sowie die genutzten Methoden können je nach Bedarf variiert werden.[789]

6.2.3.2 Ergebnis

CMMI-Dev deckt die Entwicklung und Anpassung von Software von der Einreichung von Änderungsanfragen über die Bewertung dieser sowie der ggf. erfolgenden Integration der Änderungen und dem Release des Produktes ab. Eine zentrale Rolle spielt dabei das Konfigurationsmanagement, welches das Änderungsmanagement integriert.

Die explizite Einbeziehung von Quelltext („Code") im Konfigurationsmanagement zeigt auf, dass die bei einer Anpassung von OSS benötigte Granularität sichergestellt ist. Weiterhin werden erworbene Produkte („acquired products") Teil des Konfigurationsmanagements. Der Hinweis, dass es ggf. dazu kommen kann, dass der Lieferant wie auch der Abnehmer ein Konfigurationsmanagement für diese Produkte durchführen muss, trifft im Fall der OSS aufgrund des internen und externen Entwicklungszweiges zu. OSS kann hier als kostenfrei erworbenes Produkt angesehen werden.

Problematisch ist auch hier die klassische Sicht einer Kunden-Lieferanten-Beziehung, die die Möglichkeit eines vertraglich nicht zu bindenden Partners nicht berücksichtigt. Die alternative Definition eines OSS-Projektes als Stakeholder ist auch in CMMI-Dev möglich, die Berücksichtigung von Stakeholdern erfolgt jedoch weniger umfangreich als in ITIL.

Einige Inhalte der CMMI-Dev sind vergleichsweise realisierungsnah. Dies zeigt sich bspw. in der SP 3.1 „Establish Configuration Management Records", bei der als beispielhaftes Arbeitsprodukt Unterschiede zwischen Baselines genannt werden. Dies kann, eine ausreichend hohe Granularität vorausgesetzt, bei dem Vergleich von internen und externen OSS-Releases genutzt werden.

Hervorzuheben ist weiterhin, dass in der CMMI-Dev als einzigem der untersuchten Frameworks spezielle Anwendungsfälle adressiert werden. In mehreren SPs werden Hinweise für eine Nutzung der Inhalte in agilen Umgebungen gegeben. So z. B. im Prozessbereich PMC in SP 1.5:[790]

> *„In Agile environments, the sustained involvement of customer and potential end users in the project's product development activities can be crucial*

---

[788] Vgl. Ibid., S. 151.

[789] Vgl. Ibid., S. 150f.

[790] Ibid., S. 275. Die Hinweise wurden im Rahmen des Updates auf die aktuelle Version 1.3 der CMMI-Dev hinzugefügt, vgl. Carnegie Mellon SEI (2010), S. IV.

to project success; thus, customer and end-user involvement in project activities should be monitored. "

6.2.4 ISO/IEC 15504

Der Standard ISO/IEC 15504 ist ein Standard zur Prozessbewertung und -verbesserung. Er bildet einen Rahmen zum Vergleich internationaler Angebote[791] und kann neben der Nutzung im Bereich der Lieferantenauswahl auch zur Bewertung der eigenen Softwareentwicklung und -wartung genutzt werden.[792] Ziel ist die Bewertung von Prozessen mittels eines oder mehrerer Bewertungsmodelle.[793] Neben der Nutzung zur Bewertung der Reife von Prozessen kann SPICE auch als Ansatz zur Prozessverbesserung eingesetzt werden.[794]

Im Rahmen von SPICE werden eines oder mehrere Prozessassessmentmodelle (PAMs) auf verschiedene Prozessreferenzmodelle (PRMs) angewandt.[795] Letztere stellen die Referenzquelle der Prozessdefinitionen dar.[796] Ein Assessmentmodell in SPICE umfasst eine Bewertung der Prozessvollständigkeit sowie der Prozessleistungsfähigkeit; die Reifegradstufen in SPICE sind den CMMI-Reifegradstufen ähnlich.[797] Für verschiedene Branchen stehen PRMs sowie PAMs zur Verfügung, die spezifische Anforderungen adressieren. Beispiele sind Automotive SPICE für den Automobilbereich, SPICE for SPACE für die Luft- und Raumfahrttechnik (nur PAM) und SPICE for Medical Industry (nur PAM).[798]

Der Standard ISO/IEC 15504 umfasst aktuell fünf Teile, die als International Standard freigegeben sind:

- Teil 1: Konzepte und Vokabular[799],
- Teil 2: Durchführung eines Assessments[800],
- Teil 3: Leitfaden zur Durchführung von Assessments[801],
- Teil 4: Leitfaden für die Prozessverbesserung und Prozessbewertung[802] und
- Teil 5: Exemplarisches Prozess-Assessmentmodell[803].

---

[791] Vgl. Stahlknecht und Hasenkamp (2005), S. 314.
[792] Vgl. Balzert (2008), S. 582, ISO/IEC 15504-1 (2004), S. 7.
[793] Vgl. ISO/IEC 15504-1 (2004), S. 13.
[794] Vgl. ISO/IEC 15504-2 (2003), S. V.
[795] Vgl. Balzert (2008), S. 582.
[796] Vgl. ISO/IEC 15504-2 (2003), S. 11-13. Die Prozessbeschreibung umfasst dabei neben dem Prozesszweck (engl. Purpose) die Darstellung zur Erreichung des Zwecks benötigter Prozessergebnisse (engl. Outcomes).
[797] Vgl. Balzert (2008), S. 584 und 586. In CMMI unterscheiden sich die möglichen Einstufungen der Staged und Continuous Representation, daher ist keine direkte Abbildung gegeben.
[798] Vgl. Ibid., S. 582f.
[799] Siehe ISO/IEC 15504-1 (2004).
[800] Siehe ISO/IEC 15504-2 (2003).
[801] Siehe ISO/IEC 15504-3 (2004).
[802] Siehe ISO/IEC 15504-4 (2004).

Als Technical Report liegen zudem Teil 6 (Exemplarisches Prozessbewertungs-modell für Systemlebenszyklen) sowie Teil 7 (Bewertung der Organisationsreife) vor. Weiterhin befinden sich die Teile 8-10 in Arbeit, haben jedoch noch nicht den Status eines Technical Reports erreicht.

Der Standard kann in normative und nicht-normative Teile unterteilt werden. Lediglich Teil 2 des Standards hat normativen Charakter[804]. Dieser Teil gibt Minimalanforderungen an ein Assessment vor und soll sicherstellen, dass Reifegradbeurteilungen konsistent und reproduzierbar sind.[805] Wenngleich für ein Assessment mittels SPICE alle PAMs genutzt werden können, die den Anforderungen in Teil 2 des Standards genügen[806], wird mit Teil 5 ein exemplarisches PAM zu Verfügung gestellt.

Das diesem PAM zugrunde liegende PRM geht auf den Standard ISO/IEC 12207 zurück, ein Standard für Softwarelebenszyklusprozesse, der auf ISO 9000:2000 basiert und kompatibel mit CMMI 1.2 ist.[807] Das PRM ist mit den Ergänzungen (engl. Amendments, AMDs) des Standards aus den Jahren 2002 und 2004 eingeführt bzw. angepasst worden.[808] Ein PRM umfasst die Angabe von Prozesszweck und Prozessergebnis(sen), schreibt jedoch nicht vor, wie diese erreicht werden.[809] Im normativen Teil 2 wird darauf verwiesen, dass wenn die PRMs Softwareentwicklungsprozesse enthalten, deren Beziehung zu dem Standard ISO/IEC 12207 definiert werden muss.[810]

Das PRM wird im Rahmen des PAM in ISO/IEC 15504-5 gemäß den Vorgaben aus ISO/IEC 15504-2 um Indikatoren erweitert, die zur Bestimmung von Prozessleistungsfähigkeit und -performance genutzt werden können.[811] Eine Darstellung der Dimensionen in ISO/IEC 15504 erfolgt in Abbildung 28 auf der folgenden Seite.

[803] Siehe ISO/IEC 15504-5 (2006).
[804] Diese Teile sind somit als deutlich verbindlicher anzusehen. Vgl. bzgl. des Unterschieds zwischen Norm und Standard auch Alpar et al. (2011), S. 441f.
[805] Vgl. ISO/IEC 15504-2 (2003), S. V.
[806] Vgl. ISO/IEC 15504-5 (2006), S. V.
[807] Vgl. Balzert (2008), S. 585f.
[808] Siehe ISO/IEC 12207:1995/AMD.1:2002(E) (2002) und ISO/IEC12207:1995/AMD.2:2004(E) (2004).
[809] Vgl. ISO/IEC 15504-3 (2004), S. 3.
[810] Vgl. ISO/IEC 15504-2 (2003), S. 5 sowie ISO/IEC 15504-3 (2004), S. 13.
[811] Vgl. ISO/IEC 15504-5 (2006), S. V.

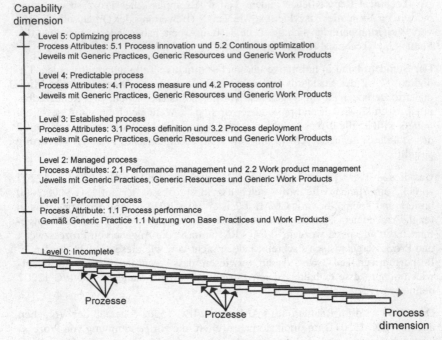

Capability
dimension

Level 5: Optimizing process
Process Attributes: 5.1 Process innovation und 5.2 Continous optimization
Jeweils mit Generic Practices, Generic Resources und Generic Work Products

Level 4: Predictable process
Process Attributes: 4.1 Process measure und 4.2 Process control
Jeweils mit Generic Practices, Generic Resources und Generic Work Products

Level 3: Established process
Process Attributes: 3.1 Process definition und 3.2 Process deployment
Jeweils mit Generic Practices, Generic Resources und Generic Work Products

Level 2: Managed process
Process Attributes: 2.1 Performance management und 2.2 Work product management
Jeweils mit Generic Practices, Generic Resources und Generic Work Products

Level 1: Performed process
Process Attribute: 1.1 Process performance
Gemäß Generic Practice 1.1 Nutzung von Base Practices und Work Products

Level 0: Incomplete

Prozesse

Prozesse

Process
dimension

Prozesskategorien: Primary processes, organizational processes und supporting processes

Abbildung 28: Dimensionen in ISO/IEC 15504[812]

Wie in der Abbildung ersichtlich, unterscheiden sich die Anforderungen der Erfüllung des Levels 1 (Performed Process) und der höheren Level deutlich. Während
auf dem Level 1 *Process performance indicators* in Form prozessspezifischer Base
Practices (BPs)[813] und Work Products (WPs)[814] umgesetzt bzw. erstellt werden
müssen, erfolgt die Beurteilung der höheren Stufen anhand Generic Base Practices,
Generic Work Products und Generic Resources.

---

[812] Basierend auf Ibid., Abb. 1, S. 2.
[813] In ISO/IEC 15504-1 (2004) wird Base Practice definiert als „an activity that, when consistent-
ly performed, contributes to achieving a specific process purpose", vgl. ISO/IEC 15504-1
(2004), S. 3.
[814] In ISO/IEC 15504-1 (2004) wird Work Product definiert als „an artefact associated with the
execution of a process", vgl. ISO/IEC 15504-1 (2004), S. 7. Mit Verweis auf die ISO-Norm
9000 wird dort angemerkt, dass Services, Software, Hardware und verfahrenstechnische Produkte die vier generischen Produktkategorien darstellen.

6.2.4.1 Untersuchung

Im Rahmen der Untersuchung wird überprüft, in welchem Umfang das exemplarische Prozessassessmentmodell der ISO/IEC 15504 die Anpassung von OSS in Unternehmen grundsätzlich unterstützt. Die Untersuchung legt hierbei das Erreichen des Reifegrads 1 („Performed Process") zugrunde. Auf eine Untersuchung höherer Stufen wird aufgrund deren generischer Formulierung verzichtet.

Die Untersuchung umfasst somit die aus den Erweiterungen der ISO/IEC 12207 entnommenen Prozesse sowie die im PAM hinzugefügten BPs und WPs.[815] Anhand dieser kann geprüft werden, inwieweit die Besonderheiten der Anpassung von OSS in Unternehmen grundsätzlich erfasst sind. Folglich wird die Betrachtung auf Prozessbeschreibung, -zweck und -ergebnisse sowie der zur Erfüllung des Prozesszwecks erforderlichen Input- und Output-Arbeitsprodukte und der erforderlichen Aktivitäten[816] beschränkt. Ein Nichterreichen der Reifegradstufe 1 eines Prozesses wird im Kontext der Bewertung prozessbezogener Risiken, die mittels eines Assessments aufgedeckt werden können, als sehr problematisch angesehen, da in diesem Fall Arbeitsprodukte gänzlich fehlen oder das Prozessergebnis nicht erreicht wird.[817]

Die in Teil 5 der ISO/IEC 15504 als PRM genutzte Version des Standards ISO/IEC 12207 umfasst 48 Prozesse, die der ISO/IEC 12207 AMD.1 und AMD.2 entnommen sind.[818] Eine Darstellung erfolgt in Abbildung 29 auf der folgenden Seite.

Die Prozesse des PRM sind im PAM den drei Prozesskategorien Primary Life Cycle Processes, Organizational Life Cycle Processes" und „Support Life Cycle Processes" zugeordnet und jeweils in eine oder mehrere Prozessgruppen gruppiert.[819] Die Prozesskategorie Supporting Life Cycle Processes stellt mit der Support Process Group (SUP) den anderen Prozesskategorien Supportprozesse zur Verfügung.

---

[815] Mit dem Standard ISO/IEC 12207:2008 ist im Jahr 2008 eine neue Version erschienen. Wenngleich dieser auf der im Rahmen der ISO 15504 exemplarisch eingesetzten ISO/IEC 12207:1995 aufbaut und deren Erweiterungen AMD.1 und AMD.2 einbezieht, unterscheidet sich der Aufbau erheblich. Ein Ziel der Überarbeitung war u. a., eine Harmonisierung mit dem Standard für Systemlebenszyklen ISO 15288:2008 *System Life Cycle Processes* zu erreichen, vgl. ISO/IEC 12207:2008 (2008), S. 9. Wenngleich die neue Version ein PRM für die Nutzung im Rahmen der ISO/IEC 15504 beinhaltet, das als Prozessreferenz dienen kann, beinhaltet dies nicht die BPs und WPs. Es wurde daher von einer Untersuchung der neuen Version abgesehen.

[816] Vgl. ISO/IEC 15504-3 (2004), S. 16f.

[817] Vgl. ISO/IEC 15504-4 (2004), S. 24 f.

[818] Gemäß der in Anhang A der ISO/IEC 15504-5 dargestellten Konformitätsbestätigung werden für das PAM mit Ausnahmen eines Prozesses alle Prozesse der ISO/IEC 12207 AMD.1 und AMD.2 übernommen. Lediglich der Usability Process wird nicht übernommen, da hierfür ein dediziertes PAM in ISO/IEC 18529 Human Centered Lifecycle Process vorhanden ist. Vgl. ISO/IEC 15504-5 (2006), S. 99f.

[819] Vgl. Ibid., S. 3.

```
┌─────────────────────────────────────┬─────────────────────────────────────┐
│   Primary Life Cycle Processes       │  Organizational Life Cycle Processes │
│                                      │                                      │
│   Acquisition Process Group (ACQ)    │   Management Process Group (MAN)     │
│  ACQ.1 Acquisition preparation       │  MAN.1 Organizational alignment      │
│  ACQ.2 Supplier selection            │  MAN.2 Organizational management     │
│  ACQ.3 Contract agreement            │  MAN.3 Project management            │
│  ACQ.4 Supplier monitoring           │  MAN.4 Quality management            │
│  ACQ.5 Customer acceptance           │  MAN.5 Risk management               │
│                                      │  MAN.6 Measurement                   │
│      Supply Process Group (SPL)      │                                      │
│  SPL.1 Supplier tendering            │   Process Improvement Group (PIM)    │
│  SPL.2 Product release               │  PIM.1 Process establishment         │
│  SPL.3 Product acceptance support    │  PIM.2 Process assessment            │
│                                      │  PIM.3 Process improvement           │
│   Engineering Process Group (ENG)    │                                      │
│  ENG.1 Requirement elicitation       │   Resource and Infrastructure        │
│  ENG.2 System requirements analysis  │     Process Group (RIN)              │
│  ENG.3 System architectural design   │  RIN.1 Human resource management     │
│  ENG.4 Software requirements analysis│  RIN.2 Training                      │
│  ENG.5 Software design               │  RIN.3 Knowledge management          │
│  ENG.6 Software construction         │  RIN.4 Infrastructure                │
│  ENG.7 Software integration          │                                      │
│  ENG.8 Software testing              │    Reuse Process Group (REU)         │
│  ENG.9 System integration            │  REU.1 Asset management              │
│  ENG.10 System testing               │  REU.2 Reuse program management      │
│  ENG.11 Software installation        │  REU.3 Domain engineering            │
│  ENG.12 Software and systems maintenance │                                  │
│                                      │                                      │
│   Operation Process Group (OPE)      │                                      │
│  OPE.1 Operational use               │                                      │
│  OPE.2 Customer support              │                                      │
└─────────────────────────────────────┴─────────────────────────────────────┘
┌─────────────────────────────────────────────────────────────────────────────┐
│                        Supporting Life Cycle                                 │
│                     Support Process Group (SUP)                              │
│     SUP.1 Quality assurance      SUP.6 Product evualtion                     │
│     SUP.2 Verification           SUP.7 Documentation                         │
│     SUP.3 Validation             SUP.8 Configuration management              │
│     SUP.4 Joint review           SUP.9 Problem resolution management         │
│     SUP.5 Audit                  SUP.10 Change request management            │
└─────────────────────────────────────────────────────────────────────────────┘
```

Abbildung 29: ISO 15504-5: Prozesse, Prozesskategorien und -gruppen[820]

Primary Life Cycle Processes

Die Prozesskategorie Primary Life Cycle Processes umfasst vier Prozessgruppen, die 22 Prozesse beinhalten. Mit der Acquisition Process Group (ACQ) und der Supply Process Group (SPL) stehen dedizierte Prozessgruppen für Beschaffung (aus Sicht des Beschaffenden) und Bereitstellung (aus Sicht des Lieferanten) zur Verfügung. Die Engineering Process Group (ENG) und die Operation Process Group (OPE) decken den Softwarelebenszyklus von der Anforderungserhebung bis zum Betrieb ab.

Die **Prozessgruppe ACQ** umfasst fünf Prozesse, die die Beschaffung aus Sicht des Beschaffenden behandeln. Es kann sich dabei um einen Erwerb, eine Entwick-

---

[820] Ibid., S. 4.

lung oder eine Verbesserung handeln.[821] Im Rahmen der Prozessgruppe wird eine Kunden-Lieferanten-Beziehung abgebildet, die auf einem Vertrag basiert und ein Monitoring der Lieferanten beinhaltet.[822] Die Kommunikation mit Lieferanten wird in zwei BPs abgebildet und adressiert insbesondere den technischen Fortschritt der Lieferung.[823]

Die **Prozessgruppe SPL** umfasst drei Prozesse, die die Bereitstellung aus Sicht des Lieferanten behandeln. Hervorzuheben im Kontext dieser Arbeit ist der Prozess SPL.2 „Product release". Im Rahmen dieses Prozesses wird der Umfang eines Release festgelegt und dieses als Baseline aus konfigurierten Items zusammengestellt. So beschreibt bspw. SPL2.BP2 die Erstellung einer Baseline und SPL2.BP5 die Erstellung des eigentlichen Release basierend auf Konfigurationsitems. Die Dokumentation wird mittels verschiedener Dokumente abgebildet, die als WPs definiert sind. Das Produktrelease wird durch das Konfigurationsmanagement unterstützt, welches durch die Support Process Group als Prozess SUP.8 bereitgestellt wird.[824] Auf die Möglichkeit der Anpassung des Produktes im Rahmen des Akzeptanztests weist eine BP des Prozesses SPL.3 „Product acceptance support" hin.[825] Es erfolgt jedoch keine weitere Konkretisierung.

Die **Prozessgruppe ENG** umfasst zwölf Prozesse, die den Bereich der Softwareanpassung nahezu komplett abdecken. Ein Bedarf an adaptiver und perfektionierender Wartung kann im Rahmen des Prozesses ENG.1 „Requirements elicitation" entstehen.[826] Im Gegensatz zu der Erfassung von Anforderungen an ein neues System, die mittels des Prozesses ENG.2 „System requirements analysis" abgebildet werden sowie der Zuordnung dieser zu Systemelementen im Prozess ENG.3 „System architectural design", betrachtet der Prozess ENG.1 explizit den gesamten Lebenszyklus eines Produkts oder Services. In diesem Zeitraum werden Bedürfnisse und Anforderungen der Nutzer und deren Entwicklung erfasst.[827] Als Prozessinputs dienen neben Verpflichtungen bzw. Vereinbarungen und Kundenanforderungen bspw. auch Change Requests.[828] Die Anforderungen unterliegen dem mittels des Prozesses SUP.8 zur Verfügung gestellten Konfigurationsmanagement.[829]

Die Auswirkungsanalyse der Änderung von Anforderungen an Softwareelemente eines Systems ist als eine BP Bestandteil des Prozesses ENG.4 „Software require-

---

[821] Vgl. Prozess ACQ.1, Ibid., S. 16: „acquisition, development, or enhancement".
[822] Vgl. Ibid., S. 17-20.
[823] Vgl. ACQ.4.BP1 „Establish and maintain communications link" sowie ACQ.4.BP2 „Exchange information on technical progress". Ibid., S. 19.
[824] Vgl. Ibid., S. 23, Note 8.
[825] Vgl. Ibid., S. 24, SPL.3.BP.2 "Adapt product to customer's environment".
[826] Vgl. Ibid., S. 27f.
[827] Vgl. Ibid., S. 27f.
[828] Vgl. Ibid., S. 28.
[829] Vgl. Ibid., S. 28, ENG1.BP5, Note 4.

ments analysis".[830] Gemäß dieser BP wird im Rahmen des Prozesses auch über die Annahme oder Ablehnung von Änderungen entschieden. Weiterhin deckt dieser Prozess die Festlegung von Kriterien für spätere Produkttests ab.[831]

Als im Kontext dieser Arbeit nicht relevant sind die folgenden Prozesse anzusehen, die das Softwaredesign (ENG.5 „Software design") sowie die darauf basierende Umsetzung (ENG.6 „Software construction") umfassen. Dies ist primär auf die geringe Granularität der Darstellung zurückzuführen.

Der Prozess ENG.7 „Software integration" umfasst die Integration von Softwarekomponenten inklusive zugehöriger Tests. Für spätere Änderungen einer Softwarekomponente, des Softwaredesigns oder der Anforderungen sind Regressionstests vorgesehen. In der BP 5 des Prozesses wird explizit eine Traceability[832] angesprochen, die hinsichtlich des Softwaredesigns und den Softwareeinheiten hergestellt und gepflegt werden kann und so die Sicherstellung der Konsistenz im Rahmen der Softwareintegration unterstützt. Der Prozess ENG.8 „Software testing" adressiert Tests des integrierten Softwareprodukts gegen die an das Produkt gestellten Anforderungen. Auch hier sind Regressionstests im Fall von Änderungen vorgesehen. Die Prozesse ENG.9 „System integration" und ENG.10 „System testing" adressieren Integration und Tests auf Systemebene.[833]

Im Rahmen des Prozesses ENG.11 „Software installation" werden u. a. Anforderungen für eine Anpassung festgelegt und das System ggf. angepasst. In diesem Kontext findet sich der Hinweis, dass eine Verbindung zu dem Prozess SPL.3 „Product acceptance support" besteht, in dessen Darstellung Anpassungen im Rahmen des Akzeptanztests bereits angemerkt wurden.

Für die Software- und Systemwartung steht mit dem Prozess ENG.12 „Software and system maintenance" ein eigener Prozess zur Verfügung. Die Beschreibung des Prozesses nennt die Wartungsoptionen nach Swanson[834] und weist darauf hin, dass zudem eine Migration und Stilllegung eines Systems Bestandteil des Prozesses ist. Neben der Entwicklung einer Wartungsstrategie umfassen die Prozessergebnisse eine Auswirkungsanalyse, die Aktualisierung der System- bzw. Softwaredokumentation, die Anpassung der Produkte inklusive der Entwicklung zugehöriger Tests, die die Einhaltung der Anforderungen belegen, die Überführung der Produktupgrades zum Auftraggeber sowie ggf. die Außerdienstsetzung von Produkten und die Kommunikation von durchgeführten System- bzw. Softwareanpas-

---

[830] Vgl. Ibid., S. 32, ENG.4.BP5.
[831] Vgl. Ibid., S. 32, ENG.4.BP3.
[832] Vgl. Abschnitt 5.4.
[833] Die Systembestandteile umfassen „software items, hardware items, and other systems, as necessary". ISO/IEC 15504-5 (2006), S. 37.
[834] Vgl. Abschnitt 3.1.2.

sungen an alle betroffenen Personengruppen.[835] Dem Prozess sind sechs BPs zugeordnet. Im Rahmen der Analyse von Nutzeranfragen, Problemen und Änderungen[836] erfolgt ein Verweis auf den Prozess SUP.9 „Problem resolution management process". Wenngleich es im Rahmen der Wartung zu umfangreichen Systemänderungen kommen kann, erfolgen keine weiteren Verweise auf Prozesse der SUP oder anderer Prozessgruppen.

Die **Prozessgruppe OPE** umfasst zwei Prozesse. Diese behandeln den Betrieb des Produktes sowie den Kundensupport. Hervorzuheben im Rahmen dieser Arbeit ist der Prozess OPE.2 „Customer support". Dieser Prozess deckt u.a. die Behandlung von Kundenanfragen und die Behebung von Problemen im Betrieb dar. Entsprechend werden hier, vergleichbar bspw. mit dem Service Desk in ITIL, Wartungsbedarfe festgestellt. Folglich stellt eines der Arbeitsprodukte des Prozesses ein *Problem record* dar. Die Behandlung der Probleme erfolgt durch den Prozess SUP.9 „Problem resolution management", der Teil der Prozessgruppe SUP des Supporting Life Cycle ist.[837]

Organizational Life Cycle Processes

Die Prozesskategorie Organizational Life Cycle Processes umfasst Managementprozesse wie beispielsweise Projekt- und Qualitätsmanagement, Prozesse, die zu einer Prozessverbesserung führen, eine Wiederverwendung unterstützen sowie für ausreichende Ressourcen und notwendige Infrastruktur sorgen sollen. Als relevant im Kontext der vorliegenden Arbeit wurden einzelne Prozesse der Prozessgruppen MAN und REU identifiziert.

Der Prozess MAN.3 „Project management" der **Prozessgruppe MAN** umfasst zwei BPs, die für eine Abbildung der Beziehung zu einem OSS-Projekt genutzt werden können. Die BP MAN.3.BP.8 „Identify and monitor project interfaces"[838] identifiziert Schnittstellen des Projektes mit „other projects, organizational units and other affected parties"[839], was eine Berücksichtigung und Überwachung der Beziehung eines internen Projektes zu einem OSS-Projekt ermöglicht. Eine explizite Abbildung von Verantwortlichkeiten verfolgt die BP MAN.3.BP.9 „Allocate responsibilities".[840] Die Schnittstellen des Projektes werden als Teil des Projektplans dokumentiert.[841]

---

[835] Vgl. ISO/IEC 15504-5 (2006), S. 41.
[836] Vgl. Ibid., S. 41, ENG.12.BP.2.
[837] Vgl. Ibid., S. 26, OPE.2.BP1, Note 1.
[838] Vgl. Ibid., S. 59.
[839] Vgl. Ibid., S. 59.
[840] Vgl. Ibid., S. 59.
[841] Vgl. Ibid., S. 59, MAN.3.BP10.

Eine Möglichkeit der Definition von externem Quelltext als Asset bietet sich in der **Prozessgruppe REU**. Der Prozess REU.1 „Asset management" nennt hier bspw. „software COTS" und „specific software" als mögliche Assets.[842] Für Assets sieht der Prozess Hinweise zu Statusänderungen wie Änderungen an Assets oder neuer Versionen von Assets an alle Nutzer der Assets vor.[843] Das Management der Wiederverwendung von Assets deckt der Prozess REU.2 „Reuse program management" ab.

Supporting Life Cycle Processes

Die Prozesskategorie Supporting Life Cycle Processes umfasst zehn Prozesse, die als wesentlicher Bestandteil anderer Prozesse der Prozesskategorien Primary Life Cycle Processes und Organization Life Cycle Processes eingesetzt und ausgeführt werden können. Ebenso können Supportprozesse andere Supportprozesse unterstützen; so bestimmt der Prozess SUP.1 „Quality assurance" bspw. die Zielvorgaben für die Prozesse SUP.2 „Verification process", SUP.3 „Validation process", SUP.4 „Joint review process" sowie SUP.5 „Audit process" und überwacht deren Ausführung.[844]

Mehrere Prozesse sind im Kontext der vorliegenden Arbeit als relevant anzusehen. Der Prozess SUP.2 „Verification" überprüft, ob Software-Arbeitsprodukte den Anforderungen entsprechen. Ist dies nicht der Fall, werden Defekte identifiziert, aufgezeichnet und dem Prozess SUP.9 „Problem resolution process" zur Bearbeitung übergeben.[845] Als Output(s) dieses Prozesses können neben Problem Records u. a. auch Change Requests erstellt werden.

Das Konfigurationsmanagement wird über den Prozess SUP.8 „Configuration management" abgedeckt. Die Prozessdarstellung umfasst zehn BPs. Diese adressieren bspw. Konfigurationsmanagementelemente (BP 2), Baselines (BP 4) und die Archivierung von Änderungen jedes Konfigurationselementes (BP 7, BP 10). Hervorzuheben sind BP 3, BP 8 und BP 9.

BP 3 bezieht sich auf die Entwicklung einer Branch-Management-Strategie und adressiert damit einen Bereich, der für die Anpassung von OSS sehr relevant, aber in keinem der zuvor dargestellten Frameworks aufzufinden ist. Als Teil der Entwicklung eines Konfigurationsmanagements deckt es die Handhabung von mehreren Entwicklungszweigen ab, was zum Resultat hat, dass Entwickler an separaten Kopien des gleichen Konfigurationselementes arbeiten. In diesem Fall sind beson-

---

[842] Vgl. Ibid., S. 75, Note zu REU.1.BP.2.
[843] Vgl. Ibid., S. 75, REU.1.BP.9.
[844] Vgl. Ibid., S. 43, SUP.BP1, Note 2.
[845] Vgl. Ibid., S. 44, SUP.2.BP4.

dere Qualitätserfordernisse gegeben, das Management von Entwicklungszweigen kann von Konfigurationsmanagementwerkzeugen unterstützt werden. Die BP 3 wird um zwei Anmerkungen ergänzt, die den Begriff des *Branch managements* näher beschreiben.

> Note 2: *„A branch management strategy will include branch management, merging strategies, file versioning in a branching system, branch parenting strategies and tagging strategies."*[846]

> Note 3: *„A branching strategy will define why and when branches will be created, what activities will occur in the branches, and how the branches will complete and/or migrate into the main source base."*[847]

Die vergleichsweise umfangreichen Anmerkungen weisen auf die Erklärungsbedürftigkeit des Managements von Entwicklungszweigen hin. Es fehlen jedoch Erläuterungen zur Umsetzung, beispielsweise anhand der Darstellung geeigneter Hilfsmittel. Durch die BP 8 und die BP 9 des Prozesses werden Reports bezüglich des Konfigurationsstatus und die Verifikation von Konfigurationselementen abgedeckt. Diese BPs sind insbesondere relevant im Fall von Integrationsaktivitäten, sowie wenn eine parallele Entwicklung erfolgt und Varianten genutzt werden.[848] Die Notwendigkeit einer Verifikation der Korrektheit einer Baseline betont die besondere Relevanz der Verifikation für diesen Fall.

Der Prozess SUP.9 „Problem resolution management" zielt auf die Identifikation und Analyse, das Management sowie die Lösung entdeckter Probleme ab.[849] Dieser Prozess kann folglich Änderungsanfragen auslösen. Der Prozess SUP.10 „Change request management" bildet das Management von Änderungsanforderungen ab. Das Änderungsanforderungsmanagement als Supportprozess beinhaltet BPs, die den Änderungsmanagementprozess von der Entwicklung einer Änderungsstrategie bis zum Review einer konkreten Änderung umfassen.

Die Darstellung der Behandlung von Änderungsanfragen nennt explizit die Überprüfung auf Abhängigkeiten und Beziehungen von bzw. zu anderen Änderungsanfragen. Zudem wird eine Auswirkungsanalyse durchgeführt sowie der Umfang benötigter Verifikations- und Validierungsaktivitäten im Kontext einer Änderung

---

[846] Ibid., S. 52.
[847] Ibid., S. 52.
[848] Hörmann et al. sehen dies insbesondere hinsichtlich der Einbindung der korrekten Dateien im Fall einer Parallelentwicklung bzw. im Fall von Varianten als wichtig an. Vgl. Hörmann et al. (2006), S. 198f.
[849] Vgl. ISO/IEC 15504-5 (2006), S. 53.

ermittelt. Mehrere BPs fokussieren auf die Behandlung von Änderungsanfragen, welche zudem als eines der Arbeitsprodukte definiert sind.[850]

6.2.4.2 Ergebnis

Die ISO/IEC 15504 deckt aufgrund der Nutzung des Standards ISO/IEC 12207 als Prozessreferenz des in Teil 5 dargestellten PAM den gesamten Softwarelebenszyklus ab.[851] Wenngleich dies bspw. das Konfigurations- und Änderungsmanagement beinhaltet, müssen bei der Anwendung des Frameworks die bei einer Anpassung von OSS gegebenen besonderen Anforderungen berücksichtigt werden.

So ist bspw. die aktive Suche nach neuen Releases einer Software auch in diesem Framework nicht explizit enthalten, kann aber anhand der Nutzung bestehender Inhalte umgesetzt werden. So kann mittels der Konkretisierung vorhandener Inhalte eine vergleichsweise hohe Abdeckung der Besonderheiten im Rahmen der Anpassung von OSS erzielt werden. Genannt sei hier bspw. das Monitoring von Lieferanten in der Prozessgruppe ACQ, das die vorgenannte Überwachung des OSS-Projektes hinsichtlich neuer Releases abdecken kann. Weiterhin kann die Identifikation von Schnittstellen mit anderen Projekten und die Abbildung von Verantwortlichkeiten in der Prozessgruppe MAN sowie die Weitergabe von Statusänderungen bestimmter Assets an deren Nutzer in der Prozessgruppe REU hervorgehoben werden.

Besonders hervorgehoben werden sollte, dass im Vergleich zu den anderen untersuchten Frameworks nur im vorliegenden Framework, in BP 3 des Bereichs Konfigurationsmanagement, die Forderung nach der Entwicklung einer Strategie für ein Management von Entwicklungszweigen besteht. Dies ist von erheblicher Wichtigkeit bei einer Anpassung von OSS.

6.3 Zusammenfassung

Die auf der Literatur basierende Untersuchung ausgewählter Frameworks hat gezeigt, dass die Besonderheiten der Anpassung von OSS in diesen Frameworks nicht ausreichend abgedeckt sind. Dies beginnt nicht erst bei spezifischen Besonderheiten, die bei einer Anpassung von OSS entstehen, wie dem Entstehen separater Entwicklungszweige.

Die Untersuchung zeigt vielmehr auch, dass bereits grundsätzliche Eigenschaften von OSS zu Einschränkungen bei der Nutzung der Frameworks führen können. So gehen die Frameworks von einer klassischen Kunden-Lieferanten-Beziehung aus,

---

[850] Vgl. Ibid., S. 55.

[851] Es sei angemerkt, dass sich auch in anderen Teilen des Standards vereinzelt Inhalte vorhanden sind, die im Kontext der Untersuchung relevant sind. Beispiele stellen das Konfigurations- bzw. Versionsmanagement dar, auf das bspw. in ISO/IEC 15504-2 (2003), S. 7 (5.3.2, Note 1) verwiesen wird. Ebenso wird die Nutzung von Vorprodukten Dritter im Rahmen der ISO/IEC 15504-4, Annex B herausgestellt.

die bei OSS üblicherweise nicht anwendbar ist, bspw. da OSS-Projekte i. d. R. keine SLAs anbieten. Diese Punkte können von Unternehmen dadurch umgangen werden, dass Dienstleister wie Distributoren oder Beratungsunternehmen zwischengeschaltet werden, die Supportleistungen anbieten.

Hinsichtlich der Besonderheiten bei einer Anpassung von OSS bieten die Frameworks in unterschiedlichem Umfang Inhalte, die mittels Konkretisierung bzw. Anpassung eingesetzt werden können. Ein Beispiel stellt die Möglichkeit dar, das OSS-Projekt als Stakeholder zu definieren. So können in unterschiedlichem Umfang Inhalte der Frameworks genutzt werden, um die Beziehung zu dem OSS-Projekt abzubilden. Ein beidseitiger Austausch kann insbesondere dann entstehen, wenn dem OSS-Projekt Quelltext zur Verfügung gestellt wird. Tabelle 11 stellt dar, an welchen Stellen in den Frameworks relevante Inhalte hinsichtlich einer Berücksichtigung von Stakeholdern enthalten sind.

Berücksichtigung von Stakeholdern	
COBIT	Prozess PO4 *Define the IT Processes, Organisation and Relationships*
ITIL	Prozesse *Transition Planning and Support, Change Management* und *Service Validation and Testing* des Buches ST sowie Abschnitt 5.1 *Stakeholder Management* des Buches ST
CMMI-Dev	Prozessbereiche *Project Planning, Integrated Project Management* und *Causal Analysis and Resolution*
ISO 15504	Prozess MAN.3 *Project Management*

Tabelle 11: Berücksichtigung von Stakeholdern in den Frameworks

In mehreren Frameworks ist zudem ein Monitoring vorgesehen. Ein aktives Monitoring des OSS-Projekts kann bspw. die zeitnahe Kenntnis neuer Releases und Bugfixes unterstützen. Ein adäquates Monitoring von unternehmensexternen Ereignissen ist jedoch nicht in allen Frameworks vorgesehen. Eine Verortung von Inhalten, die zu Realisierung des Monitorings eines OSS-Projektes genutzt werden können, erfolgt in Tabelle 12 auf der folgenden Seite.

Monitoring eines OSS-Projektes	
COBIT	Nicht abgedeckt[852]
ITIL	Abschnitt 5.1 *Monitoring und Steuerung* des Buches SO
CMMI-Dev	Prozessbereich *Supplier Agreement Management*
ISO 15504	Prozess ACQ.4 *Supplier Monitoring*

Tabelle 12: Berücksichtigung eines Monitorings in den Frameworks

Von erheblicher Relevanz bei einer unternehmensinternen Anpassung von OSS ist das Management mehrerer Quelltextzweige. Dieses wird jedoch nur im Rahmen einer Base Practice der ISO/IEC 15504-5 explizit berücksichtigt. Dennoch können bestehende Elemente der Frameworks genutzt werden, um eine grundsätzliche Abbildung unterschiedlicher Entwicklungszweige zu ermöglichen.

Als insbesondere geeignet erscheint hierbei die Erstellung separater Baselines für den internen und externen Entwicklungszweig. Tabelle 13 zeigt auf, dass die Erstellung von Baselines im Rahmen des Konfigurationsmanagements in allen Frameworks vorgesehen ist.

Erstellung von Baselines	
COBIT	Prozess DS9 *Manage the Configuration*
ITIL	Prozess *Service Asset and Configuration Management* des Buches ST
CMMI-Dev	Prozessbereich *Configuration Management*
ISO 15504	Prozess SUP.8 *Configuration Management*

Tabelle 13: Berücksichtigung der Erstellung von Baselines in den Frameworks

Die Frameworks bieten somit in unterschiedlichem Umfang Ansätze, Besonderheiten der Anpassung von OSS zu berücksichtigen. Nutzer, welche die Frameworks bei einem Unternehmen bspw. zur Prozessbewertung oder -verbesserung einsetzen, sind hierbei jedoch auf die Kenntnis der aus einer Anpassung von OSS resultierenden Besonderheiten angewiesen. Die Erweiterung des Frameworks CMMI-Dev mit Version 1.3 um Anwendungshinweise im Rahmen agiler Umgebungen zeigt auf, dass eine Einbeziehung besonderer Anforderungen in den Frameworks sinnvoll sein kann.

---

[852] Wenngleich in COBIT mit „Monitor and Evaluate" eine Domäne vorhanden ist, die u. a. ein Monitoring umfasst, bezieht sich dieses auf ein Monitoring insbesondere interner Prozesse und kann das Monitoring eines OSS-Projektes nicht adäquat unterstützen. Vgl. zur Ausrichtung dieser Domäne IT Governance Institute (2007), S. 13.

7. Zusammenfassung und Ausblick

Die Möglichkeit, den Quelltext von OSS anzupassen und so die Software auf die Anforderungen des Unternehmens maßzuschneidern, kann als eine der bemerkenswertesten Eigenschaften von OSS angesehen werden. Wenngleich die Entwicklung von OSS in OSS-Projekten bereits umfangreich untersucht wurde, so fehlt jedoch eine Untersuchung der aus einer Anpassung von OSS in Unternehmen resultierenden Implikationen. Die vorliegende Arbeit macht dies zum Gegenstand einer wissenschaftlichen Arbeit.

7.1 Zusammenfassung

Die hinsichtlich einer Anpassung von OSS in Anwenderunternehmen relevanten Aspekte sind vergleichsweise umfangreich. Neben einer Übersicht über den Entwicklungsprozess von OSS in OSS-Projekten, der deutlich von der Entwicklung von Software mittels leicht- oder schwergewichtiger Vorgehensmodelle abweicht, erfolgte in der vorliegenden Arbeit eine Darstellung rechtlicher Besonderheiten bei der Anpassung von OSS. Diese resultieren insbesondere aus der Nutzung von Softwarelizenzen zur Sicherstellung der Freiheit der Software, was insbesondere im Fall einer unternehmensinternen OSS-Anpassung zu berücksichtigen ist. Für Unternehmen ist dies von hoher Relevanz, da bspw. eine unbedachte Nutzung von OSS als Teil eines Softwaresystems dazu führen kann, dass dieses in Gänze der Lizenz der OSS unterliegt.

Die Darstellung von Softwarelebenszyklus und Softwareevolution in dieser Arbeit verortete die Anpassung von OSS in Anwenderunternehmen im Bereich des Softwarebetriebs und zeigte auf, dass eine Evolution von OSS im OSS-Projekt schneller erfolgen kann, als dies bei der Evolution proprietärer Software der Fall ist. Die Kombination aus der oftmals schnellen Folge von Releases einer OSS und einer Anpassung der OSS in Unternehmen zeigte bereits anhand der theoretischen Grundlagen auf, dass eine unternehmensinterne Anpassung von OSS zu Problemen führen kann, die insbesondere aus der gleichzeitigen Weiterentwicklung im OSS-Projekt resultieren.

Die Untersuchung der Nutzung und Anpassung einer Anwendungs-OSS über mehrere offizielle Releases ergründete dies anhand eines Praxisfalls. Die Untersuchung mittels Aktionsforschung bestätigte, dass es zu Besonderheiten in der Betriebsphase einer OSS kommen kann. Diese treten insbesondere bei der Übernahme neuer externer Releases der OSS in den internen Entwicklungszweig auf, der durch eine interne Anpassung zwangsläufig entsteht. Die Untersuchung des Praxisprojektes zeigte zudem Besonderheiten auf, die aus Entscheidungen des OSS-Projekts resultieren können, wie bspw. einer Neuentwicklung der OSS basierend auf gänzlich neuem Quelltext. Diese können erheblichen Einfluss auf das anpassende Unternehmen haben. Im vorgenannten Fall kann aufgrund der Verfügbarkeit des Quelltextes eine interne Weiterentwicklung der OSS erfolgen, wobei das Unternehmen evtl. die Unterstützung des OSS-Projektes verliert.

Basierend auf den Beobachtungen der dargestellten Untersuchung wurde ein grob-granulares Prozessmodell induziert, das den *System Evolution Process*[853] erweitert und so den Prozess der Anpassung von OSS in Unternehmen abbildet. Das grob-granulare Prozessmodell umfasst dabei zwei Prozessstränge, da sich der Ablauf im Fall des Anstoßes einer Änderung durch eine interne Änderungsanfrage und durch neuen externen Quelltext unterscheidet.

Unternehmen, die OSS nur nutzen, können neuen externen Quelltext ignorieren. Dies wird vor dem Hintergrund der durch das OSS-Projekt zur Verfügung gestellten neuen Funktionen und insbesondere Fehlerbehebungen jedoch eine Ausnahme darstellen. Übernimmt ein Unternehmen ein neues Release des OSS-Projektes, findet der entsprechende Prozessstrang Anwendung; der zweite Prozessstrang kann in diesem Fall ignoriert werden.

Das Prozessmodell stellt den Rahmen für eine strukturierte Darstellung der Besonderheiten bei einer unternehmensinternen Anpassung von OSS dar. Diese umfassen bspw. die Notwendigkeit der Entscheidung, ob eine intern angeforderte Änderung mittels extern verfügbaren Quelltextes oder vollständig intern realisiert werden soll. Hervorzuheben ist die Entstehung eines internen Entwicklungszweiges. Dieser führt zu besonderen Anforderungen an das interne Konfigurations- und Änderungsmanagement. Externer Quelltext muss solange als interner Quelltext behandelt werden, bis dieser in das offizielle Release der OSS eingeflossen ist. Solange dies nicht erfolgt ist, muss das Konfigurationsmanagement für jeglichen externen, nicht-offiziellen Quelltext zusätzliche Informationen wie die Herkunft, Version und ggf. die Lizenz dokumentieren.

Der aus unternehmensinternen Anpassungen resultierende Aufwand, der insbesondere auch bei jeder Einführung eines neuen offiziellen Release in den internen Entwicklungszweig auftritt, kann vermieden werden, wenn diese Anpassungen Teil des offiziellen Release werden. OSS-Projekte bieten hierfür üblicherweise Kanäle wie Mailinglisten an, über die Anpassungen zur Aufnahme in das offizielle Release vorgeschlagen werden können. Es wurde daher aufgezeigt, wie sich der Ablauf für ein Unternehmen darstellt, das eigenen Quelltext an das OSS-Projekt einreicht. Auch wenn die Einreichung nicht erfolgreich ist, so kann u. a. aufgrund des Peer Reviews durch die OSS-Community eine Verbesserung des eingereichten Quelltextes erreicht werden.

Die Steuerung der IT eines Unternehmens kann durch eine Vielzahl von Frameworks unterstützt werden, die sogenannte Good Practices bzw. Best Practices anbieten. Für Unternehmen ist es im Kontext der Anpassung von OSS interessant zu

---

[853] Vgl. Abbildung 6 auf Seite 54.

wissen, in welchem Umfang Frameworks die in dieser Arbeit dargestellten Besonderheiten einer Anpassung von OSS bereits unterstützen bzw. entsprechend den
genannten Besonderheiten eingesetzt werden können. Diesbezüglich wurde einer
Auswahl von Frameworks untersucht, die jeweils (auch) den Bereich des Softwarebetriebs abdecken und unterschiedliche Granularitäten und Zielsetzungen
aufweisen.

Wenngleich keines der Frameworks die Besonderheiten einer Anpassung von OSS
in vollem Umfang abdecken konnte, wurde gezeigt, dass bei einer entsprechenden
Konkretisierung verschiedene Besonderheiten durch die Frameworks unterstützt
werden können. So ermöglicht eine Definition des OSS-Projektes als Stakeholder,
die diesbezüglichen Inhalte der Frameworks für die Beziehung zu OSS-Projekten
anzuwenden. Ein Beispiel stellt hierbei das Feedback an Stakeholder dar, welches
u. a. in Form einer Quelltexteinreichung erfolgen könnte. Das im Kontext der Anpassung von OSS zentrale Management von Entwicklungszweigen ist lediglich
Teil des Standards ISO/IEC 15504, der aufgrund seines Schwerpunktes im Bereich
Software den Bereich von Softwareentwicklung und -wartung besonders umfangreich behandelt.

7.2 Ausblick

Der allgemeine wirtschaftliche Nutzen von OSS ist bereits seit längerer Zeit belegt.[854] Die Nutzung von OSS in Unternehmen nimmt weiterhin zu, wobei neben
der kostenfreien Verfügbarkeit verstärkt auch weitere Argumente wie bspw.
schnelle Beschaffungsprozesse als Einsatzgrund genannt werden.[855]

Der Einsatz von OSS bspw. im Kontext von Produkten des Unternehmens Google
zeigt auf, dass OSS eine geeignete Grundlage darstellt, um Produkte in hoher Qualität schnell marktfähig zu machen. Die Anpassung des Quelltextes des von Google zur Verfügung gestellten Betriebssystems für Mobilgeräte Android durch eine
Vielzahl von Unternehmen zeigt zudem auf, dass sich verschiedene Unternehmen
bereits aktuell Wettbewerbsvorteile durch eine Anpassung quelloffener Software
versprechen.

Aufgrund der zunehmenden Akzeptanz von OSS, die sicher auch auf die umfangreiche wissenschaftliche Auseinandersetzung mit dieser Art von Software zurückzuführen ist, ist von einem zunehmenden Interesse an der freien Anpassbarkeit von
OSS auszugehen. Sollte eine höhere Zahl von Unternehmen außerhalb der Soft-
wareindustrie Nutzen aus dieser Anpassbarkeit ziehen und sich nicht nur auf den
Kosteneinsparungseffekt beschränken, könnte der Nutzen für die Gesamtwirtschaft
weiter steigen. Es ist dabei anzunehmen, dass Unternehmen eher zur Anpassung
von OSS bereit sein werden, wenn eine adäquate Unterstützung im Steuerungspro-

---

[854] Vgl. bspw. MERIT (2006).
[855] Vgl. Wurster (2011).

zess der OSS-Anpassung vorhanden wäre. Die vorliegende Arbeit hat aufgezeigt, dass sich aus der Anpassung von OSS Besonderheiten ergeben und diese noch nicht ausreichend durch die untersuchten Frameworks abgedeckt sind.

Wie ein Softwaretest lediglich Fehler finden, aber nicht die Korrektheit eines Programms beweisen kann, so kann die Erfahrung aus einer einzelnen OSS-Anpassung einige Probleme aufzeigen, aber nicht unbedingt alle. Die vorliegende Arbeit sollte daher als Ausgangspunkt für weitere Forschung im Bereich der unternehmensinternen Anpassung von OSS angesehen werden. Eine wichtige Grundlage hierfür stellt die Bereitstellung von Daten durch Unternehmen und Organisationen dar, die bereits OSS anpassen. Hervorzuheben sind hier die im universitären Bereich durchgeführten Anpassungen von OSS. Die bei diesen gegebene Forschungsnähe sollte genutzt werden, um anfallende Daten aufzuzeichnen und für weitere Untersuchungen zu nutzen.

Veröffentlichungen, die eine unternehmensinterne Anpassung von OSS thematisieren, können Unternehmen dazu ermutigen, eigene Daten zur Verfügung zu stellen und so die Datenbasis zu vergrößern. Eine zunehmende Diskussion in Wissenschaft und Praxis kann zudem dazu führen, dass Best Practices für eine Anpassung von OSS entstehen.

Literaturverzeichnis

Aberdour, M. (2007). Achieving quality in open source software. In: IEEE Software 24(1), S. 58-64.

Accenture (2010). Investment in Open Source Software Set to Rise, Accenture Survey Finds. Heruntergeladen am 2010-12-12 von http://newsroom. accenture.com/article_display.cfm?article_id=5045.

Alpar, P., R. Alt, F. Bensberg, H. L. Grob, P. Weimann und R. Winter (2011). Anwendungsorientierte Wirtschaftsinformatik. 6. Auflage. Wiesbaden, Vieweg+Teubner.

Alpar, P., S. Blaschke und S. Keßler (2007). Web 2.0 - Neue erfolgreiche Kommunikationsstrategien für kleine und mittlere Unternehmen. Wiesbaden, Hessisches Ministerium für Wirtschaft, Verkehr und Landesentwicklung; Geschäftsstelle Hessen Media; c/o Hessen Agentur GmbH.

Apiwattanapong, T., A. Orso und M. J. Harrold (2006). JDiff: A differencing technique and tool for object-oriented programs. In: Automated Software Engineering 14(1), S. 3-36.

April, A., J. H. Hayes, A. Abran und R. Dumke (2004). Software Maintenance Maturity Model (SMmm): The software maintenance process model. In: Journal of Software Maintenance and Evolution: Research and Practice 17(3), S. 197-223.

Arthur, L. J. (1988). Software Evolution. New York, John Wiley & Sons.

Asundi, J. (2005). The need for effort estimation models for open source software projects. Proceedings of the Fifth Workshop on Open Source Software Engineering, St Louis, MO, S. 1-3.

Avison, D., R. L. Baskerville und M. D. Myers (2007). The structure of power in action research projects. In: Information Systems Action Research. N. Kock. Laredo, Springer Science+Business Media, S. 19-41.

Avison, D., F. Lau, M. Myers und P. A. Nielsen (1999). Action Research. In: Communication of the ACM 42(1), S. 94-97.

Balzert, H. (2000). Lehrbuch der Softwaretechnik: Software-Entwicklung. 2. Auflage. Heidelberg u. Berlin, Spektrum Akademischer Verlag.

Balzert, H. (2008). Lehrbuch der Softwaretechnik: Softwaremanagement. 2. Auflage. Heidelberg, Spektrum Akademischer Verlag.

Balzert, H. (2011). Lehrbuch der Softwaretechnik: Entwurf, Implementierung, Installation und Betrieb. 3. Auflage. Heidelberg, Spektrum Akademischer Verlag.

Baskerville, R. L. (1997). Distinguishing action research from participative case studies. In: Journal of Systems and Information Technology 1(1), S. 24-43.

Baskerville, R. L. (1999). Investigating information systems with action research. In: Communications of the AIS 2(3es).

Baskerville, R. L. (2007). Educing theory from practice. In: Information Systems Action Research. N. Kock. Laredo, Springer Science+Business Media.

Baskerville, R. L. und M. D. Myers (2009). Fashion waves in information systems research and pratice. In: MIS Quarterly 33(4), S. 647-662.

Baskerville, R. L. und A. T. Wood-Harper (1996). A critical perspective on action research as a method for information systems research. In: Journal of Information Technology 11(3), S. 235-246.

Bennett, K. und V. Rajlich (2000). Software maintenance and evolution: A roadmap. Proceedings of the Conference on The Future of Software Engineering, Limerick, S. 73-87.

Benz, B. (2010). Oracle kehrt OpenSolaris den Rücken. Heruntergeladen am 2010-12-01 von http://www.heise.de/newsticker/meldung/Oracle-kehrt-OpenSolaris-den-Ruecken-1059146.html.

Berdou, E. (2006). Insiders and outsiders: paid contributors and the dynamics of cooperation in community led F/OS projects. In: Open Source Systems. E. F. Damiani, B.; Scacchi, W.; Scotto, M. Como, Italy, Springer, S. 201-208.

Bianco, V. d., L. Lavazza, S. Morasca, D. Taibi und D. Tosi (2010). An investigation of the users' perception of OSS quality. In: Open Source Software: New Horizons. P. Ågerfalk, C. Boldyreff, J. M. Gonzalez-Barahona, G. R. Madey und J. Noll. Notre Dame, IN, Springer.

Boehm, B. (1981). Software Engineering Economics. Eglewood Cliffs, Prentice Hall.

Boehm, B. (2006). A `view of 20th and 21st century software engineering. Proceedings of the 28th International Conference on Software Engineering, Shanghai, S. 12-29.

Bommer, C., M. Spindler und V. Barr (2008). Softwarewartung: Grundlagen, Management und Wartungstechniken. Heidelberg, d.punkt Verlag.

Böttcher, R. (2010). IT-Service-Management mit ITIL V3. 2. Auflage. Hannover, Heise Zeitschriften Verlag.

Brandstätter, M. und T. Peruzzi (2006). Open-ITIL - ein Ansatz zur Akzeptanz-Verstärkung für den Einsatz von IT-Service Management nach ITIL in Klein und Mittelunternehmen. Heruntergeladen am 2010-03-18 von http://lisog.org/projekte/abgeschlossene-projekte/openitil/thesenpapier_openitil.pdf.

Brügge, B., D. Harhoff, A. Picot, O. Creighton, M. Fiedler und J. Henkel (2004). Open-Source-Software - Eine ökonomische und technische Analyse. Berlin u. a., Springer.

Burstein, F. und S. Gregor (1999). The system development or engineering approach to research in information systems: An action research perspective. Proceedings of the 10th Australasian Conference on Information Systems, Wellington, S. 122-134.

Carnegie Mellon SEI (1995). The Capability Maturity Model: Guidelines for Improving the Software Process. Pittsburgh, Pennsylvania, Addison Wesley.

Carnegie Mellon SEI (2010). CMMI for Development, Version 1.3. Heruntergeladen am 2011-04-16 von http://www.sei.cmu.edu/reports/10tr033.pdf.

CDU, CSU und FDP (2009). WACHSTUM. BILDUNG. ZUSAMMENHALT. Koalitionsvertrag zwischen CDU, CSU und FDP - 17. Legislaturperiode. Heruntergeladen am 2012-03-12 von http://www.cdu.de/doc/pdfc/091026-koalitionsvertrag-cducsu-fdp.pdf.

Central Computer and Telecommunications Agency (1995). IT Infrastructure Library Practice in Small IT Units. London, HMSO.

Chapin, N. (2000). Do we know what preventive maintenance is? Proceedings of the International Conference on Software Maintenance, San Jose, S. 15-17.

Checkland, P. und S. Holwell (1998). Action research: Its nature and validity. In: Systematic Practice and Action Research 11(1), S. 9-21.

Checkland, P. und S. Holwell (2007). Action research: Its nature and validity. In: Information Systems Action Research: An Applied View of Emerging Concepts and Methods. N. Kock. Laredo, Springer Science+Business Media, S. 3-17.

Coldewey, J. (2002). Agile Entwicklung Web-basierter Systeme. In: Wirtschaftsinformatik 44(3), S. 237-248.

Cusumano, M. A. und D. B. Yoffie (1999). Software development on internet time. In: IEEE Computer 32(10), S. 62-69.

D'Agostino, D. (2006). Case study: Backcountry.com. In: CIO Insight 05/2006, S. 44-54.

de Villiers, M. R. (2005). Three approaches as pillars for interpretive information systems research: Development research, action research and grounded theory. Proceedings of the Annual Research Conference of the South African Institute of Computer Scientists and Information Technologists on IT Research in Developing Countries, White River, S. 141-151.

Dedrick, J. und J. West (2004). An exploratory study into open source platform adoption. Proceedings of the 37th Annual Hawaii International Conference on System Sciences, Hawaii, USA, o. S.

Desharnais, J., M. Frappier und A. Mili (2006). State transition diagrams. In: Handbook on Architectures of Information Systems. P. Bernus, K. Mertins und G. Schmidt. Berlin u. a., Springer.

Disterer, G. und M. Rose (2007). Die Überleitung von Neuentwicklungen in den Betrieb bleibt problematisch. In: Information Management & Consulting 22(4), S. 84-87.

Dörner, C. und M. Rohde (2009). Softwareanpassungspraxis von kleinen und mittelständischen Unternehmen. In: HMD - Praxis der Wirtschaftsinformatik (269), S. 87-95.

Dreiling, A., H. Klaus, M. Rosemann und B. Wyssusek (2005). Open source enterprise systems: Towards a viable alternative. Proceedings of the 38th Hawaii International Conference on System Sciences, Hawaii, o. S.

Duijnhouwer, F.-W. und C. Widdows (2003). Open Source Maturity Model. Heruntergeladen am 2008-02-29 von http://kb.cospa-project.org/retrieve/1097/GB_Expert_Letter_Open_Source_Maturity_Model_1.5.31.pdf.

Dumke, R. (2003). Software Engineering. 4. Auflage. Braunschweig, Vieweg+ Teubner.

Dürr, C. und D. Weske (2004). Einfluss von Open-Source-Software in kommerziellen Softwareprojekten. In: HMD - Praxis der Wirtschaftsinformatik (238), S. 72-82.

Ebert, C. und M. Ruffin (2004). Produkte entwickeln mit Open-Source-Software - Risiken und Erfahrungen. In: HMD - Praxis der Wirtschaftsinformatik (238), S. 27-40.

Endres, A. und D. Rombach (2003). A Handbook of Software and Systems Engineering: Empirical Observations, Laws and Theories. Amsterdam, Addison Wesley Longman.

Erenkrantz, J. R. (2003). Release management within open source projects. Proceedings of the 3rd. Workshop on Open Source Software, Portland, 51-55.

Fernandez-Ramil, J., A. Lozano, M. Wermelinger und A. Capiluppi (2008). Empirical studies on open source evolution. In: Software Evolution. T. Mens und S. Demeyer. Berlin u. Heidelberg, Springer, S. 263-290.

Fitzgerald, B. (2008). Open source software adoption: Anatomy of success and failure. In: International Journal of Open Source Software & Processes 1(1), S. 1-23.

Fitzgerald, B. (2011). Open source software: Lessons from and for software engineering. In: Computer 44(10), S. 25-30.

Fitzgerald, B. und P. J. Ågerfalk (2005). The mysteries of open source software: Black and white and red all over? Proceedings of the 38th Hawaii International Conference on System Sciences, Hawaii, o. S.

Fitzgerald, B. und T. Kenny (2003). Open Source Software can Improve the Health of the Bank Balance - The Beaumont Hospital Experience. Heruntergeladen am 2010-11-03 von http://pascal.case.unibz.it/retrieve/2758/fitzgerald kenny.pdf.

Fluri, B., M. Würsch, M. Pinzger und H. C. Gall (2007). Change distilling: Tree differencing for fine-grained source code change extraction. In: IEEE Transactions on Software Engineering 33(11), S. 725-743.

Fox, L. und S. Plummer (2006). Opening the lines of communications with open source software. Proceedings of the 34th Annual ACM SIGUCCS Conference on User services, Edmonton, S. 114-117.

Free Software Foundation (2007). The GNU General Public License v3.0. Heruntergeladen am 2011-12-09 von http://www.gnu.org/copyleft/gpl.html.

Free Software Foundation (2010). The Free Software Definition. Heruntergeladen am 2010-05-10 von http://www.gnu.org/philosophy/free-sw.html.

Fricke, W. (1983). Industriesozologie und Beteiligung. In: Beteiligung von Betroffenen bei der Entwicklung von Informationssystemen. P. Mambrey und R. Oppermann. Frankfurt/Main u. New York, Campus Verlag, S. 86-115.

German, D. M. (2004). The GNOME Project: A case study of open source, global software development. In: Software Process: Improvement and Practice 8(4), S. 201-215.

German, D. M. und J. M. González-Barahona (2009). An empirical study of the reuse of software licensed under the GNU General Public License. Proceedings of the 5th IFIP WG 2.13 International Conference on Open Source Systems, Skövde, S. 185-198.

Godfrey, M. W. und Q. Tu (2000). Evolution in open source software: A case study. Proceedings of the International Conference on Software Maintenance, San Jose, S. 131-142.

Golden, B. (2005). Succeeding with Open Source. Boston, Addison-Wesley.

Goldman, R. und R. P. Gabriel (2005). Innovation Happens Elsewhere. San Francisco, Morgan Kaufmann.

Goode, L. (2009). Social news, citizen journalism and democracy. In: New Media & Society 11(8), S. 1287-1305.

Gulden, N. (2007). Evaluationshilfe und Fragenkataloge zu Incident- und Problem Management. Heruntergeladen am 2011-09-21 von http://www.lisog.org/images/stories/PDF_Files/artikel%20in%20der%20computerwoche%20linux-clients%20-%20grenzen%20der%20freiheit.pdf.

Hang, J., H. Hohensohn, K. Mayr und T. Wieland (2005). Benefits and pitfalls of open source in commercial contexts. In: Free/Open Source Software Development. S. Koch. Hershey, London, Idea Group Publishing S. 222-241.

Hansen, H. R. und G. Neumann (2009). Wirtschaftsinformatik 1: Grundlagen und Anwendungen. Stuttgart, Lucius&Lucius.

Harrison, W. (2004). Best practices: Who says? In: IEEE Software 21(1), S. 8-10.

Henrich, A. (2002). Management von Softwareprojekten. München, Oldenbourg Verlag.

Hoffmann, M., V. Kitz und S. Leible (2009). IT-Compliance - IT und öffentliche Sicherheit - Open Source. Stuttgart, Richard Boorberg Verlag.

Holck, J. und N. Jørgensen (2004). Do not check in on red: Control meets anarchy in two open source projects. In: Free/Open Source Software Development. S. Koch. Hershey, London, Idea Group Publishing, S. 1-26.

Hörmann, K., L. Dittmann, B. Hindel und M. Müller (2006). SPICE in der Praxis: Interpretationshilfe für Anwender und Assessoren. Heidelberg, d.punkt Verlag.

Hubbard, J. (2004). Open source to the core. In: ACM Queue May 2004, S. 24-31.

Information Technology & People (2001). Special Issue: Information Systems Action Research. Band 14, Ausgabe 1.

ISO/IEC 12207:1995/AMD.1:2002(E) (2002). ISO/IEC 12207:1995 Amendment 1:2002: Information Technology - Software Life Cyle Processes. Switzerland.

ISO/IEC 12207:1995/AMD.2:2004(E) (2004). ISO/IEC 12207:1995 Amendment 2:2004: Information Technology - Software Life Cyle Processes. Switzerland.

ISO/IEC 15504-1 (2004). ISO/IEC 15504-1:2004(E): Information Technology - Process Assessment - Part 1: Concepts and Vocabulary. Switzerland.

ISO/IEC 15504-2 (2003). ISO/IEC 15504-2:2003(E): Information Technology - Process Assessment - Part 2: Performing an Assessment. Switzerland.

ISO/IEC 15504-3 (2004). ISO/IEC 15504-3:2004(E): Information Technology - Process Assessment - Part 3: Guidance on Performing an Assessment. Switzerland.

ISO/IEC 15504-4 (2004). ISO/IEC 15504-4:2004(E): Information Technology - Process Assessment - Part 4: Guidance on Use for Process Improvement and Process Capability Determination. Switzerland.

ISO/IEC 15504-5 (2006). ISO/IEC 15504-5:2006(E): Information Technology - Process Assessment - Part 5: En Exemplar Process Assessment Model. Switzerland.

ISO/IEC 20000-1 (2005). ISO/IEC 20000-1:2005(E): Information Technology - Service management - Part 1: Specification. Switzerland.

ISO/IEC 20000-2 (2005). ISO/IEC 20000-2:2005(E): Information Technology - Service management - Part 2: Code of Practice. Switzerland.

IT Governance Institute (2007). COBIT 4.1. Heruntergeladen am 2011-08-20 von http://www.isaca.org/Knowledge-Center/cobit/Documents/CobiT_4.1.pdf.

Izquierdo-Cortazar, D. (2010). Software evolution and human resources: Knowledge gap left by developers due to turnover. Proceedings of the OSS 2010 Doctoral Consortium, Notre Dame, IN, S. 15-23.

Jackson, D. und D. A. Ladd (1994). Semantic diff: A tool for summarizing the effects of modifications. Proceedings of the International Conference on Software Maintenance, Victoria, BC, S. 243-252.

Jansen, S. und S. Brinkkemper (2006). Definition and validation of the key process areas of release, delivery and deployment for product software vendors: Turning the ugly duckling into a swan. Proceedings of the IEEE International Conference on Software Maintenance, Philadelphia, PA, o. S.

Johannsen, W. und M. Goeken (2007). Referenzmodelle für IT-Governance. Heidelberg, d.punkt Verlag.

Joode, R. v. W. d., H. d. Bruijn und M. v. Eeten (2008). Software development and coordination tools in open source communities. In: Emerging Free and Open Source Software Practices. S. K. Sowe, I. G. Stamelos und I. M. Samoladas. Hershey, IGI Publishing, S. 96-119.

Karels, M. J. (2003). Commercializing open source software. In: ACM Queue July/August 2003, S. 46-55.

Kemerer, C. F. und S. Slaughter (1999). An empirical approach to studying software evolution. In: IEEE Transactions on Software Engineering 25(4), S. 493-509.

Kilamo, T., T. Aaltonen, I. Hammouda, T. J. Heinimäki und T. Mikkonen (2010). Evaluating the readiness of proprietary software for open source development. In: Open Source Software: New Horizons. P. Ågerfalk, C. Boldyreff,

J. M. Gonzalez-Barahona, G. R. Madey und J. Noll. Notre Dame, IN, Springer.

Kleen, A. (o. J.). On submitting kernel patches. Heruntergeladen am 2011-06-23 von http://halobates.de/on-submitting-patches.pdf.

Kneuper, R. (2003). CMMI. Heidelberg, d.punkt Verlag.

Koch, M. und A. Richter (2007). Enterprise 2.0. München, Oldenbourg Wissenschaftsverlag.

Koch, S. (2003). Das Open-Source-Entwicklungsmodell: Grundprinzipien, Fragen und Erfahrungen. In: HMD - Praxis der Wirtschaftsinformatik (231), S. 55-62.

Kock, N. (2007). The three threats of organizational action research. In: Information Systems Action Research. N. Kock. Laredo, Springer Science+ Business Media.

Kohler, T., J. Fueller, K. Matzler und D. Stieger (2011). Co-creation in virtual worlds: The design of the user experience. In: MIS Quarterly 35(3), S. 773-788.

Koponen, T. und V. Hotti (2005). Open source maintenance process framework. Proceedings of the Fifth Workshop on Open Source Software Engineering, St. Louis, MO, S. 30-34.

Koru, A. G. und J. Tian (2004). Defect handling in medium and large open source projects. In: IEEE Software 21(4), S. 54-61.

Krogh, G. v. und S. Spaeth (2007). The open source software phenomenon: Characteristics that promote research. In: Journal of Strategic Information Systems 16(3), S. 236-253.

Kuri, J. (2010). Oracle klagt gegen Google wegen Patent- und Urheberrechtsverletzung. Heruntergeladen am 2010-09-12 von http://www.heise.de/newsticker/meldung/Oracle-klagt-gegen-Google-wegen-Patent-und-Urheberrechtsverletzung-1058227.html.

Kütz, M. (2007). Grundelemente des IT-Controllings. In: HMD-Praxis der Wirtschaftsinformatik (254), S. 6-15.

Kwan, S. K. und J. West (2005). A conceptual model for enterprise adoption of open source software. In: The Standards Edge. S. Bolin. Michigan, Sheridan Books.

Lange, C. (2009). Erfahrungen zum V-Modell XT. Heruntergeladen am 2009-06-01 von http://www.hisolutions.com/33665/level2/hiscout_daten/VMXT-Erfahrungen-IT-Standards-DrChristianLange_33703.pdf.

Lee, A. S. (2007). Action is an artifact: What action research and design science offer to each other. In: Information Systems Action Research. N. Kock. Laredo, Springer Science+Business Media, S. 43-60.

Leemhuis, T. (2010). Aufzuchtstation: Wie erfolgreich ist Linux-Staging? In: c't Magazin für Computertechnik 22/2010.

Lehman, M. M. (1980). Programs, life cycles, and laws of software evolution. In: Proceedings of the IEEE 68(9), S. 1060-1076.

Lehman, M. M., D. E. Perry und W. M. Turski (1997). Metrics and laws of software evolution - The nineties view. Proceedings of the 4th International Software Metrics Consortium, Albuquerque, NM, S. 20-32.

Lehman, M. M. und J. F. Ramil (2001). Rules and tools for software evolution planning and management. In: Annals of Software Engineering 11(1), S. 15-44.

Lehman, M. M. und J. F. Ramil (2002). Software evolution and software evolution process. In: Annals of Software Engineering 14(1-4), S. 275-309.

Lehmbach, J. (2007). Vorgehensmodelle im Spannungsfeld traditioneller, agiler und Open-Source-Softwareentwicklung. Stuttgart, Ibidem Verlag.

Lewin, K. (1946). Action research and minority problems. In: Journal of Social Issues 2(4), S. 34-46.

Lientz, B. P. und E. B. Swanson (1980). Software Maintenance Management. Boston, Addison-Wesley Longman.

Lovett, J. (2007). Open source - A practical solution. Proceedings of the 35th Annual ACM SIGUCCS conference on User services, Orlando, FL, S. 221-223.

Lungo, J. H. (2006). Critical issues associated with adoption and use of open source software in public sector: Insights from Tanzania. Proceedings of the Fourteenth European Conference on Information Systems, Göteborg, S. 732-744.

Lussier, S. (2004). New tricks: How open source changed the way my team works. In: IEEE Software 21(1), S. 68-72.

MacCormack, A., R. Verganti und M. Iansiti (2001). Developing products on "internet time": The anatomy of a flexible development process. In: Management Science 47(1), S. 133-150.

Madanmohan, T. R. und R. De' (2004). Open source reuse in commercial firms. In: IEEE Software 21(6), S. 62-69.

Maletic, J. I. und M. L. Collard (2004). Supporting source code difference analysis. Proceedings of the 20th IEEE International Conference on Software Maintenance, Chicago, IL, S. 210 219.

Mambrey, P. und R. Oppermann (1983). Beteiligung von Betroffenen bei der Entwicklung von Informationssystemen. Frankfurt/Main u. New York, Campus Verlag.

Mangler, J. und M. Derntl (2004). CEWebS - Cooperative Environment Web Services. Proceedings of the I-KNOW '04, Graz, S. 617-624.

Mannaert, H. und K. Ven (2005). The use of open source software Platforms by independent software vendors: Issues and opportunities. Proceedings of the Fifth Workshop on Open Source Software Engineering, St. Louis, MO, o. S.

Marquardt, C. (2004). Open-Source-Software-Strategie der deutschen Verwaltung. In: HMD - Praxis der Wirtschaftsinformatik (238), S. 58-61.

Martin, K. und B. Hoffman (2007). An open source approach to developing software in a small organization. In: IEEE Software 24(1), S. 46-53.

McDermid, J., Ed. (1991). Software Engineer's Reference Book. Oxford, Butterworth-Heinemann.

Mealy, G. H. (1955). A method for synthesizing sequential circuits. In: Bell System Technical Journal 34(5), S. 1045-1079.

Melrose, M. J. (2001). Maximizing the rigor of action research: Why would you want to? How could you? In: Field Methods 13(2), S. 160-180.

Mens, T. (2008). Introduction and roadmap: History and challenges of software evolution. In: Software Evolution. T. Mens und S. Demeyer. Berlin u. Heidelberg, Springer.

MERIT (2006). Economic impact of open source software on innovation and the competitiveness of the Information and Communication Technologies (ICT) sector in the EU. Final Report 2006-11-20. Heruntergeladen am 2009-06-01 von http://ec.europa.eu/enterprise/ict/policy/doc/2006-11-20-flossimpact.pdf.

Michaelson, J. (2004). There's no such thing as a free lunch software. In: ACM Queue 2(3), S. 41-47.

Michlmayr, M., F. Hunt und D. Probert (2005). Quality practices and problems in free software projects. Proceedings of the First International Conference on Open Source Systems, Genova, S. 24-28.

Michlmayr, M., G. Robles und J. M. Gonzales-Barahona (2008). Volunteers in large libre software projects: A quantitative analysis over time. In: Emerging Free And Open Source Software Practices. S. K. Sowe, I. G. Stamelos und I. M. Samoladas. Hershey, IGI Publishing, S. 1-24.

Milev, R., S. Muegge und M. Weiss (2009). Design evolution of an open source project using an improved modularity metric. Proceedings of the 5th International Conference on Open Source Systems, Skövde, S. 20-33.

MIS Quarterly (2004). Special Issue on Action Research in Information Systems. Band 28, Ausgabe 3.

Moonen, L., A. v. Deursen, A. Zeidman und M. Bruntink (2008). On the interplay between software testing and evolution and its effect on program comprehension. In: Software Evolution. T. Mens und S. Demeyer. Berlin u. Heidelberg, Springer.

Moore, E. F. (1956). Gedanken experiments on sequential machines. In: Automata Studies. C. E. Shannon und W. R. Ashby. Princeton, NJ, Princeton University Press, S. 129-153.

Morgan, L. und P. Finnegan (2007). How perceptions of open source software influence adoption: An exploratory study. Proceedings of the 15th European Conference on Information Systems, St. Gallen, S. 973-984.

Morrison, G. (2008). The rise and fall of an open source project: A case study. In: Emerging Free and Open Source Software Practices. S. K. Sowe, I. G. Stamelos und I. M. Samoladas. Hershey u. New York, IGI Publishing.

Moser, H. (1977). Methoden der Aktionsforschung: Eine Einführung. München, Kösel-Verlag.

Motschnig-Pitrik, R., M. Derntl und J. Mangler (2004). Developing cooperative environment web services based on action research. Proceedings of the 5th International Conference on Practical Aspects of Knowledge Management, Vienna, S. 453-462.

Mundhenke, J. (2007). Wettbewerbswirkungen von Open-Source-Software und offenen Standards auf Softwaremärkten. Berlin u. Heidelberg, Springer.

Münz, S. und W. Nefzger (2005). HTML Handbuch. Überarbeitete und aktualisierte Neuauflage (Studienausgabe). Poing, Franzis.

Navica (o. J.). Open Source Maturity Model (OSMM). Heruntergeladen am 2008-03-10 von http://www.navicasoft.com/pages/osmm.htm.

Niessink, F. und H. van Vliet (2000). Software maintenance from a service perspective. In: Journal of Software Maintenance: Research and Practice 12(2), S. 103-120.

Norris, J. (2004). Mission-critical development with open source software: Lessons learned. In: IEEE Software 21(1), S. 2-9.

Nosek, J. T. und P. Palvia (1990). Software maintenance management: Changes in the last decade. In: Software Maintenance: Research and Practice 2(3), S. 157-174.

Oberhem, C. (2008). Vertrags- und Haftungsfragen beim Vertrieb von Open-Source-Software. Hamburg, Verlag Dr. Kovač.

Oesterreich, B. (2009). Analyse und Design mit UML 2.3. 9. Auflage. München, Oldenbourg Wissenschaftsverlag.

Office of Government Commerce (2007a). Service Transition. Deutsche Übersetzung. Norwich, The Stationary Office.

Office of Government Commerce (2007b). Service Strategy. Deutsche Übersetzung. Norwich, The Stationary Office.

Office of Government Commerce (2007c). Service Operation. Deutsche Übersetzung. Norwich, The Stationary Office.

Office of Government Commerce (2008a). Continual Service Improvement. Deutsche Übersetzung. Norwich, The Stationary Office.

Office of Government Commerce (2008b). Service Design. Deutsche Übersetzung. Norwich, The Stationary Office.

Office of Government Commerce (2009). ITIL V3 Small-Scale Implementation Book. Norwich, The Stationary Office.

Open Source Initiative (2010). The Open Source Definition. Heruntergeladen am 2010-05-10 von http://opensource.org/docs/osd.

Parker, L. (2004). Qualitative research. In: Surviving Your Thesis. S. Burton und
    P. Steane. New York, Routledge, S. 159-177.

Parnas, D. L. (1994). Software aging. Proceedings of the International Conference
    on Software Engineering, Sorrento, S. 279-287.

Paulk, M. C. (2004). Surviving the quagmire of process models, integrated models,
    and standards. Proceedings of the Annual Quality Congress, Toronto,
    Ontario, S. 429-438.

Peters, M. und V. Robinson (1984). The origins and status of action research. In:
    The Journal of Applied Behavioral Science 20(2), S. 113-124.

Petrinja, E., A. Sillitti und G. Succi (2010). Comparing OpenBRR, QSOS and
    OMM assessment models. In: Open Source Software: New Horizons. P.
    Ågerfalk, C. Boldyreff, J. M. Gonzalez-Barahona, G. R. Madey und J. Noll.
    Notre Dame, IN, Springer.

Pilone, D. und N. Pitman (2006). UML 2.0 in a Nutshell. Köln, O'Reilly.

Pizka, M. (2004). Adaptation of large-scale open source software - An experience
    report. Proceedings of the 8th European Conference on Software
    Maintenance and Engineering, Tampere, Finland, S. 147-153.

Raymond, E. S. (2001). The Cathedral & the Bazaar. Revised Edition. Sebastapol,
    CA, O'Reilly.

Robles, G., J. M. Gonzáles-Barahona, D. Izquierdo-Cortazar und I. Herraiz (2009).
    Tools for the study of the usual data sources found in libre software
    projects. In: International Journal of Open Source Software & Processes
    1(1), S. 24-45.

Royce, W. W. (1970). Managing the development of large software systems:
    Concepts and techniques. Proceedings of the 9th International Conference
    on Software Engineering, Monterey, S. 328-338.

Sager, T., A. Bernstein, M. Pinzger und C. Kiefer (2006). Detecting similar java
    classes using tree algorithms. Proceedings of the 2006 International
    Workshop on Mining Software Repositories, Shanghai, S. 65-71.

Saleck, T. (2005). Chefsache Open Source. Wiesbaden, Friedr. Vieweg & Sohn
    Verlag.

Scacchi, W. (2006). Understanding open source software evolution. In: Software
    Evolution and Feedback: Theory and Practice. N. H. Madhavji, J.

Fernandez-Ramil und D. E. Perry. Chichester, John Wiley & Sons Ltd., S. 181-205.

Schneidewind, U., M. Landsberger und H. Eggers (2002). Mythos Linux? - Zur Übertragbarkeit der Koordinations- und Anreizmechanismen der Linux-Entwicklung auf Unternehmen. In: zfo - Zeitschrift Führung + Organisation 71(4), S. 226-232.

Schoder, D., M. Bichler, U. Buhl, T. Hess, H. Krcmar und E. Sinz (2011). Profil der Wirtschaftsinformatik. Einstimmiger Beschluss der gemeinsamen Sitzung der Wissenschaftlichen Kommision Wirtschaftsinformatik (WKWI) im Verband der Hochschullehrer für Betriebswirtschafts e.V. und des Fachbereichs Wirtschaftsinformatik (FB WI) in der Gesellschaft für Informatik e. V. (GI) vom 18. Februar 2011. Heruntergeladen am 2012-03-05 von http://wi.vhbonline.org/fileadmin/Kommissionen/WK_WI/Profil_WI/Profil_WI_final_ds2 6.pdf.

Schofield, A. und G. S. Cooper (2008). Perceptions of F/OSS community: Participants' views on participation. In: Emerging Free and Open Source Software Practices. S. K. Sowe, I. G. Stamelos und I. M. Samoladas. Hershey, IGI Publishing, S. 68-94.

Simonsen, J. (2009). A concern for engaget scholarship. In: Scandinavian Journal of Information Systems 21(2), S. 111-128.

Sinnett, C. J. und T. Bar (2004). OSU helpdesk: A cost-effective helpdesk solution for everyone. Proceedings of the 32nd Annual ACM SIGUCCS Conference on User Services, Baltimore, Maryland, S. 209-216.

Sommerville, I. (2007a). Software Engineering. 8. Auflage. München, Pearson Studium.

Sommerville, I. (2007b). Software Engineering. 8. Auflage. Essex, Pearson Education.

Spinnelis, D. und C. Szyperski (2004). How is open source affecting software development? In: IEEE Software 21(1), S. 28-33.

Stahlknecht, P. und U. Hasenkamp (2005). Einführung in die Wirtschaftsinformatik. 11. Auflage. Berlin u. a., Springer.

Staudt, J. L. (2010). Unternehmensmodellierung. Heidelberg u. a., Springer.

Stol, K.-J. und M. A. Babar (2010). A comparison framework for open source software evaluation methods. In: Open Source Software: New Horizons. P.

Ågerfalk, C. Boldyreff, J. M. Gonzalez-Barahona, G. R. Madey und J. Noll. Notre Dame, IN, Springer.

Störrle, H. (2005). UML 2 für Studenten. München, Pearson Studium.

Strahringer, S. (2003). Im Zentrum neuer Konzepte: Die Änderbarkeit von Software. In: HMD - Praxis der Wirtschaftsinformatik (231).

Suryn, W., A. Abran und A. April (2003). ISO/IEC SQuaRE. The second generation of standards for software product quality. Proceedings of the Seventh IASTED International Conference on Software Engineering and Applications, Marina del Ray, CA, S. 807-814.

Swanson, E. B. (1976). The dimensions of maintenance. Proceedings of the 2nd International Conference on Software Engineering, San Francisco, CA, S. 492-497.

Tawileh, A., O. Rana, W. Ivins und S. McIntosh (2008). Evidence-based assurance to support process quality in the F/OSS community. In: Emerging Free and Open Source Software Practices. S. K. Sowe, I. G. Stamelos und I. M. Samoladas. Hershey u. New York, IGI Publishing, S. 120-146.

Teupen, C. (2007). "Copyleft" im deutschen Urheberrecht - Implikationen von Open Source Software (OSS) im Urhebergesetz. Berlin, Duncker & Humblot.

Thomas, K. W. und W. G. Tymon, Jr. (1982). Necessary properties of relevant research: Lessons from recent criticisms of the organizational sciences. In: The Academy of Management Review 7(3), S. 345-352.

Torvalds, L. und D. Diamond (2001). Just for Fun: The Story of an Accidental Revolutionary. New York, HarperCollins Publishers.

Tsang, E. W. K. (1997). Organizational learning and the learning organization: A dichotomy between descriptive and prescriptive research. In: Human Relations 50(1), S. 73-89.

van Antwerp, M. (2010). Evolution of open source networks. Proceedings of the OSS 2010 Doctoral Consortium, Notre Dame, IN, S. 25-39.

Ven, K., D. v. Nuffel und J. Verelst (2008). The migration of public administrations towards open source desktop software: Recommendations from research and validation through a case study. In: Emerging Free and Open Source Software Practices. S. K. Sowe, I. G. Stamelos und I. M. Samoladas. Hershey, New York, IGI Publishing, S. 191-214.

Ven, K. und J. Verelst (2008). The organizational adoption of open source server software: A quantitative study. Proceedings of the 16th European Conference on Information Systems, Galway, S. 1430-1441.

von Ahn, L., M. Blum, N. J. Hopper und J. Langford (2003). CAPTCHA: Using hard AI problems for security. Proceedings of the Eurocrypt 2003, Warschau, S. 294-311.

Walter, S. M. und H. Krcmar (2006). Reorganisation der IT-Prozesse auf Basis von Referenzmodellen - eine kritische Analyse. In: itService Management 1(2), S. 3-10.

Warmington, A. (1980). Action research: Its method and its implications. In: Journal of Applied Systems Analysis 7(4), S. 23-39.

Weiss, M. und G. Moroiu (2008). Ecology and dynamics of open source communities. In: Emerging Free and Open Source Software Practices. S. K. Sowe, I. G. Stamelos und I. M. Samoladas. Hershey, IGI Global.

Wichmann, T. (2002). Free/Libre Open Source Software: Survey and Study. Heruntergeladen am 2007-10-15 von http://www.berlecon.de/studien/down loads/20027FLOSS_Use.pdf.

Wurster, L. (2011). Open Source Software Hits a Strategic Tipping Point. Heruntergeladen am 2012-03-16 von http://blogs.hbr.org/cs/2011/03/open_ source_software_hits_a_st.html.

Ye, Y., K. Nakakoji, Y. Yamamoto und K. Kishida (2005). The co-evolution of systems and communities in free and open source software development. In: Free/Open Source Software Development. S. Koch. Hershey, London, Idea Group Publishing, S. 59-82.

Yin, R. K. (2003). Case Study Research - Design and Methods. 3. Auflage. Thousand Oaks u. a., Sage Publications.

Zuber-Skerritt, O. (1993). Improving learning and teaching through action learning and action research. In: Higher Education Research & Development 12(1), S. 45-58.